内 容 提 要

本书主要研究中国油气开发行业面临的内外部形势，以及油价、供需、政策等因素对中长期发展的影响，不同类型油气藏开发技术、开发潜力，从而形成对国内油气开发形势的总体认识，提出我国油气田开发的总体发展趋势和整体战略。

本书可供从事中国油气战略研究的科研人员以及广大石油工作者参考阅读。

图书在版编目（CIP）数据

中国油气开发战略 / 唐玮等著 . —北京：石油工业出版社，2022.1

ISBN 978-7-5183-4353-9

Ⅰ . ①中… Ⅱ . ①唐… Ⅲ . ①油气田开发 – 发展战略 – 中国 Ⅳ . ① F426.22

中国版本图书馆 CIP 数据核字（2020）第 215122 号

出版发行：石油工业出版社
　　　　　（北京安定门外安华里 2 区 1 号　100011）
　　　　　网　　址：www.petropub.com
　　　　　编辑部：（010）64253017　　图书营销中心：（010）64523633
经　　销：全国新华书店
印　　刷：北京中石油彩色印刷有限责任公司

2022 年 1 月第 1 版　2022 年 1 月第 1 次印刷
787×1092 毫米　开本：1/16　印张：11.25
字数：260 千字

定价：150.00 元
（如出现印装质量问题，我社图书营销中心负责调换）
版权所有，翻印必究

中国油气开发战略

唐 玮　冯金德　唐红君　窦宏恩　等著

石油工业出版社

《中国油气开发战略》撰写人员

唐 玮	冯金德	唐红君	窦宏恩
耿站立	张中华	高安荣	郝明强
杨胜来	刘鹏程	谢晓庆	魏海峰
李春荣	吴永超	王东辉	张 鹏
孙玉平	白喜俊	梁 坤	王守磊
黄金亮	郑祥克	姚尚林	李 洋

前言 /PREFACE

石油和天然气是我国一次能源重要的组成部分，目前两者合计占到能源消费比例的 27% 左右，预计未来占比将达到 30% 以上，与煤炭和新能源形成三足鼎立。通过持续攻关技术和创新管理，我国实现了油气储量高峰增长，原油产量持续稳定增长，天然气产量快速增长，保障了国内不断增长的油气需求。但随着国民经济持续发展，我国油气消费需求增长大大超过国内产量增长，再加上国内炼油产能规模不断扩大和民企油气进口"双权"放开等因素，造成油气进口量快速攀升，石油和天然气对外依存度不断增长，到 2019 年底已经分别突破 70% 和 45%。国际油价持续低位振荡，国际形势更加复杂多变，美国不断挑起贸易摩擦，油气安全问题引起国家高度重视。为此，中央提出"加大国内油气勘探开发力度，保障国家能源安全"，在这种背景下，进一步全面摸清国内油气勘探开发基本情况，准确研判油气开发面临的内外部形势，科学预测油气发展趋势并制定开发发展战略，成为当前迫切需要研究的重大课题。

未来一段时期，国内油气生产面临着新的形势与挑战，对研究和制定油气开发战略将产生重要的影响和较大的不确定性。宏观环境方面，中央提出推动能源安全新战略和国家有序推进油气行业体制改革，对油气行业发展提出了新的要求；国际油价的大幅下降和持续低位振荡给油气行业生产经营造成巨大挑战；新的《安全生产法》和《环境保护法》对油气安全环保工作提出了更高要求；用海、用地等方面的矛盾对油气增储上产的影响加大。油气生产方面，低油价、低品位资源与高成本开发的矛盾进一步加深：主力老油气田进入开发中后期，持续稳产难度加大；油气资源劣质化趋势加剧，有效规模开发难度加大；面对越来越复杂的油气开发对象，低品位及非常规资源开发技术仍需进一步攻关完善，部分油气开发技术需求及发展方向仍需要研究和明确。未来 10 年前后，我国石油消费将达到峰值，油气生产也将进入发展的关键时期，如何统筹全局，应对复杂的内外部形势与挑战，实现高质量发展，确保油气供应安全，成为油气开发战略研究的关键。

近年来，国内在油气发展战略方面开展了很多有影响力的研究工作。比如，中国工程院曾组织过多次全国性的油气行业战略研究，包括中国可持续油气资源战略研究（2004年），中国油气中长期（2030年、2050年）发展战略研究（2009年），化石能源开发的技术变革与支撑体系（2014年），我国非常规天然气开发利用战略研究（2014年），中国油气供给与管道发展战略研究（2015年）等。上述研究主要涉及油气资源、行业、供需、技术、非常规天然气与管道等，但没有对油气开发生产与技术进行系统、全面的研究。另外，从国内出版情况来看，也少见专门论述油气开发战略的专著，本书的出版将丰富这方面的内容。

本书联合中国石油勘探开发研究院、中国石化石油勘探开发研究院、中海油研究总院、中国石油大学（北京）和中国地质大学（北京）等单位的研究力量，用4年的时间，分析了全国油气发展内外部环境、勘探开发现状与形势，研究了全国油气勘探开发潜力、不同类型油气藏主体开发技术进展等，预测了我国油气田开发产量与技术发展趋势，提出了油气生产与技术发展战略。

唐玮负责全书架构设计、开发形势和战略相关内容编写及全书统稿和校核，冯金德、张中华负责原油相关内容撰写，唐红君、高安荣负责天然气相关内容撰写，耿站立、谢晓庆负责海洋油气相关内容撰写，窦宏恩、郝明强、刘鹏程、杨胜来负责油气技术相关内容撰写，谢晓庆、魏海峰、李春荣、吴永超、王东辉等参加了相关章节撰写或提供了重要素材。中国石油勘探开发研究院胡永乐、张虎俊、常毓文、陆家亮等教授提供了宝贵意见，张宏洋等同志为本书出版做出了贡献，在此一并感谢。另外，书中数据和素材来源比较广，不能一一标注，也向原作者表示感谢。由于水平有限，书中难免有不足之处，敬请业内同行提出宝贵意见和建议。

目录 / CONTENTS

第一章　国内油气开发现状和面临形势 ·· 1
  第一节　国内油气开发现状 ·· 1
  第二节　油气开发面临形势 ·· 7

第二章　油气田开发潜力评价 ·· 23
  第一节　原油开发潜力分析 ·· 23
  第二节　天然气开发潜力分析 ··· 44

第三章　油气田产量趋势预测 ·· 57
  第一节　油气产量预测方法 ·· 57
  第二节　原油产量趋势预测 ·· 63
  第三节　天然气产量趋势预测 ··· 68

第四章　油气开发主体技术及发展趋势 ·· 77
  第一节　陆上油气开发主体技术及发展趋势 ································ 77
  第二节　海上油气田开发主体技术及发展趋势 ···························· 103
  第三节　国内外油田开发新兴技术／超前技术 ···························· 107

第五章　对国内油气开发的基本判断和认识 ································· 112
  第一节　外部环境分析 ·· 112
  第二节　对国内油气开发的基本认识 ·· 120

第六章　油气开发发展战略 ·· 125
  第一节　指导思想 ··· 125
  第二节　发展战略 ··· 125
  第三节　战略目标 ··· 126
  第四节　战略布局和发展路线图 ··· 126
  第五节　保障措施和政策建议 ·· 144

第七章　油气上游发展若干问题的思考 149
第一节　从低油价下美国非常规油的困境看我国扩展勘探开发领域的重要性 149
第二节　对低油价下油田限产的思考和认识 153
第三节　构建油气上游新发展格局 157
第四节　对我国天然气对外依存度安全上限的认识 161

参考文献 165

第一章 国内油气开发现状和面临形势

第一节 国内油气开发现状

一、油田开发现状

我国油田开发经历了三个阶段（图1-1）：（1）石油工业探索起步期。通过在全国有重点地开展石油勘探工作，很快在西北取得成效。1955年克拉玛依第一口井喷油，1957年玉门成为我国第一个包含地质勘探、钻井工程、油田开发、原油炼制在内的石油工业基地，1958年青海石油勘探局在冷湖打出日产800t高产油井。此外，在四川发现了南充、桂花等7个油田。20世纪50年代末，全国已初步形成玉门、新疆、青海、四川4个石油基地，1959年全国原油产量$276×10^4$t。（2）陆上东部油田开发实现产量快速跃升。自20世纪60年代初开始到70年代末，我国陆上东部地区大庆、胜利、华北等一大批新油田的开发，使原油产量快速增长，特别是大庆油田的发现，是石油工业发展的历史性转折点，这是我国第一次发现世界级大油田，仅用三年半时间，就开发建设了面积达146km²、年产能力达$600×10^4$t的原油生产基地，大大加快了我国石油工业发展进程，1978年全国原油产量首次突破$1×10^8$t。20世纪80年代，陆上老油田主体进入中、高含水期，新区投入储量无论在数量还是品位上都比20世纪70年代有所下降。这一时期产量增长构成由以新区为主转向新老区并重，老油田加密调整成为增加可采储量和提高产量的重要手段，使"六五"和"七五"期间全国产量仍保持了一定的上升，到20世纪80年代末，全国原油年产量达到近$1.4×10^8$t。（3）西部和海域大发展推动产量持续增长。20世纪90年代以来，陆上东部老油田向开发后期演化，原油产量出现下降趋势；西部鄂尔多斯、塔里木、准噶尔、吐哈等盆地加快发展，产量持续增长，不但弥补了东部产量的递减，而且保持了陆上原油产量维持缓慢上升的格局；同时，海洋石油开发进入快速发展时期，使全国原油产量上升到$2.0×10^8$t以上，2015年达到峰值$2.15×10^8$t。

2014年下半年开始的国际油价暴跌，加剧了近年来油田低品位储量资源与高成本开发的矛盾，各石油公司纷纷调减了高成本和高投入的产量，全国石油产量从2016年开始下降，到2018年降至$1.89×10^8$吨，三年减产达到$2545×10^4$t。2018年各石油公司加大了勘探开发力度，2019年原油产量回升至$1.91×10^8$t。

截至2018年底，建成了渤海湾陆上$4200×10^4$t、松辽$3600×10^4$t、渤海$2700×10^4$t、鄂尔多斯$2600×10^4$t、准噶尔$1300×10^4$t、塔里木$1000×10^4$t、珠江口$1000×10^4$t等$1000×10^4$t以上规模的石油生产基地，以及北部湾、柴达木、苏北、吐哈、南襄等$100×10^4$t规模的石油生产基地。全国累计探明地质储量$393.2×10^8$t，动用地质储量

$331.9×10^8$t，可采储量 $92.4×10^8$t，标定采收率 27.8%，油水井总数 52.9 万口、开井数 41.5 万口，年生产原油 $1.89×10^8$t，累计产油 $69.6×10^8$t，平均单井日产油 2.33t，综合含水率 89.3%，可采储量采出程度 78.5%，储采比 12.4。

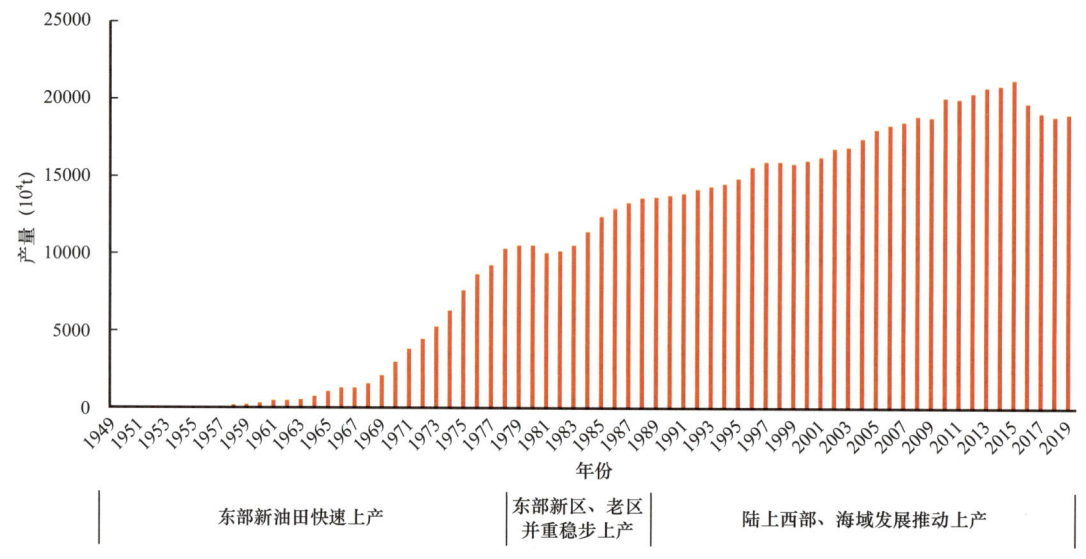

图 1-1 全国原油产量增长历史趋势

（1）已开发油田总体进入"高含水、高采出程度"阶段，稳油控水难度加大。截至 2018 年底，国内油田综合含水率 89.3%，可采储量采出程度 78.5%（图 1-2）。其中，以大庆、胜利为代表的陆上东部油田开采程度较高，综合含水高达 94.6%，可采储量采出程度高达 89.5%，已处于"特高含水、特高采出阶段"；陆上西部各油田中，除了开发时间较长的玉门油田、新疆油田和开采速度较快的塔里木油田外，其他主要油田的含水率和采出程度相对较低，长庆油田综合含水 61.4%，可采储量采出程度 39.9%，处于高含水初期和中低采出阶段，延长油田处于中含水、低采出阶段，塔河油田处于中含水、中采出阶段；海域油田综合含水 87.9%，可采储量采出程度 74.2%，已接近特高含水开发阶段。

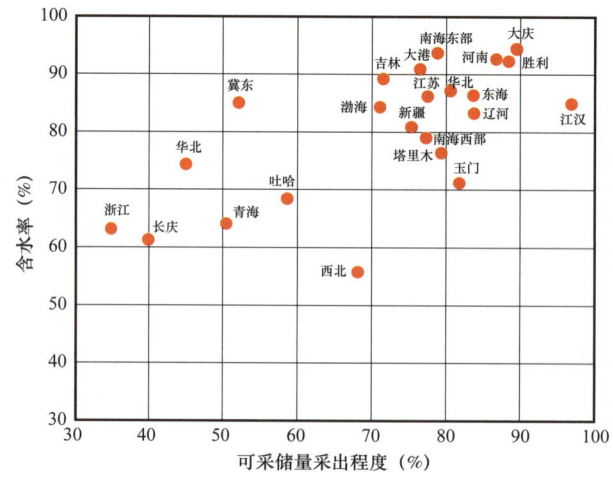

图 1-2 2018 年全国主要油区含水率与可采储量采出程度

按照油田开发一般规律，油田进入高含水期后，液油比将快速增长，稳油控水难度加大，需要加大油田综合调整和三采技术应用等措施来控制含水上升速度和挖掘剩余油，最大限度地延长油田开采时间。大庆、胜利等油田通过注采井网有序加密调整、分层精细注采接替和三次采油，不断挑战开发极限，实现了在特高含水和特高采出阶段的长期稳产。目前这些油田含水率即将达到经济含水上限，如何进一步延长开采时间、保持一定产量规模，成为迫切需要研究和解决的难题。渤海湾盆地的断块油田，鄂尔多斯盆地、松辽盆地的低渗透油田，塔里木盆地的缝洞型碳酸盐岩油田，由于油藏地质条件复杂，进入高含水阶段后通过注采井网、注采层系调整挖潜的难度更大。因此，控水、稳油和提高采收率将是今后已开发油田工作的主旋律。

（2）中高渗透和低渗透砂岩油藏是原油生产的主体，各类油藏开采程度不同，采收率仍有提升空间。2018年底，全国动用石油地质储量331.9×10^8t，年产油1.89×10^8t。其中，陆上中高渗透砂岩和低渗透砂岩合计动用储量248.7×10^8t，占比74.9%；合计年产油1.17×10^8t，占比61.6%。稠油和特殊岩性分别动用储量22.4×10^8t和26.8×10^8t，分别占比6.7%和8.1%；产量分别为1663×10^4t和1071×10^4t，分别占比8.8%和5.7%。海域油田动用储量32.2×10^8t，占比9.7%；产量4201×10^4t，占比22.2%（表1-1）。

表1-1 全国主要油藏类型开发指标对比

油藏类型	动用地质储量（10^8t）	动用可采储量（10^8t）	年产油（10^4t）	累产油（10^8t）	地质储量采油速度（%）	可采储量采出程度（%）	采收率（%）	地质储量占比（%）	年产油占比（%）
合计	331.9	92.3	18937	69.3	0.57	75.1	27.8	100.1	100.0
中高渗透砂岩	124.0	47.9	6201	40.6	0.50	84.6	38.6	37.4	32.7
低渗透砂岩	124.7	23.2	5473	12.2	0.44	52.8	18.6	37.6	28.9
稠油	22.4	5.8	1663	4.6	0.74	79.7	26.0	6.7	8.8
特殊岩性	26.8	5.3	1071	2.0	0.40	37.8	19.8	8.1	5.7
海域	32.2	9.6	4201	7.2	1.30	74.2	30.0	9.7	22.2
其他	1.8	0.5	328	2.7	1.79			0.6	1.7

主要油藏类型中，陆上中高渗透砂岩油藏开发时间长，开采程度高，已进入特高含水、高采出程度阶段，含水率92.6%，可采储量采出程度84.6%，地质储量采油速度0.5%，剩余油分散，常规水驱方式提高采收率和挖潜难度较大；陆上低渗透砂岩油藏已进入高含水、中采出程度阶段，含水率77.5%，可采储量采出程度52.8%，地质储量采油速度0.44%，由于具有见水后含水上升快的特点，控水和提高采收率技术难度高；陆上稠油油藏主要采用蒸汽吞吐、蒸汽驱等热采方式，已进入高含水、高采出程度阶段，含水率87.8%，可采储量采出程度79.7%，地质储量采油速度0.74%，蒸汽吞吐方式吞吐轮次高，地层压力下降幅度大，转为蒸汽驱后油汽比有所提高但能耗仍然较高；以碳酸

岩、火山岩为主的陆上特殊岩性油藏已进入高含水、低采出程度阶段，含水率 70.6%，可采储量采出程度 37.8%，地质储量采油速度 0.40%，有效补充地层能量和提高采收率技术难度大。海域油田已进入高含水、高采出程度阶段，含水率 87.72%，可采储量采出程度 74.2%，地质储量采油速度 1.3%，受海上开采方式与平台空间等因素影响，控递减和提高采收率技术难度较大。

主要受资源禀赋和开发技术等因素影响，我国油田采收率水平总体不高，只有 27.8%，处于中低水平，有 70% 以上的石油储量滞留在地下，如果持续攻关提高采收率技术，滞留储量仍有采出的机会。各类油藏采收率差异较大，海域油田采收率为 30.0%，陆上中高渗透砂岩油藏采收率为 38.6%、稠油油藏 26.0%、低渗透砂岩 18.6%、特殊岩性 19.8%，针对各类油藏特点，攻关提高采收率技术，采收率有望在目前水平上进一步提高。

（3）水驱是主要的开发方式。我国油田主要的开发方式有水驱、稠油热采和三次采油等。其中，水驱包括天然水驱和人工注水开发，是经济性相对较好的开发方式，我国油田普遍都采取了注水补充地层能量的开发方式，2018 年底，水驱油藏动用地质储量 $287.3 \times 10^8 t$，占全国动用石油地质储量的 86.6%，年产油 $1.53 \times 10^8 t$，占比 80.7%。稠油油藏主要分布在辽河、新疆、胜利等油田，由于地层原油黏度高导致流动性差，常采用蒸汽吞吐、蒸汽驱等方式加热油层，降低原油黏度，提高其流动性，目前热采稠油油藏动用地质储量 $22.4 \times 10^8 t$，占比 6.8%，年产油 $1663 \times 10^4 t$，占比 8.8%。以聚合物驱和化学复合驱为主的三次采油方式主要在大庆油田和胜利油田得到规模应用，由于技术要求高、化学剂对各类油藏的选择性较强、开发成本相对较高等因素影响，在其他油田还未实现规模应用，目前动用地质储量 $17.9 \times 10^8 t$，占比 5.4%，年产油 $1378 \times 10^4 t$，占比 7.3%。

从长远来看，水驱方式对于常规油藏有较好的适用性和经济性，仍将占据主体地位。随着老油田陆续进入特高含水阶段，以及超低渗透、致密／页岩等低品位和非常规资源规模开发，三次采油技术以其大幅度提高采收率的优势，其开发方式的种类和产量规模将呈增加趋势。热采稠油油田随着高轮次蒸汽吞吐油田开发效果不断变差、超稠油储量规模开发，以及新的开发方式的试验成功，多介质蒸汽驱、SAGD、火驱等转换开发方式的应用规模将不断扩大，保持稠油产量规模基本稳定。

二、气田开发现状

我国天然气开发主要经历了开发起步阶段、开发启动期和快速增长三个阶段（图 1-3）。

一是 1949—1968 年的天然气开发起步阶段。这一阶段主要是开展油气普查，仅在四川盆地发现一批小型气田并进行了初步开发，到 1968 年全国天然气产量为 $14.4 \times 10^8 m^3$，以气层气为主。

二是 1969—1995 年的天然气开发启动期。这一时期以气层气和油田溶解气都获得较大幅度的增长为特点。一方面全国原油产量大幅度增长，带来溶解气产量快速上升，1970 年以前溶解气集输利用量较少，此后通过加强溶解气的开发利用，1995 年溶解气工业产量达到 $75 \times 10^8 m^3$；另一方面，除四川天然气产量大幅度增长外，长庆、新疆等产油区也已有气层气开发，从而打破了中国的气层气完全产自四川盆地的格局。气层气产量 1995 年达到 $99\times10^8m^3$，是 1968 年 $12.2\times10^8m^3$ 的 8 倍；1995 年全国天然气产量达到 $174\times10^8m^3$，是 1968 年的 14 倍。

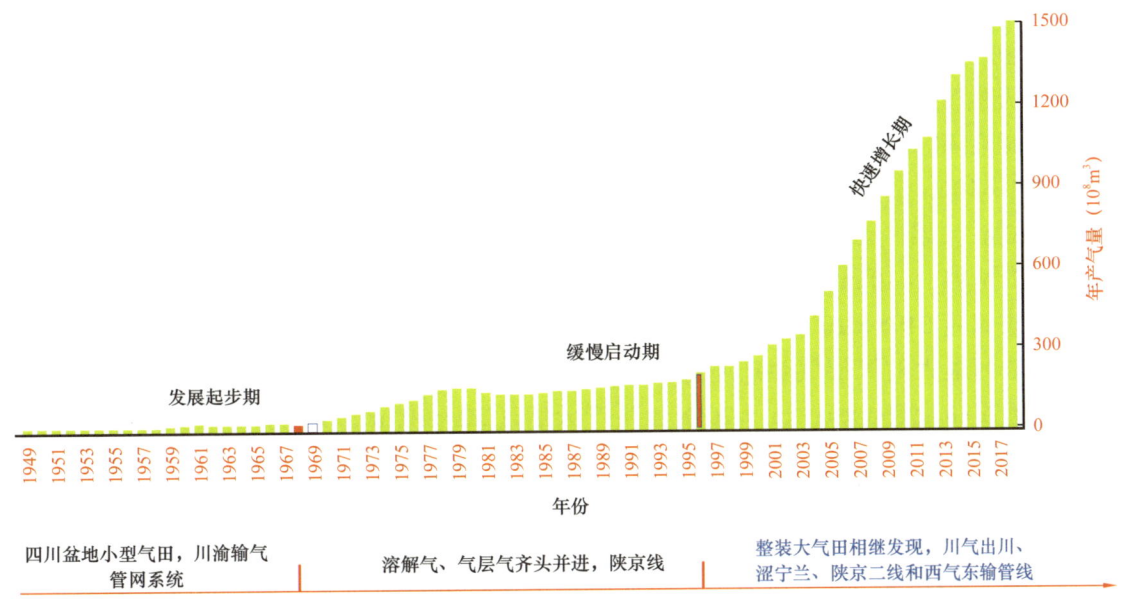

图 1-3　全国天然气产量增长历史趋势
资料来源：2018 年全国油气矿产储量通报

三是 1996 年以来的快速增长阶段。1996 年以来，随着我国国民经济的快速发展，对天然气的需求不断增加，石油工业进入"油气并重"发展阶段。陕京线、崖 13-1—香港、涩宁兰、西气东输、忠武线、陕京二线等长输管线相继建成投产，以及气区周边的区域输气管线不断延伸和完善，一批新气田陆续投产，突破了低渗透—致密气藏、高压—凝析气藏、碳酸盐岩气藏、疏松砂岩气藏、火山岩气藏和高含硫气藏配套技术，天然气产量进入快速增长阶段。尤其是 2000 年以来，天然气产能建设逐渐加快，天然气产量由从 2000 年 $265\times10^8m^3$ 上升到 2018 年 $1575\times10^8m^3$，年均增长率 11%，远高于全球同期 2.9% 的天然气产量平均增长速度。形成了四川盆地、塔里木盆地、鄂尔多斯盆地三个年产量 $250\times10^8m^3$ 以上、柴达木盆地 $60\times10^8m^3$ 的大中型天然气生产基地，为天然气产量的快速上升和安全平稳供气提供了保障。

截至 2018 年底，全国气田累计探明天然气地质储量 $14.64\times10^{12}m^3$，技术可采储量 $7.89\times10^{12}m^3$；累计动用天然气地质储量 $8.11\times10^{12}m^3$，技术可采储量 $4.53\times10^{12}m^3$，储量动用率 55.4%。气田总井数 30525 口，开井 24469 口，开井率 80.2%；年产气层气 $1469\times10^8m^3$，累计动用可采储量采气速度 3.24%；累计产气 $17439\times10^8m^3$，累计动用可采储量采出程度 38.51%（表 1-2）。已开发天然气田储采比 20。

1. 主要盆地开发现状

全国气田主要集中在四川、鄂尔多斯、塔里木、莺—琼、柴达木、准噶尔和沁水等盆地，已建成四川、鄂尔多斯、塔里木、莺—琼等十大天然气生产基地。四川盆地以常规气、致密气和页岩气为主，生产少量煤层气，共累计探明天然气地质储量 $4.85\times10^{12}m^3$，累计动用天然气地质储量 $2.54\times10^{12}m^3$，2018年生产天然气 $431\times10^8m^3$，累计产天然气 $5921\times10^8m^3$；鄂尔多斯盆地既产常规气、致密气，又产煤层气，累计探明天然气地质储量 $4.8\times10^{12}m^3$，累计动用天然气地质储量 $3.13\times10^{12}m^3$，2018年生产天然气 $477\times10^8m^3$，累计产天然气 $4277\times10^8m^3$；塔里木盆地以常规气为主，有少量致密气，累计探明天然气地质储量 $1.97\times10^{12}m^3$，累计动用天然气地质储量 $1.04\times10^{12}m^3$，2018年生产天然气 $271\times10^8m^3$，累计产天然气 $2767\times10^8m^3$；莺—琼盆地累计探明天然气地质储量 $4814\times10^8m^3$，累计动用天然气地质储量 $1864\times10^8m^3$，2018年生产天然气 $34\times10^8m^3$，累计产天然气 $948\times10^8m^3$；柴达木盆地累计探明天然气地质储量 $3694\times10^8m^3$，累计动用天然气地质储量 $3195\times10^8m^3$，2018年生产天然气 $62\times10^8m^3$，累计产天然气 $776\times10^8m^3$；沁水盆地为最大的煤层气生产基地，累计探明天然气地质储量 $4348\times10^8m^3$，累计动用天然气地质储量 $896\times10^{12}m^3$，2018年生产天然气 $22\times10^8m^3$，累计产天然气 $141\times10^8m^3$（表1–2）。

2. 不同资源类型开发现状

全国天然气储量产量快速增长，非常规天然气也得到快速发展。2018年底，非常规气累计探明地质储量 $6.68\times10^{12}m^3$，占全国的45.6%，年产气量 $541\times10^8m^3$，占全国36.8%（表1–2）。

表 1-2 截至 2018 年底全国天然气按盆地和资源类型开发指标现状

划分方式	类型	累计探明储量（10^8m^3）		累计动用储量（10^8m^3）		累计动用可采储量		产量（10^8m^3）		探明可采储量储采比（年）	储量动用率（%）
		地质	技术可采	地质	技术可采	采气速度（%）	采出程度（%）	年产气	累计产气		
资源	常规气	79571	48892	49553	30210	3.07	44.29	927	13379	39	62
	致密气	49808	24303	25903	13327	2.86	26.39	381	3517	55	52
	煤层气	6522	3253	1181	679	7.55	30.52	51	207	60	18
	页岩气	10456	2495	4439	1069	10.18	31.35	109	335	21	42
	小计	146357	78943	81076	45285	3.24	38.51	1469	17438	42.9	55
盆地	四川	48547	25257	25416	13761	3.13	43.03	431	5921	46	52
	鄂尔多斯	48011	25316	31328	17086	2.79	25.03	477	4277	45	65
	塔里木	19740	12083	10408	6633	4.08	41.72	271	2767	35	53
	柴达木	3694	2009	3195	1723	3.61	45.03	62	776	21	86
	准噶尔	1736	954	1424	775	2.44	47.50	19	368	32	82
	吐哈	628	379	476	310	1.08	48.40	3	150	69	76
	松辽	5364	2509	1950	945	4.41	43.20	42	408	51	36

续表

划分方式	类型	累计探明储量（10^8m^3）		累计动用储量（10^8m^3）		累计动用可采储量		产量（10^8m^3）		探明可采储量储采比（年）	储量动用率（%）
		地质	技术可采	地质	技术可采	采气速度（%）	采出程度（%）	年产气	累计产气		
盆地	渤海湾	3007	1606	2332	1251	0.57	79.77	7	998	86	78
	东海	3173	1814	230	143	10.37	107.54	15	153	113	7
	渤海海域	1665	847	554	338	3.51	57.55	12	195	56	33
	珠江口	1475	983	909	636	8.97	48.20	57	306	13	62
	莺—琼	4814	2923	1864	1197	2.88	79.17	34	948	58	39
	沁水	4348	2190	896	443	4.98	31.83	22	141	94	21
	其他	155	73	94	44	38.10	68.46	17	30	4	61
	全国	146357	78943	81076	45285	3.24	38.51	1469	17438	43	55

注：表中数据不含溶解气。

数据来源：自然资源部《2018年全国油气田油气矿产探明储量》。

常规气累计探明地质储量 $7.96\times10^{12}m^3$，累计动用地质储量 $4.96\times10^{12}m^3$，储量动用率 62%。2018 年产量 $927\times10^8m^3$，累计产量 $13379\times10^8m^3$；累计动用可采储量采气速度 3.07%、采出程度 44.29%。

致密气累计探明地质储量 $4.98\times10^{12}m^3$，累计动用地质储量 $2.59\times10^{12}m^3$，储量动用率 52%，2018 年产量 $381\times10^8m^3$，累计产量 $3517\times10^8m^3$；累计动用可采储量采气速度 2.86%、采出程度 26.39%。

煤层气累计探明地质储量 $6522\times10^8m^3$，累计动用地质储量 $1181\times10^8m^3$，储量动用率 18%，2018 年产量 $51\times10^8m^3$，累计产量 $207\times10^8m^3$。累计动用可采储量采气速度 7.55%、采出程度 30.52%。

页岩气累计探明地质储量 $10456\times10^8m^3$，累计动用地质储量 $4439\times10^8m^3$，储量动用率 42%，2018 年产量 $109\times10^8m^3$，累计产量 $335\times10^8m^3$；累计动用可采储量采气速度 10.18%、采出程度 31.35%。

第二节 油气开发面临形势

一、油气资源总量丰富，具备长期持续发展的资源基础

1. 石油资源基础分析

随着油气成藏理论与评价技术、勘探开发技术的不断进步，以及对油气资源的认识不断深入，我国石油资源量呈增长趋势。1991 年地质矿产部开展的全国石油资源量评价结

果为 815×10^8t，1994 年全国第二轮资源评价石油资源量为 940×10^8t，2015 年国土资源部评价全国石油资源量为 1257×10^8t。

根据全国油气资源动态评价（2015），全国石油地质资源量 1257.1×10^8t，可采资源量 300.7×10^8t。截至 2018 年底，累计探明石油地质储量 393.2×10^8t，可采储量 103.7×10^8t，其中探明未动用地质储量 92.9×10^8t、可采储量 16.4×10^8t，待探明地质资源量 863.9×10^8t，可采地质资源量 196.9×10^8t。

全国石油剩余地质资源主要分布于渤海湾陆上、塔里木、鄂尔多斯、准噶尔、松辽五大盆地和南海、渤海海域（表1-3），剩余石油地质资源量 620.7×10^8t，占全国石油地质资源的 49.4%。

表1-3 我国剩余石油资源区域分布

盆地	资源量（10^8t）	可采资源量（10^8t）	2018年累计探明地质储量（10^8t）	2018年底累计探明可采储量（10^8t）	待探明地质储量（10^8t）
全国合计	1257.13	300.67	393.2	103.7	863.9
松辽	134.28	39.86	79.7	31.1	54.6
渤海湾陆上	242.87	65.58	115.1	30.3	127.8
鄂尔多斯	158.38	26.72	64.7	11.4	93.7
塔里木	120.65	27.94	22.3	3.9	98.4
准噶尔	106.73	22.02	30.3	7.0	76.4
渤海	110.29	25.37	36.8	8.6	73.5
南海	110.39	40.73	14.0	4.9	96.4

数据来源：全国油气资源动态评价（2015）。

石油资源基础和勘探阶段决定了增储潜力和规模。从剩余资源潜力、勘探阶段和勘探准备情况综合来看，新疆地区、海域、非常规和东中部老区精细勘探是未来勘探增储的四大领域。

海域石油勘探总体处于早中期，未来获得重大发现的机会较高，储量具备较大规模增长潜力。近海油气资源总量丰富，截至 2018 年底，石油探明程度为 22.2%（表1-4），根据勘探储量发现阶段划分标准，近海石油勘探处于高峰前期阶段，2000 年以来新发现 24 个探明储量超 5000×10^4t 大油田，其中 5 个超 1×10^8t。年均新增探明储量保持高位，"十五""十一五""十二五"分别年均新增 1.93×10^8t、1.38×10^8t、2.46×10^8t。从中长期来看，石油储量将进入发现高峰阶段，其中作为石油资源量最为丰富的渤海海域石油探明程度为 33.5%，已进入发现高峰阶段，南海中南部油气资源总量与近海基本持平，但长期以来被周边国家掠采严重，截至 2017 年底，石油探明程度 11.6%，即将进入高峰前期阶段。

新疆地区石油资源丰富，依托塔里木、准噶尔和吐哈三大盆地，具备成长为新的战略接替区的潜力和前景。根据全国油气资源动态评价（2015），新疆地区的塔里木、准噶尔两大盆地共有石油资源量 227.4×10^8t，占全国 18.1%，截至 2018 年底，累计探明

52.6×10^{8}t，待探明石油资源 174.8×10^{8}t，资源探明率 23.1%，处于勘探中期。近年来，准噶尔盆地玛湖凹陷取得重大发现，准噶尔西北缘石炭系—二叠系、阜东斜坡取得重要进展，塔里木盆地奥陶系碳酸盐岩实现塔北—塔中连片，展现良好发展前景。

表 1-4 近海及深远海石油储量探明程度

区域	石油		
	地质资源量（10^{8}t）	探明地质储量（10^{8}t）	探明程度（%）
近海（其中渤海）	239（110）	53.0（36.8）	22.2（33.5）
南海中南部	154	17.8	11.6
海域合计	393	70.8	18.0

注：1. 地质资源量数据来源于全国油气资源动态评价（2015）；2. 探明地质储量数据中，近海截至 2018 年底、南海中南部截至 2017 年底。

东部老区是我国石油资源最为富集的地区，同时，也是全国勘探程度最高的地区。松辽、渤海湾陆上等东部地区石油地质资源量 377.2×10^{8}t，占全国 30%，截至 2018 年底，累计探明地质储量 194.8×10^{8}t，资源探明率 51.6%，勘探程度较高，待探明 182.4×10^{8}t，仍然有一定的资源潜力。同时，随着鄂尔多斯盆地进入勘探中后期，鄂尔多斯盆地精细勘探也将成为老区勘探的重要组成。未来瞄准资料、技术和认识三个盲区，加强成熟盆地基础机理与解剖研究，东部和中部地区仍然能够成为持续规模增储的重要支撑。

根据中国石油资源评价结果，我国致密油地质资源量 125.81×10^{8}t，可采资源量 12.35×10^{8}t，约为全国常规资源的 1/20，主要分布鄂尔多斯、松辽、渤海湾和准噶尔四大盆地（表 1-5），占总资源量的 73.3%，截至 2018 年底，累计探明地质储量 3.77×10^{8}t，剩余控制+预测储量 18.3×10^{8}t。

表 1-5 主要盆地致密油资源量

盆地	面积（km^2）	地质资源量（10^{8}t）	可采资源量（10^{8}t）
鄂尔多斯	78879	30	3.51
松辽	20507	22.41	2.73
渤海湾	16703	20	2.2
准噶尔	8026	19.79	1.24
四川	53010	16.13	1.29
柴达木	8050	8.58	0.7
三塘湖	2239	4.63	0.24
二连	896	2.98	0.31
酒泉	231	1.29	0.13
合计	188541	125.81	12.35

我国页岩油资源丰富，300～3000m 页岩油技术可采资源量为（700～900）×10^8t，是常规石油可采资源总量的 3 倍以上。运用水平井电加热轻质化技术可以将页岩油在地下原位改质转化为轻质油。针对页岩油开发利用，国际石油公司早已进行技术超前研究和先导试验，形成多种技术路径。壳牌石油的超前研究已历经 25 年，累计投入 30 亿美元，形成了技术成熟度较高的直井原位改质开采技术。该技术的核心是通过直井并放入加热管，将页岩中的重质油、沥青和多类有机物，原位电加热转化为轻质油并产出，同时将产生的残余物留在地下。目前，壳牌石油已在美国、约旦等国家开展了页岩油直井原位改质先导试验。其在美国科罗拉多开展页岩油开采先导试验，原油采出率 62%，技术试验基本取得成功。2013 年 3 月，中国石油与壳牌石油合作，经过近 4 年攻关，在壳牌石油原有技术基础上，提出了适用于埋深 300～3000m 页岩油富集区的地下水平井电加热轻质化开采技术，优选鄂尔多斯盆地长 7 段页岩，通过室内模拟，页岩油地下电加热开采技术具有一定的可行性。未来，随着技术进步，实现原位改质技术效益可行，将大幅增加我国石油发展潜力。

2. 天然气资源基础分析

1）随着技术水平提高，历次资源评价总量在不断增加

我国是一个天然气资源比较丰富的国家，随着天然气勘探的迅猛发展，近 30 多年来，先后进行了三次全国范围的资源评价，天然气资源潜力认识也发生了比较大的变化。

20 世纪 80 年代开始进行系统的资源评价。1986 年石油工业部组织完成的一次资源评价资源量为 $38.04 \times 10^{12} m^3$。1994 年对中国 69 个沉积盆地进行了第二轮油气资源评价，二次资源评价资源量为 $38.04 \times 10^{12} m^3$。随着勘探工作的不断深入，2000 年以来国内三大石油公司依据新成果、新资料，再次对中国主要含气盆地的天然气资源进行评价，中国天然气资源量为 $47 \times 10^{12} m^3$ 左右，最终探明天然气可采资源量为 $12 \times 10^{12} m^3$ 左右。2005 年完成第三轮全国资源评价，除南海南部 14 个盆地外，我国陆地和近海海域 115 个含油气盆地天然气远景资源量为 $55.89 \times 10^{12} m^3$，地质资源量为 $35.03 \times 10^{12} m^3$，最终探明天然气可采资源量为 $22.03 \times 10^{12} m^3$。第三轮全国油气资源评价首次开展了全国范围内的油气资源可采系数研究，建立了全国油气资源可采系数取值标准、类比评价标准和标准应用方法，确保了不同盆地油气可采资源量计算方法规范、参数选取合理、计算结果可信，进而保证全国油气可采资源量计算结果更趋客观。2015 年完成全国油气资源动态评价，全国天然气地质资源量 $90.3 \times 10^{12} m^3$，最终探明天然气可采资源量 $50.1 \times 10^{12} m^3$（表 1-6）。

由此可见，自 20 世纪 80 年代开始，资源量是随着地质认识的不断提高、科学技术的不断进步而不断增加的，从一次资源评价算起，评价每十年新增天然气资源量 $10 \times 10^{12} m^3$ 左右。因此，资源评价是一个滚动过程，是个动态评价和认识的过程，随着地质认识的深化、勘探新理论的发展、新技术的不断提高，天然气资源量还会不断增加，预计未来我国油气资源仍有大幅度增长的可能。增长大体可以来自两个方面：第一是现有领域的范围、类型进一步增加，如西部山前冲断带、东部富油气凹陷的岩性油气藏；第二是目前尚未认

识到的新盆地、新领域的资源增加，如青藏地区的资源、鄂尔多斯盆地中下三叠统次生气藏的资源、南方等地区海相碳酸盐岩地层中的资源、海域油气资源等。

表 1-6　我国历次天然气资源评价结果对比　　　　　　　　　　　　单位：$10^{12}m^3$

资源量	第一轮全国油气资源评价（1986）	第二轮全国油气资源评价（1994）	三大石油公司（2000）	中国工程院（2004）	第三轮全国油气资源评价（2005）	全国动态资源评价（2015）
远景	38	38	47	47	56	134
地质	—	—	22	22	35	90.3
可采	—	13	12	14	22	50.1

2）我国天然气处于勘探早期阶段，具备持续增储的资源基础

根据全国油气资源动态评价（2015），全国常规天然气地质资源量 $67.4 \times 10^{12}m^3$（图 1-4），截至 2018 年底，累计探明地质储量 $7.96 \times 10^{12}m^3$，资源探明率 12%，处于勘探早期阶段。待探明天然气资源主要分布在塔里木、鄂尔多斯、四川、南海北部、东海五大盆地，其中鄂尔多斯、四川和塔里木均处于勘探早中期，是未来我国天然气增储上产的重点地区。

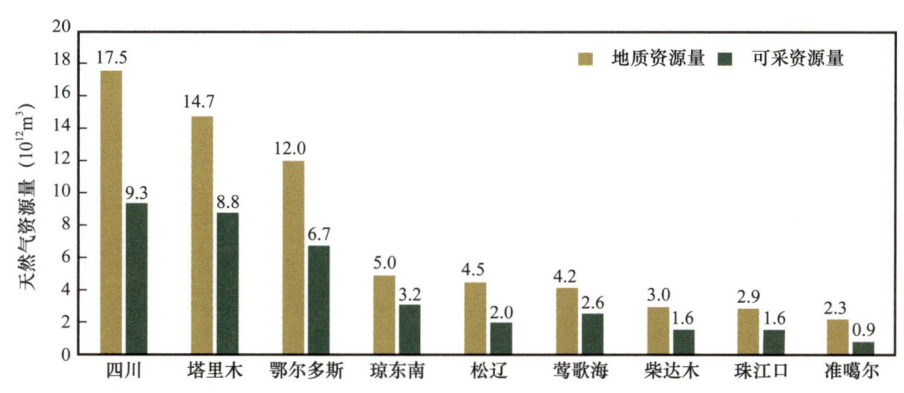

图 1-4　全国天然气地质与可采资源盆地分布
数据来源：全国油气资源动态评价（2015）

我国非常规天然气资源潜力可观，是我国天然气持续发展的战略选择和必由之路。根据全国油气资源动态评价（2015），全国非常规天然气地质资源量约 $174.7 \times 10^{12}m^3$、可采资源量 $45.6 \times 10^{12}m^3$，是常规天然气地质资源量的 2.6 倍（表 1-7）。其中，致密气地质资源量 $22.9 \times 10^{12}m^3$、可采资源量 $11.3 \times 10^{12}m^3$，主要分布于鄂尔多斯、四川、松辽等盆地；页岩气地质资源量 $121.8 \times 10^{12}m^3$、可采资源量 $21.8 \times 10^{12}m^3$，主要分布于四川盆地及周缘；煤层气地质资源量 $30.0 \times 10^{12}m^3$、可采资源量 $12.5 \times 10^{12}m^3$，主要分布在沁水盆地南部、鄂尔多斯盆地东缘、滇东黔西盆地北部和准噶尔盆地南部。截至 2018 年底，累计探明致密气地质储量 $4.98 \times 10^{12}m^3$、页岩气地质储量 $1.05 \times 10^{12}m^3$、煤层气 $6522 \times 10^8m^3$，致密气地质资源探明率总体不到 22%，页岩气探明率仅 0.86%，煤层气探明率仅 2.17%。因此，非常规天然气资源勘探开发前景广阔，具备持续上产的资源潜力。

大气田的发现支撑天然气储量快速增长,深层、非常规及海域是我国天然气储量增长重点领域,未来将保持储量高峰增长态势。近10年来,我国天然气勘探不断取得大突破、大发现,自2000年以来,在致密砂岩、古老碳酸盐岩、前陆、火山岩、页岩气和煤层气、海域6大领域获得一系列发现,天然气新增探明地质储量$12×10^{12}m^3$,占总探明地质储量的82%,2003—2017年连续15年新增探明地质储量超$4000×10^8m^3$(图1-5),已形成鄂尔多斯、四川和塔里木盆地三个探明地质储量规模超万亿立方米的大气区。

表1-7 我国不同类型非常规天然气资源分布情况

类型	地质资源量($10^{12}m^3$)	可采资源量($10^{12}m^3$)	探明地质储量($10^{12}m^3$)	探明率(%)
致密气	22.9	11.3	4.98	21.75
页岩气	121.8	21.8	1.05	0.86
煤层气	30.0	12.5	0.65	2.17
合计	174.7	45.6	6.68	3.82

数据来源:全国油气资源动态评价(2015)。

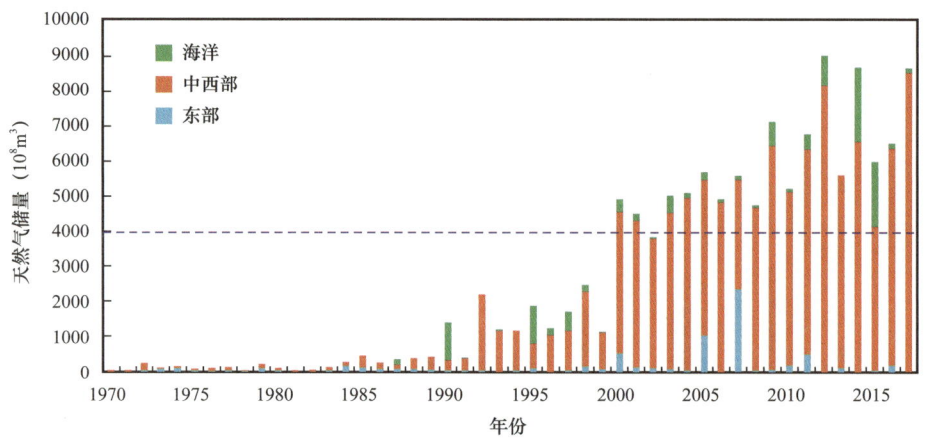

图1-5 全国1970—2017年新增探明天然气储量增长趋势

随着油气勘探领域由陆地向深水、目的层由中浅层向深层和超深层、资源类型由常规向非常规快速延伸,水深大于3000m海洋超深水等新区、埋深大于6000m的陆上超深层等新层系、储层孔喉直径小于1000nm的非常规天然气等新类型,已成为石油工业发展具有战略性的"三新"领域,是我国天然气增储上产的重点领域。按2015年全国油气资源动态评价成果,深层天然气地质资源量$49.7×10^{12}m^3$,占天然气资源量(常规气+致密气资源量$90.3×10^{12}m^3$)的55%,目前已探明地质储量$4.9×10^{12}m^3$,资源探明率10%,处于早期勘探阶段,未来仍具有较大勘探潜力。我国非常规天然气地质资源量$175×10^{12}m^3$,实现非常规气大规模开发利用将成为我国油气工业持续发展的战略选择和必由之路。另外,我国海域盆地26个,资源量$37×10^{12}m^3$,其中近海地质资源量$20.9×10^{12}m^3$,探明天然气$1.5×10^{12}m^3$,总体处于勘探早期阶段,未来随着深层断陷盆地结构、沉积储层等评价技术及深水勘探开发技术的进步,海域将会不断取得新的发现。

根据资源探明率、储量增长趋势与数学模型分析看，我国天然气年增探明储量仍处于快速增长阶段，未来仍有大发现的可能。通过加大塔里木、鄂尔多斯、四川和南海北部、东海天然气勘探，以及四川盆地及周缘海相页岩气、沁水和鄂东煤层气规模增储，常非（常规与非常规）并重、陆海并举，预测到2035年前，将形成鄂尔多斯、四川、塔里木、南海北部、东海海域5个万亿立方米增储区，准噶尔、渤海湾、柴达木3个千亿立方米增储区，我国天然气年增探明地质储量可保持在（6000～9000）$\times 10^8 m^3$之间（图1-6）。

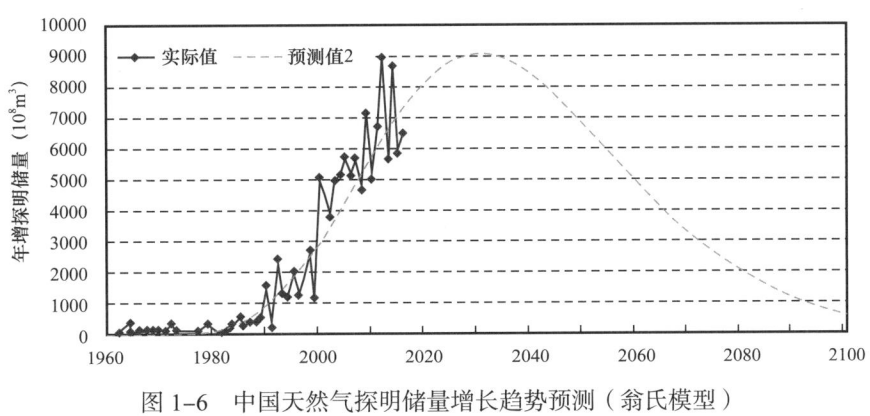

图1-6 中国天然气探明储量增长趋势预测（翁氏模型）

二、油气生产重心进一步向陆上西部和海域转移，非常规气成为天然气增产重点

陆上东部油田曾经是国内原油生产的主体，产量占比最高达95%以上，进入21世纪以来，随着大庆、胜利等主力油田进入"双特高"生产阶段后，产量持续下降，2019年原油产量$8162 \times 10^4 t$，占全国产量的42.7%。而陆上西部地区和海域产量持续增长，"十五"以来，陆上西部地区原油产量保持较快增长，年均增长$280 \times 10^4 t$，年均增长率达到5.8%，远高于国内年均1.9%的增长率，原油产量从"十五"初期的$3182 \times 10^4 t$增长到2019年的$6785 \times 10^4 t$，在国内原油产量的占比由19.4%增加到35.5%，接替作用愈加明朗。其中，长庆油田作为西部快速发展油田的典型代表，针对低渗、低压、低丰度的油藏特点，通过加强科技攻关，发展并完善了以超前注水、井网优化、压裂改造等为主体的油田开发配套技术系列，坚持管理创新，推行标准化建设，实现了超低渗透、致密/页岩油田的规模开发，原油产量在2001年的$520 \times 10^4 t$基础上，保持年均$150 \times 10^4 t$以上的增长幅度，年均增长率达到12.9%，2013年生产原油$2432 \times 10^4 t$，实现油气产量$5000 \times 10^4 t$油当量，建成"西部大庆"，2014年原油产量达到$2505 \times 10^4 t$，达到历史最高，2019年保持在$2415 \times 10^4 t$规模。海域产量也保持较快增长，自20世纪80年代初第一个海上油田投入开发以来，已建成渤海、南海西部、南海东部、东海四大生产基地，海域石油产量从"十五"初期的$1813 \times 10^4 t$增长到2019年的$4153 \times 10^4 t$，在国内石油产量的占比由11.0%增加到21.7%（图1-7）。

陆上西部地区天然气产量的增长突出。2000年以来，全国天然气勘探开发进程加快，带动西部天然气开发技术不断进步，形成超高压气藏安全均衡开发技术、多层低渗气藏分压合采术、疏松砂岩气藏防砂治水技术、孔洞缝气藏高效开发技术等复杂类型气藏开发配套技术，推动了西部地区天然气产量跨越式增长，由2000年的 $130 \times 10^8 m^3$ 增长到2018年的 $1292 \times 10^8 m^3$，年均增长 $64 \times 10^8 m^3$，年均增长率14%，占全国天然气产量的83.7%（图1-8），陆上西部地区与东部、海域相比，主体地位日益突出。同时，非常规天然气产量也得到快速发展，由2000年的 $21 \times 10^8 m^3$ 增长到2018年的 $541 \times 10^8 m^3$，年均增长率20%，占全国天然气产量的比例由16%上升到34.3%，实现了"常非并举"（图1-9）。

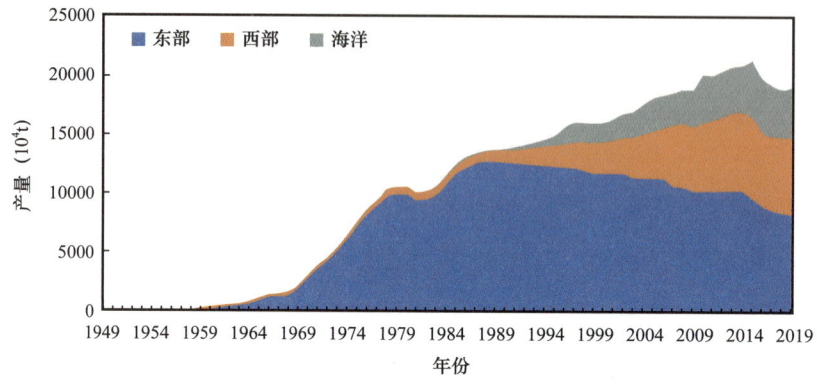

图1-7 全国1950—2018年石油产量增长趋势

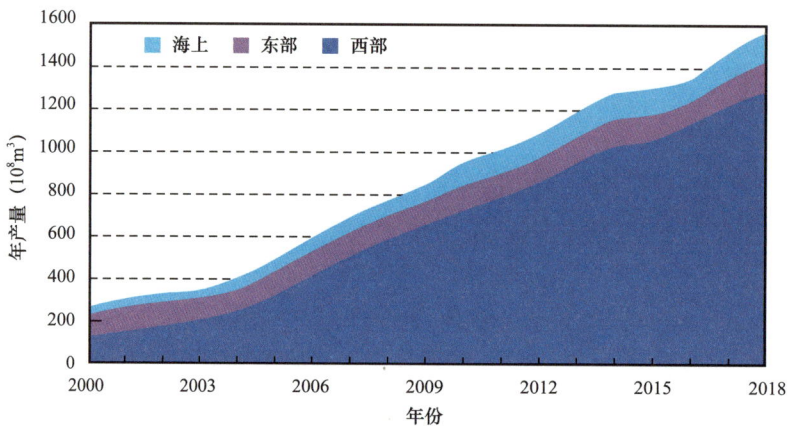

图1-8 2000年以来全国天然气产量变化状况

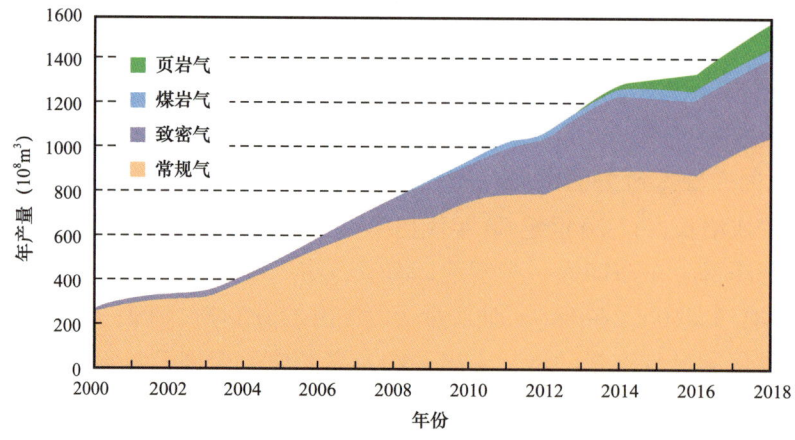

图1-9 全国常规与非常规天然气产量构成

三、勘探开发对象日益复杂，规模增储与持续上产难度加大

1. 石油勘探对象呈现"薄、低、深、难"等特点，获得重大发现机会降低，探明优质规模储量难度增加

随着国内石油勘探程度不断增高，近年勘探对象呈现"薄、低、深、难"等特点，以典型盆地及油田为例，塔里木盆地平均探井深度由3000～5000m增加到7000m，长庆油田主力产油层渗透率由大于100mD下降到小于0.5mD。同时，陆上剩余资源地表条件复杂，山地、沙漠、黄土塬、高原、戈壁5类复杂地面条件的石油剩余资源量占剩余资源总量的98%，勘探施工难度显著加大。自2010年以来，我国新探明石油储量呈现总体下降的趋势，从"十二五"的年均$12×10^8$t左右下降到"十三五"的$9×10^8$t左右，采收率由"十二五"的18.6%下降到"十三五"的16.7%，经济可采储量替换率由0.93降至0.61。

根据油气发现规模由大到小、储量由好变差、油藏类型由常规到非常规等勘探发现规律综合研判，我国陆上石油勘探已进入中后期。2000年以来新增石油储量中，小型—特小型油藏占比52.3%，重大发现机会减少。特别是松辽盆地、渤海湾盆地等东部老油区，勘探已进入中晚期，增储规模变小，2011年以来，松辽、渤海湾两大含油盆地无重大发现，以老油田扩边为主，年增探明储量规模大幅下降，从2000—2010年的$4.36×10^8$t下降到2013—2017年的$1.51×10^8$t（图1-10），同时，新增探明储量品质持续变差，小型—特小型油田成为增储主体，占比超过70%，2011年以来特低渗—致密油储量占比达43%（图1-11），目前勘探进入精查细找阶段，未来发现规模储量难度较大。

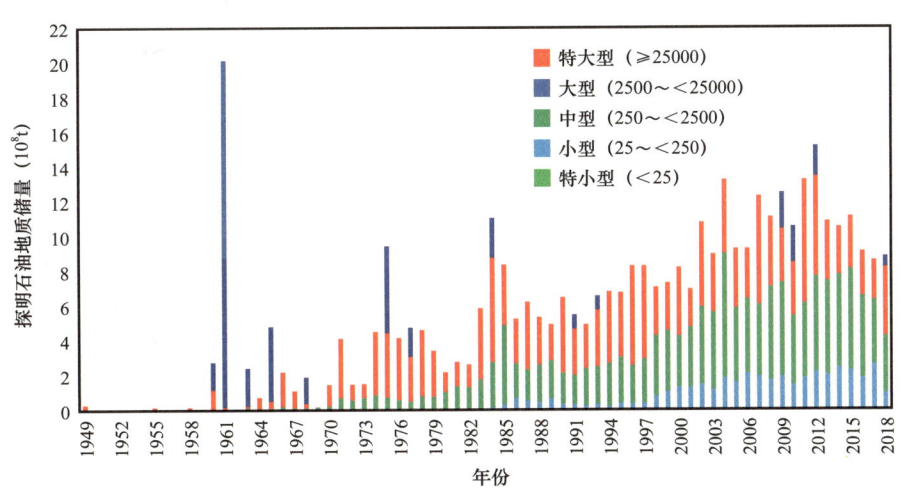

图1-10 我国东部新增石油探明储量油藏规模分布

近海海域虽然是近期勘探增储重点，但用海权矛盾突出，制约短期内大幅增储上产。渤海区域受环保区、港口航运区、军事试验区等受限区面积占勘探面积的77%，受限区潜在资源量$26.8×10^8$t、覆盖探明地质储量$9.6×10^8$t，影响高峰产量$1180×10^4$t，严重制约短期内增储上产；南海中南部资源丰富，但外部政治、外交形势复杂，勘探准备不足，短期内难以实现规模增储。

-15-

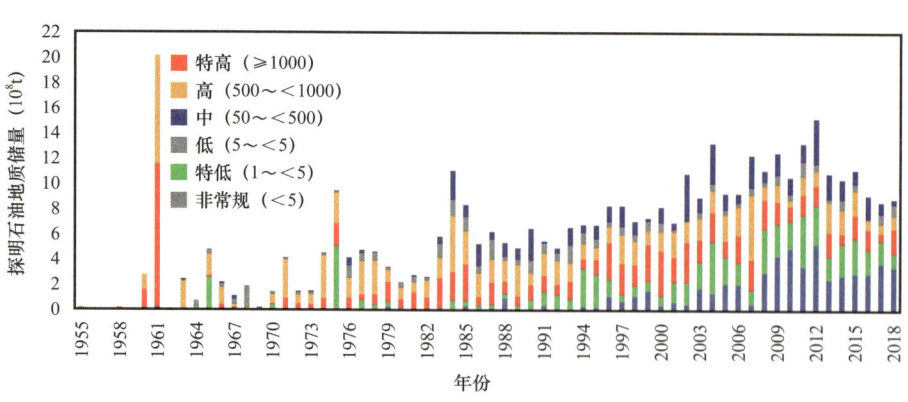

图 1-11 我国东部地区新增石油探明储量渗透率构成

2. 已探明未开发储量规模大，但受储量品位总体不高、储量需要进一步落实和开发效益不高等因素影响，动用难度较大

已探明未开发油气储量一般具有油气层薄、物性差、埋藏深、丰度低等共性，开发动用难度大，开发成本高、投资风险大。

石油已探明未开发储量以稠油、低渗—特低渗储量为主，储量丰度普遍较低。截至 2018 年底，全国探明未开发石油地质储量 92×10^8 t，占累计探明地质储量的 23.6%。其中，渗透率小于 10mD 的低渗—特低渗稀油储量 35.1×10^8 t，占比 38.1%；稠油油藏 20.4×10^8 t，占比 22.2%；碳酸盐岩和复杂岩性 12.9×10^8 t，占比 14.0%（表 1-8）。从储量丰度看，可采储量丰度小于 8×10^4 t/km² 的储量占比 40.5%、在 $(8 \sim 25) \times 10^4$ t/km² 的储量占 41.5%，低—特低丰度储量占比合计达到 83.3%。

表 1-8 我国探明未开发石油储量油藏类型分类（截至 2018 年底）　　单位：10^4 t

盆地	合计	稠油油藏	稀油油藏				碳酸盐岩	其他
			砂岩					
			$K<5$mD	5mD$\leqslant K<10$mD	10mD$<K<50$mD	$K>50$mD		
合计	920270	203745	304133	46549	78246	159422	94684	33494
松辽	133862	5268	80687	8572	15695	23640	0	0
渤海湾陆上	196778	40759	35480	17161	20658	59383	11429	11909
鄂尔多斯	151322	0	140778	3873	5276	1396	0	0
塔里木	85402	5884	0	0	1359	277	77882	0
准噶尔	98796	28830	23709	5906	13769	5208	548	20826
渤海	164594	111487	5412	464	5865	41366	0	0
东海	1035	0	0	141	122	772	0	0
南海	36207	4572	2272	2850	6656	19858	0	0
其他	52274	6945	15795	7582	8846	7522	4825	759

石油探明未开发储量主要分布在松辽、渤海湾、鄂尔多斯、塔里木、准噶尔、渤海、南海等地区（图1-12），各盆地品质差异明显，总体以低渗透、低丰度为主。（1）渤海湾盆地（陆上）探明未开发储量规模大、储量品质相对较好，$19.7×10^8$t探明未开发储量中，稀油油田以中高渗透储量为主，中高渗透（>10mD）的稀油储量占比40.7%，稠油、复杂岩性分别占20.7%、11.9%。（2）松辽、鄂尔多斯盆地探明未开发储量规模大，以低渗透、低丰度储量为主。松辽盆地探明未开发储量$13.4×10^8$t，低渗透（渗透率≤10mD）、低丰度（可采储量丰度小于$25×10^4$t/km^2）储量分别占66.7%、97.5%；鄂尔多斯盆地探明未开发储量$15.1×10^8$t，低渗透、低丰度储量占95.6%、100%。（3）塔里木盆地以深层—超深层和低丰度碳酸盐岩储量为主，非均质性强。低丰度储量占比88%，埋深大于4500m的深层—超深层储量占比96%。（4）准噶尔盆地稠油、低渗透和低丰度储量规模大，占比高。盆地探明未开发储量$9.88×10^8$t，其中稠油占比29.2%，渗透率不大于10mD的低渗稀油占比30%，低丰度储量占比76%。（5）渤海海域则以稠油为主，占比达到67.7%，效益开发难度大。

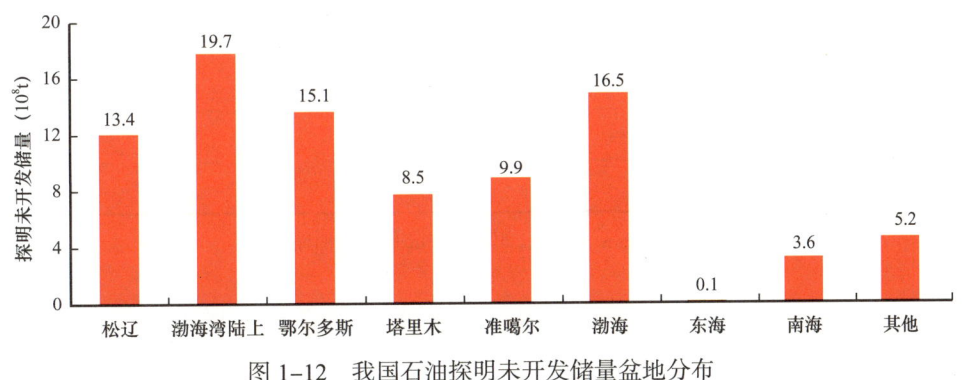

图1-12 我国石油探明未开发储量盆地分布

天然气探明未开发储量相对集中，以低渗透—特低渗透和碳酸盐岩非均质储量为主。截至2018年底，天然气已探明未开发储量$5.39×10^{12}$m^3（表1-9），占全国已探明气田累计探明地质储量的41.7%，其中，低渗透—特低渗透储量（<5mD）占62.7%、强非均质性碳酸盐岩储量占比24.7%。探明未开发天然气储量分布集中，各盆地储量分布特点显著。（1）鄂尔多斯盆地探明未开发储量规模大，以低渗透—特低渗透致密砂岩气藏为主。盆地探明未开发储量$1.47×10^{12}$m^3，其中低渗透—特低渗透致密气储量占97%，埋深以3500m以内为主，占比85%。（2）四川盆地探明未开发储量以致密气藏和非均质碳酸盐岩气藏为主，气藏埋深普遍较深。盆地探明未开发储量$1.73×10^{12}$m^3，其中，低渗透—特低渗透致密气藏占比48.6%，碳酸盐岩气藏占51.3%。气藏埋深大于4500m的储量占比达到50.3%。（3）塔里木盆地探明未开发储量以塔中碳酸盐岩气藏为主，具有埋深大、非均质性强、开发难度大的特点。盆地探明未开发储量中埋深大于4500m的储量占比91%，非均质性极强的碳酸盐岩占比42.0%。（4）松辽盆地探明未开发储量以火山岩气藏为主，非均质性极强，规模开发难度大。（5）海域天然气未开发储量以东海和南海为主，合计未开发储量规模$5735×10^8$m^3。东海主要受气藏渗透率较低和国际关系影响，开发受限。

表 1-9 我国已探明气田未开发地质储量气藏类型分类（截至 2018 年底）　单位：$10^8 m^3$

盆地	合计	砂岩				碳酸盐岩	其他
		小计	致密砂岩气（$K<0.1mD$）	低渗砂岩气（$0.1mD \leq K \leq 5mD$）	中高渗砂岩气（$K>5mD$）		
合计	53866	40234	10573	23181	6489	13325	296
松辽	3614	3319	482	2460	377	0	296
渤海湾陆上	683	347	156	46	145	335	0
鄂尔多斯	14652	14450	3533	10643	273	202	0
塔里木	9353	5423	2237	2261	925	3930	0
四川	17255	8398	4000	4384	13	8857	0
准噶尔	312	312	21	215	76	0	0
柴达木	499	498	0	454	44	1	0
渤海	1579	1579	0	697	882	0	0
东海	2293	2282	0	1671	622	0	0
南海	3442	3442	144	179	3119	0	0
其他	184	184	0	171	13	0	0

注：全国已探明气田（含致密气），不包括页岩气、煤层气和溶解气探明储量。

3. 已开发油气田开发程度加深，进一步挖潜和稳产难度加大

已开发老油田进入高含水和高采出程度的"双高"阶段，资源接替矛盾突出，储采失衡严重，稳产难度加大。2018 年已开发油田总体综合含水率 89.3%，可采储量采出程度达到 78.5%，整体进入"双高"开发阶段。其中，陆上东部老油田开发时间长、开采程度高，整体已进入特高含水开发阶段，油井单井日产油量逐年降低，产出液成本快速上升，老井基本处于经济临界生产状态。大庆、胜利等主力老油田含水率在 92% 以上，可采储量采出程度在 88% 以上，处于特高含水、特高采出程度阶段，接近于经济极限含水，相当于水中捞油，不断挑战开发极限。同时，由于新区接替资源品质下降，建产接替规模减少，储采失衡现象比较严重，如大庆油田储采平衡系数长期低于 1，近年在 0.4~0.6 之间，储采比也只有 9.6 左右。东部油田稳定产量的主要举措是持续加大老区调整力度、发展各种老油田提高采收率技术等，但是随着油田开发程度的逐步深化，提高采收率对象大部分是进入特高含水期的老油田，提高采收率技术效果也在变差，并且成本增产较快。陆上西部开采时间较长的老油田也普遍进入高含水开发阶段，碳酸盐岩、火山岩、稠油等特殊类型油藏产量递减大，近些年来开展了一系列重大开发技术攻关，如二三结合提高采收率、气驱、蒸汽驱、火驱等，见到初步成效，但整体推广规模受限，老区产量递减大的矛盾始终没有彻底解决。海域在生产油田递减快，接替性开发技术仍在试验探索阶段。国内

海上在生产油田产量综合递减基本稳定在14%左右，但总递减率由"十一五"的零递减、"十二五"的2.1%增加至"十三五"前三年的7.7%，呈现加快趋势，同时调整井可采储量呈现明显的下降趋势，进一步加密调整潜力空间有限。

已开发气田随着开发程度加深，稳产难度加大。陆上西南老气田、克拉2、涩北等气田已经进入递减阶段，靖边、榆林、英买力气田群等重点气田进入稳产末期，"十三五"末开始递减，继续稳产难度增加。苏里格等低品位致密气藏采用区块或井间接替稳产方式，每年新建产能多用于弥补产量递减。同时，低产低效井逐渐增多，以中国石油为例，近三年低产气井以每年700多口井递增，主要集中在长庆气区，2018年底气区日产量小于 $0.5 \times 10^4 m^3$ 的低产低效井8734口，占总井数的55.3%，并呈逐年增加趋势，管理难度大、制约开发效益。海上气田中，东方1-1气田出砂，乐东22-1气田出水，且治水难度大。

4. 我国非常规资源与北美相比品位较差，开发难度大、效益差

我国致密油资源烃源岩范围小、TOC较低、成熟度较低，导致资源规模小、丰度低；储层受相带控制，分布相对局限，变化快，非均质性强，孔隙度、脆性矿物含量较低；大部分地层为常压或负压，黏度高，气油比低，流度小（表1-10）。从目前开发试验和产能建设情况看，致密油开发单井投资大，经济效益差，难以形成产量接替，即使开发效果好区块的盈亏平衡点油价也达到60~70美元/bbl，同时，甜点优选、增产改造、补充能量、提高采收率等关键技术尚未成熟配套，生产管理方式尚不能满足效益开发的需要。

表1-10 我国致密油与北美致密油对比

项目		北美	中国	差异性
沉积背景		海相	陆相	稳定性相对差
烃源岩	岩性	海相页岩	湖相泥岩	复杂
	TOC（%）	10~15	2~10	相对低
储层	储层分布情况	分布稳定，连续性好	非均质性强	变化大
	集中段厚度（m）	2~20	10~80	厚度大但分散
	孔隙度（%）	8~12	5~12	相对低
	渗透率（mD）	0.01~1.0	0.01~1.0	相当
	脆性矿物（%）	60~80	30~60	可压性差
分布范围（km²）		1~70000	几百至上万	小、变化大
压力系数		1.35~1.58	0.75~1.8	变化大
原油密度（g/cm³）		0.81~0.83	0.7~0.95	重
气油比		100~10000	10~300	低
单井产能（t/d）		35~250	1.4~55	低

注：根据中国石油勘探开发研究院等单位资料汇总。

我国页岩气多为陆相或者海陆交互相地层，地势多分布于山地、丘陵，地质构造相对活跃，开采技术难度较高，且页岩气资源分布较为分散，陆相地层水源获取较为困难（需大型水力压裂开发）（表1-11）。基于这样的资源禀赋，实现规模效益上产难度很大，因此，非常规气需要补贴才能实现规模开发。部分页岩气和煤层气在不考虑政策补贴条件下处于亏损状态，考虑目前的补贴政策也仅处于边际效益，而致密气低产区在目前气价下，需要补贴0.2~0.4元/m³才能实现规模效益开发。

表1-11 我国页岩气与北美页岩气对比

	中国	美国
有利面积（10⁴km²）	10~20	约77
稳定性	构造复杂，地层破碎	构造简单，地层连续性好
TOC含量（%）	平均为2~4	平均为3~6
含气量（m³/t）	平均为1~3	平均为3~8
热演化程度（%）	平均>2.5	平均为1.2~2.5
孔隙度（%）	平均为1~3	平均为5~8
埋藏深度（m）	平均>3500	1500~3500
地应力条件	复杂	简单

注：根据中国石油勘探开发研究院等单位资料汇总。

四、面临品位不断变差的开发对象，油气开发技术上还存在短板

中高渗透油藏：（1）单一水驱技术已近极限，技术和经济可行性大幅降低。主力油层水洗严重，由早期的高效层转为低效、无效层，特高含水阶段就是"优势通道"，无效水循环严重，严重影响水驱开发效果，次非主力层尽管含油饱和度相对较高，但陆相沉积储层砂体规模普遍偏小，物性偏低，常规调整提高采收率余地不大。（2）三次采油技术尚需完善配套。大庆长垣、胜利油田一类油层基本全部开展聚合物驱，聚合物驱后技术不成熟，尚处于试验阶段，二类A油层大部分开展化学复合驱，二类B油层弱碱化学复合驱效果有待进一步改善，三类油层化学复合驱层系组合方式及合理开发模式尚未确定，后续大幅度提高采收率方法尚未形成；新疆砾岩油田具有极强的宏观/微观非均质性，注采井网严重失调，超过45%的优质储量处于低速低效或弃置状态，水驱开发调整经济效益差，聚合物驱剂窜严重；大港、华北复杂断块油藏化学复合驱控制程度低，聚驱、二元复合驱、微生物驱、空气泡沫驱均已开展矿场试验，但未形成主体接替技术；塔里木砂岩油田具有高温、高压、高盐的"三高"特征，尚未形成三次采油主体技术。

低渗透油藏：常规低渗透油藏已进入"双高"开发阶段，剩余油分布复杂，对化学复合驱等提高采收率技术提出更高要求，因为其储层岩性致密、物性差，要求化学剂具有良好的注入性，同时，地层水矿化度高，要求化学剂具有很好的耐盐性。对于特低/超低渗

透油藏，动态裂缝作用下平面上多方向见水，水驱状况更加复杂。水驱加密对象由单一方向到多方向水淹转变，但加密井水淹风险大，加密井液量低、递减大，难点是以完善层系井网为核心，从整体加密建产能的模式，转变到真正提高控制与动用程度，建立完善注采体系持续稳产。以CO_2混相驱为主的提高采收率技术，可以实现低渗透油田高效开发的跨越式突破，但推广应用仍面临多项关键问题尚需突破，如混相压力偏高、储层非均质性强、注气突破风险加剧、剖面控制技术尚不成熟、气源缺乏、规模应用受限等。

稠油油藏：稠油开发技术主要矛盾来自如何降本增效，SAGD、火驱等技术虽然取得了较好的效果及较低的操作成本，但与冷采方式相比，操作成本依然偏高，加之稠油油价低，效益开发难度大。

碳酸盐岩油藏：孔缝洞分布复杂，现阶段主要是天然能量开采，采收率低，单井注水吞吐受效差异大，随注水轮次增加注水效果很快变差，连通单元精细注水影响因素众多，需要不断调整注采参数，裂缝—孔洞型储集体描述、提高储量动用率和单井产量、控制递减的配套开发技术仍需攻关。

海上油田：提高采收率及稠油热采等新技术尚难以规模化推广应用，一是化学驱采出液处理存在技术瓶颈。2003 年以来在绥中 36-1、旅大 10-1、锦州 9-3 三个油田开展了海上油田化学复合驱矿场试验，取得了一定开发效果，但受海上平台空间及处理流程的影响，含聚合物采出液处理难度大，部分油井存在堵塞问题，制约化学复合驱大面积推广应用。二是热采产能低导致经济效益差。南堡 35-2 自 2008 年开始累计实施 10 口水平井多元热流体吞吐，初期单井日产 $35m^3$，目前（4 年后）单井日产 $20m^3$，预计单井累计产（7~8）×10^4m^3；旅大 27-2 开展 2 口水平井蒸汽吞吐先导试验，单周期单井平均日产 $40m^3$，经济性风险大。

常规天然气：陆上天然气工程工艺技术和装备适应性有待提高。深层、超深层碳酸盐岩气藏缺乏高温、高压、高含硫堵水、控水、控硫工艺技术和高抗硫、大排量增压装备；海相深层高温高压页岩气压裂难度大，盆缘常压页岩气保存条件差、压力低，单井产量低，开发成本高；海上新发现气田多为深水气田、高温高压气田、低渗—近致密气田、中深层气田，由于在工程装备、钻完井技术等方面存在较大的技术挑战，开发成本远高于陆地气田。

非常规气：深层页岩气核心技术与装备不满足深层开发需要，体积改造技术和高精度"甜点"段精细评价技术需要发展完善，如地质导向关键工具依赖进口、超长水平段 PDC 钻头不能满足"一趟钻"要求、深井钻塞难度大、无限极数分段压裂技术不成熟，海陆过渡相及陆相页岩气在资源前景、"甜点"区/段、富集规律、高产主控因素等方面需要进一步试验探索；致密气在提高采收率配套新技术、储层高精度预测与提高单井产量技术方面需要进一步完善；煤层气在多途径煤层气增产技术、深部煤系地层"三气"综合开发技术等方面需要攻关。

五、油气田开发成本增加，生产经营效益面临巨大挑战

近年油气田开发成本增长较快，一是已开发油气田生产工作量不断增加。油气田投入

开发后，随着地层能量下降产量不断递减，要保持产量稳定，需要采取注水等方式补充地层能量，并进行井网加密、增产措施等工作，造成生产井数、注水量、产液量、措施等维持生产的工作量和材料、用电用水等消耗都大大增加。以原油生产为例，目前全国油水井约 53×10^4 口，年产液量约 17×10^8 t，分别比"十一五"末增加30％以上，再加上物价和人工成本等方面的上涨，生产成本支出大幅增加。二是新投入开发储量的品位劣质化。同"十五"相比，新动用储量发生了根本性变化，由以中高渗优质储量为主转变为以低渗—致密、超稠油、复杂岩性和非常规等低品位储量为主，这些油气田的特点是递减较快、采收率低，要建成以往相同的油气产能规模，动用的地质储量、产能和钻井工作量等都大大增加，造成单位油气产能投资和投资规模总量不断增长，并以折旧的形式带动完全成本大幅度增加。

在生产成本较快增长的同时，油气生产经营还面临油价持续低位震荡，以及天然气推价困难、自产气和进口气价格倒挂等方面的挑战。特别是2014年以来，油价持续处于低位，油气生产经营的难度不断加大。油气生产企业一方面要履行保障国家油气安全供应的责任，千方百计保证油气生产规模；另一方面作为企业还要保证生产经营效益和可持续发展，实现效益生产、规模生产与可持续发展的难度越来越大。目前，我国陆上油田完全成本在50～60美元/bbl之间，在低油价下，部分以稠油、低渗透为主的油田出现整体亏损，国内油田生产面临规模与效益的严峻矛盾。

第二章 油气田开发潜力评价

第一节 原油开发潜力分析

评价油田开发潜力是油田开发战略规划研究的基础工作。油田开发潜力包括新增探明储量动用潜力、已探明未开发储量动用潜力和已开发油田提高采收率增加可采储量潜力。实际研究工作中，通常结合资源、储量、生产数据和油田勘探开发进展，对开发潜力进行滚动评价，并分盆地、分油藏类型进一步细化潜力构成，定量评价技术进步、管理创新和体制机制改革对开发潜力的影响，从而综合分析油田开发潜力（图2-1）。

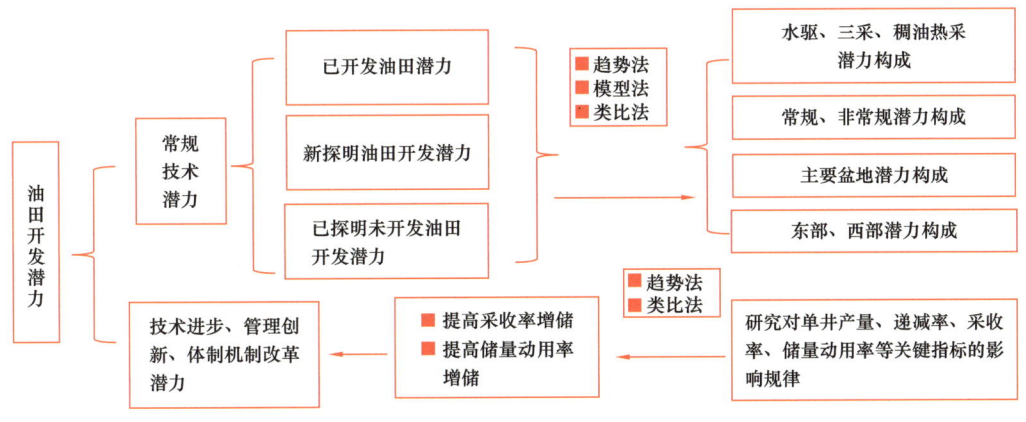

图2-1 油田开发潜力构成

一、新增探明储量开发潜力

1. 石油勘探潜力

从勘探形势看，陆上东部地区松辽、渤海湾两大盆地勘探进入中晚期，增储规模变小、品质变差。陆上中西部地区具有规模增储潜力，是未来勘探重点，预测2035年前年均新增探明储量可保持在 $(7\sim9)\times10^8t$ 之间，其中鄂尔多斯、准噶尔、塔里木三大含油盆地是增储重点。海域石油资源量 239×10^8t，到2018年底探明地质储量 51.9×10^8t，探明率21.7%，总体处于勘探早中期，未来获得重大发现的机会较高，具备较大规模储量增长潜力。

松辽盆地处于勘探晚期，已进入低品位—非常规资源并重勘探阶段。石油资源量 134.3×10^8t，到2018年底累计探明 79.7×10^8t，待探明资源 54.6×10^8t。2019—2020年立足中浅层，以扶余、葡萄花油层为重点，实施精细勘探，年均新增探明储量 0.94×10^8t。

2021—2035 年持续推进扶余、葡萄花油层精细勘探，拓展致密油勘探，优选页岩油原位改质有利区，实现年新增石油探明储量 0.62×10^8 t。

渤海湾盆地陆上处于勘探中晚期，具备规模增储潜力。石油资源量 242.9×10^8 t，到 2018 底累计探明 115.1×10^8 t，待探明资源 127.8×10^8 t。2019—2020 年加大陆上富油凹陷精细勘探，积极开展新层系、新类型预探，年新增探明量 1.35×10^8 t。2021—2035 年立足陆上富油凹陷精细勘探，年新增探明量 0.79×10^8 t。

鄂尔多斯盆地剩余资源丰富，常规、非常规并举，具备规模增储潜力。石油资源量 158.4×10^8 t，到 2018 年底累计探明 64.7×10^8 t，待探明资源 93.7×10^8 t。2019—2020 年以陇东、姬塬、华庆、陕北地区为重点，实现规模增储；积极拓展致密油勘探，加强三边地区、盆地西缘预探，年新增探明储量 3.9×10^8 t。2021—2035 年立足陇东、姬塬、陕北、华庆四大区域精细勘探，持续拓展致密油勘探，开展页岩油原位改质先导试验，年新增探明储量 3.2×10^8 t。

准噶尔盆地玛湖凹陷取得重要发现，具备规模增储潜力。石油资源量 106.73×10^8 t，到 2018 年底累计探明 30.3×10^8 t，待探明资源 76.4×10^8 t。2019—2020 年加大玛湖凹陷、盆缘规模勘探投入，加大腹部、准东预探和风险勘探，推进西北缘精细勘探和致密油勘探，年探明储量 1.87×10^8 t。2021—2035 年实现玛湖凹陷规模增储，推动腹部勘探突破，精细勘探西北缘和准东多层系，拓展准东致密油勘探，实现年探明 2.38×10^8 t。

塔里木盆地资源丰富，成藏条件复杂，具备稳定增储潜力。石油资源量 120.7×10^8 t，到 2018 年底探明 22.3×10^8 t，待探明资源 98.4×10^8 t。2019—2020 年整体控制顺北，拓展塔中和塔北中深层，强化库车南斜坡和新区、新层系、新类型风险勘探，年新增探明地质储量 0.8×10^8 t。2021—2035 年立足塔北、塔中隆起及其斜坡带多类型勘探，加大麦盖提斜坡准备力度，强化风险勘探，年新增石油探明储量 0.86×10^8 t。

我国近海油气资源丰富，11 个含油气盆地石油地质资源量为 239.04×10^8 t，可采资源量为 70.69×10^8 t。石油地质资源量主要集中于渤海、珠江口、北部湾 3 大盆地，其地质资源量 205.79×10^8 t，占近海的 86%。截至 2018 年底，我国近海累计探明石油地质储量 52.95×10^8 t，主要集中于 3 大盆地，其中渤海 38.36×10^8 t、珠江口 10.36×10^8 t、北部湾 3.47×10^8 t，分别占 72%、20%、7%。未来海域石油储量增长仍将主要集中于近海三大成熟探区，即渤海、珠江口盆地珠一坳陷和北部湾盆地。渤海是石油增储上产最主要、最现实的地区，珠江口盆地珠一坳陷是南海东部石油产量接替的重点，北部湾盆地仍然是南海西部石油储量稳步增长的主力区。通过做强渤海、拓展南海、加快东海，2019—2020 年年新增探明地质储量 2.5×10^8 t，2021—2035 年年新增石油探明储量 3.3×10^8 t。

通过强化东部老区精细勘探，加大中西部和海域、致密油的规模勘探，全国新增石油探明地质储量将保持持续增长，"十三五"后两年探明储量逐步提升至 10×10^8 t 以上，之后保持 $(10 \sim 12) \times 10^8$ t 规模。预计 2019—2035 年可探明石油地质储量 203.2×10^8 t，其中鄂尔多斯 55.4×10^8 t，海域 54.0×10^8 t，准噶尔 39.4×10^8 t，渤海湾陆上 14.6×10^8 t，塔里木 14.5×10^8 t，松辽 11.1×10^8 t。

2.新增探明储量动用潜力

新增探明地质储量潜力主要是根据盆地成藏、储量发现等规律进行类比研究和控制储量、预测储量升级等方法综合评价得到。因此，新增储量的具体分布、油藏地质特征、储层性质和开发规律等开发潜力评价关键数据难以获取。在战略规划研究中，主要采用动用规律类比法来预测中长期储量动用潜力，即通过研究各盆地探明储量的动用规律，进而确定战略规划期的储量动用率，以盆地新增探明储量乘以储量动用率得到各盆地的动用储量规模。

根据各盆地探明储量动用规律，对国内 2019—2035 年新增探明储量进行了各盆地动用潜力预测（图 2-2，图 2-3）。预计 2019—2035 年，可动用石油地质储量 112.8×10^8 t，年均 6.6×10^8 t；增加可采储量 17.4×10^8 t，年均 1.02×10^8 t；增储重点盆地是渤海湾陆上、海域、准噶尔和鄂尔多斯。

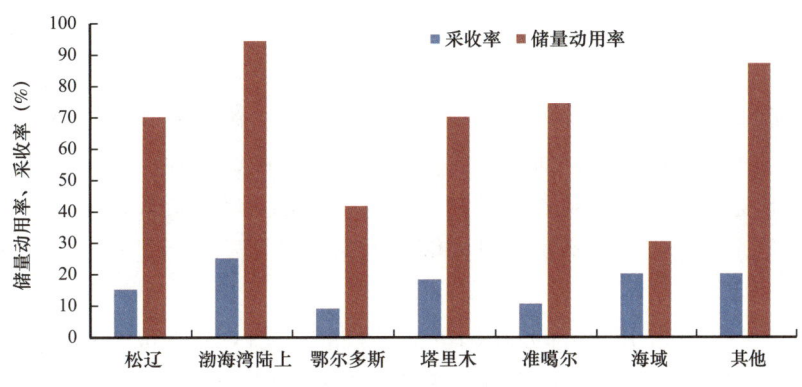

图 2-2 全国各盆地新增动用储量动用率与采收率

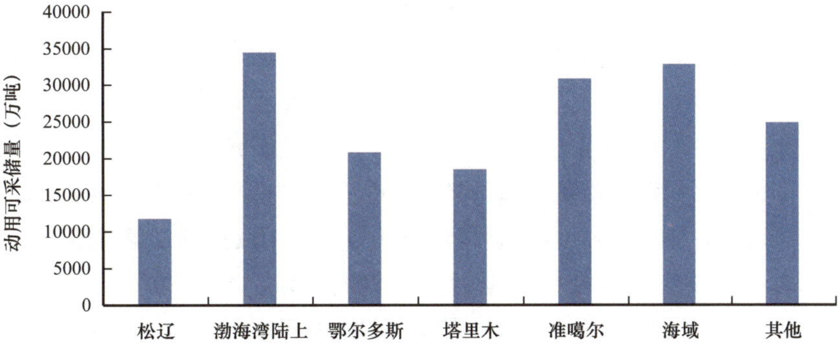

图 2-3 2019—2035 全国各盆地新增动用储量潜力

二、已探明未开发储量潜力

截至 2018 年底，全国累计剩余石油探明未开发储量 92.0×10^8 t，占累计探明石油地质储量的 23.6%，以陆上五大盆地和渤海海域为主。其中，渤海湾（陆上）、鄂尔多斯、松辽、准噶尔和塔里木五大盆地分别占 21.4%、16.4%、14.5%、10.7%、9.3%，合计占比 72.4%，渤海海域占 17.9%，陆上和海域其他盆地占比不足 10%。

探明未开发储量中储量规模大于 $2000×10^4t$ 的油田 118 个，累计剩余未动用地质储量 $73.0×10^8t$，占 78.8%。其中，储量规模大于 $2.0×10^8t$ 油田有 5 个，合计未开发地质储量 $17.1×10^8t$，占全国累计剩余石油探明未开发储量的 18.6%，分别是塔里木盆地塔河油田，渤海湾盆地南堡油田，鄂尔多斯盆地姬塬油田、华庆油田，渤海海域蓬莱 9-1 油田；规模储量在（2000~20000）$×10^4t$ 的油田有 113 个，合计未开发地质储量 $55.9×10^8t$，占全国累计剩余石油探明未开发储量的 60%；规模储量小于 $2000×10^4t$ 的油田有 441 个，合计未开发地质储量 $19.9×10^8t$，占全国累计剩余石油探明未开发储量的 21.4%。

1. 探明未开发储量分类

依据国家油气探明储量计算规范，已探明未开发储量按照落实程度分为三类：落实储量、待落实储量、待核销储量。落实储量是指落实程度高，技术上具备开发的储量；待落实储量是指钻探证实油藏复杂，井控和认识程度较低，需进一步评价落实的储量；待核销储量是指钻探证实地质认识发生重大变化，储量大幅减少，已经不具备进一步评价的资源。

落实储量按照开发状态细分为四亚类：事实已开发、限制开发、地方开发和未来可开发储量。其中事实已开发是指目前已完成开发井网，实际已经建产的储量；限制开发是指目前由于受生态保护区和城市规划等限制列入战略储备的部分资源；地方开发是指与地方合作或由于历史原因造成地方事实开发的储量；未来可开发是指落实储量中未来可开发的潜在储量。

对 2018 年底探明未开发的 $92.0×10^8t$ 石油储量进行了评价分类，其中落实储量 $63.7×10^8t$，占比 69.2%，主要集中在鄂尔多斯、渤海海域、松辽、渤海湾、准噶尔等盆地，为今后产能建设的主要工作目标；待落实储量 $15.2×10^8t$，占比 16.5%，主要分布在渤海湾、松辽、塔里木、鄂尔多斯等盆地复杂岩性油藏中；待核销储量 $13.1×10^8t$，占比 14.3%，主要分布在渤海湾、松辽、塔里木等盆地。待落实和待核销的 $28.4×10^8t$ 储量因油藏条件复杂，地质认识困难大，造成长期积压，其中探明已超过 10 年的地质储量超过 $15×10^8t$。

落实石油储量中，扣除事实已开发、限制开发和地方开发的 $22.6×10^8t$，未来可开发储量合计 $41.1×10^8t$，占探明未开发储量的 45.0%。其中鄂尔多斯盆地 $9.6×10^8t$、渤海海域 $6.2×10^8t$、准噶尔盆地 $6.0×10^8t$、渤海湾陆上 $5.95×10^8t$、松辽盆地 $5.1×10^8t$。从限制开发储量规模看，主要集中在鄂尔多斯盆地、渤海海域、渤海湾（陆上）盆地和准噶尔盆地，储量规模均在 $1×10^8t$ 以上，其中渤海海域和鄂尔多斯盆地分别达到 $9.1×10^8t$ 和 $2.0×10^8t$（表 2-1）。

2. 已探明未开发落实储量评价方法

1）方案经济评价法

使用方案经济评价法评价未开发储量，首先根据未开发储量区块地质特点、试油试采资料、可能采取的采油工艺等编制开发方案，预测评价期的开发指标，然后应用现金流法测算其在不同油价条件下的经济指标，以内部收益率为主要指标确定区块对应的可动油价。

表2-1 我国探明未开发石油储量分类评价结果（截至2018年底）

盆地	合计	落实地质储量（10⁴t）					待落实地质储量（10⁴t）	待核销地质储量（10⁴t）
		可开发	事实已开发	地方开发	限制开发	小计		
合计	920272	410835	39211	17827	168765	636638	152167	131468
松辽	133862	51429	9044	0	12332	72805	32661	28396
鄂尔多斯	151322	96171	124	13430	20427	130152	20308	862
渤海湾	196778	59510	12515	3216	23295	98536	36446	61796
准噶尔	98796	60041	7360	0	11313	78714	13181	6901
塔里木	85403	29984	5861	0	3347	39192	25388	20823
渤海	164594	61955	0	0	91455	153410	11184	0
东海	1035	163	0	617	152	932	103	0
南海	36208	27431	0	0	3940	31371	4837	0
其他	52275	24151	4307	564	2504	31526	8059	12690

方案经济评价法适用于含油面积和储量比较大，能够部署比较完善井网的探明未开发储量区块。评价结果的可靠性取决于经济参数（投资、成本等）和方案预测指标的可靠程度，经济评价法操作较为繁琐，工作量大，但其结果较为可靠，是储量评价中常用的方法。

2）非均值概率模型潜力评价法

根据前期已动用的未开发储量动用特点及认识，为探明未开发储量开发对策提供动用参数界限，针对经济效益不明确的落实储量，通过不确定性方法计算可供动用的储量规模。探明未开发储量整块可动性较差，但局部可能存在"甜点"，通过不确定性评价方法分析"甜点"的大小，可为未开发储量开发决策提供依据。

步骤1：类比同类型油藏，构建研究区各储量计算参数概率分布模型，并计算未动用区整体地质储量概率分布。

首先构建参数概率分布模型，即依据研究区勘探资料和地质认识，并借鉴类比区概率分布模型。然后计算未动用区的地质储量概率分布，即基于容积法公式，采用不确定性方法评价。

容积法计算公式：

$$N=100A_{\text{o}}hS_{\text{of}} \tag{2-1}$$

式中 A_{o}——含油面积，km^2；

h——油层有效厚度，m；

S_{of}——原油单储系数，$m^3/(km^2 \cdot m)$。

步骤2：结合制约未开发储量有效动用关键因素，构建研究区有效动用判别指标概率分布模型。

首先建立各单个主控因素的概率分布，即依据本研究区数据或借鉴类比区分别建立。然后构建有效动用判别指标概率分布模型，即基于各单个主控因素的概率分布建立，可采用概率相乘的形式：

$$F_{总} = f_{独立1} \times f_{独立2} \times \cdots \times f_{独立n} \quad (2-2)$$

若各单个主控因素之间存在依赖或相关性，应在概率相乘时乘以相关系数 a。

例如，采用有效动用判别指标概率分布模型为：

$$F = Kh \quad (2-3)$$

步骤3：结合数模研究关键因素动用政策界限，计算研究区储层体积动用率。

所谓储层体积动用率是指研究区储层体积（Ah）中，可动用部分的比例。首先建立有效动用判别指标的概率分布形态，即以概率分布的形式反映了研究区储层在空间上的非均质性。然后将其转化为判别指标的累计概率分布形式，即将有效动用判别指标的概率分布转化为累计概率分布形式，便于提取有效动用下限值以上的储层体积动用率。储层体积动用率的求取是依据数模计算的可动下限值（如 Kh），在有效动用判别指标的累计概率分布中求取对应的概率值 $c\%$，则 $1-c\%$ 则为储层体积动用率。

步骤4：计算研究区的可动储量概率分布。

将原储层体积（Ah）乘以储层体积动用率，利用蒙特卡洛法计算可动用储层体积内的储量。若研究区的单储系数在可动区域有所变化，也应采用类似方法，通过计算其相关系数进行调整。

利用此方法，可快速预测研究区在不同政策界限下的可动用储量规模。

3. 探明未开发储量动用潜力

针对不同类型探明未开发储量，加快动用的主要对策为：针对可开发储量，加快编制开发方案，优化部署产能建设，对其中储量落实程度高、但经济有效开发困难的储量，可通过技术、管理、机制体制、政策等方面的措施，提高单井产量，降低成本实现有效开发；针对待落实储量，由于油藏控制程度和认识程度不够，进一步投入评价工作量，评价筛选可动用储量；针对事实已开发储量和待核销储量，进行储量复算及时上报和核销；针对限制开发储量，加强同地方政府合作或政策协调，以及采取新技术进行开发动用。

经评价，预计可动用地质储量 50.0×10^8t（包括可开发 41.5×10^8t，待落实储量 8.6×10^8t），储量动用率达到 54.4%，2019—2035 年，具备增加动用可采储量 7.7×10^8t、年均 4530×10^4t 的开发潜力，重点为鄂尔多斯盆地、海域和准噶尔盆地（图2-4，图2-5）。

三、已开发油田潜力

1. 潜力评价方法

已开发油田是原油生产的压舱石，虽然开采程度比较高，但仍有较大的调整潜力。在实际油田开发生产中，由于已开发油田地质及动态资料齐全、开发状况明晰，建立分地区分类型潜力评价标准进行筛选评价是可操作的，但工作量巨大、周期很长，而战略规划类研究注重宏观规律趋势把握，所需要的潜力评价结果精度的要求一般低于具体方案的潜力评价。

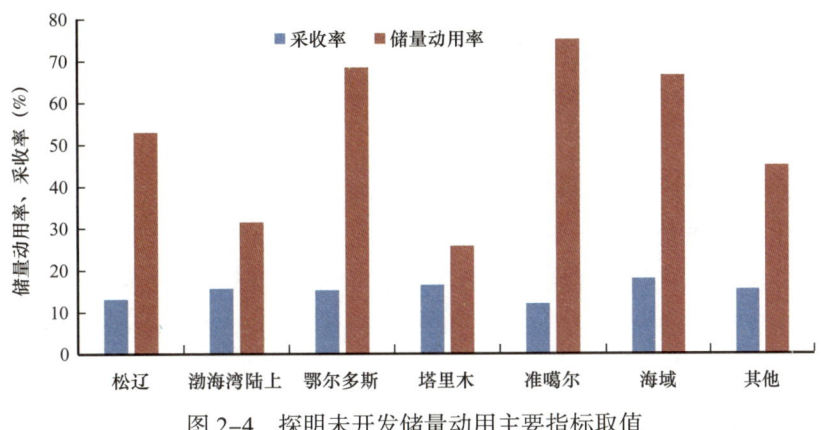

图 2-4 探明未开发储量动用主要指标取值

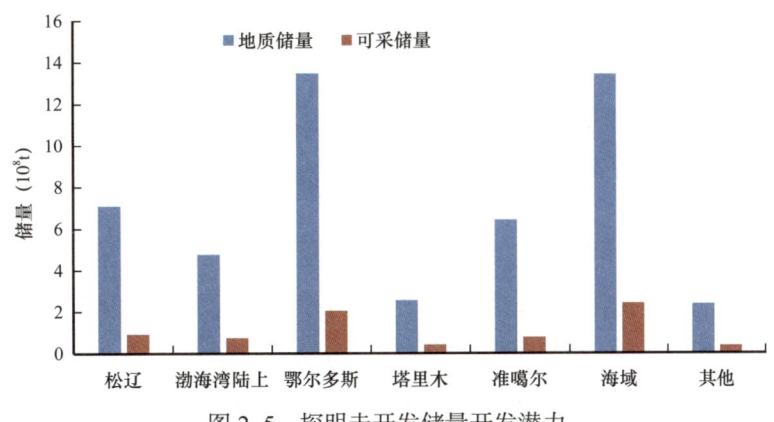

图 2-5 探明未开发储量开发潜力

常用的开发潜力评价方法包括统计类比法（包括经验公式法）、井网密度法、数值模拟法、水驱曲线法、产量递减法和预测模型法等。其中的井网密度法、数值模拟法需要参数多、评价过程复杂，主要用于具体油田区块的潜力评价；水驱曲线法和产量递减法需要连续的开发动态数据；预测模型法适用于规模比较大的开发单元，比如全国、大盆地等，需要较完整的产量数据；相比较而言，统计类比法所需参数少、评价过程简单，主要用于开发早期或较为宏观的战略规划层面的潜力评价。根据宏观战略研究的需要，研究提出了水驱油藏井网加密潜力评价、先进指标追赶等油田开发潜力评价新方法。

1）水驱油藏井网加密潜力评价新方法

（1）井网密度经济界限法。

井网加密是老油田提高采收率、增加可采储量最常用的挖潜方式。通过加密井网，可以增加水驱储量控制和动用程度，进而提高采收率，但随着井网密度增加，井间和层间干扰加剧，单井产量将下降，同时开发投资将大幅增加，对油田的效益产生影响，而且当井网密度达到一定程度后，继续加密井网，采收率将不会有大的变化。为此，常用谢尔卡乔夫公式再结合投入产出平衡的方法来计算经济极限井网密度和合理井网密度。其主要原理是根据谢尔卡乔夫井网密度关系式，推导出井网加密与单井增加可采储量关系式，结合不同地区单井投资、成本等规律测算出不同油价下单井经济可采储量约束界限，并进行排序筛选。

主要操作步骤：

第一步：按区块参数（丰度、流度、含油气面积等）结合油价测算对应最优井网密度。

第二步：计算对应评价最优井网密度的单井增加可采储量。

第三步：比对筛选老区已开发区块实际井网密度与最优井网密度差值。

第四步：判断并汇总调整加密增加可采储量潜力。实际井网密度大于计算出的最优井网密度值的区块无调整潜力，目前井网密度小于最优井网密度的区块计算加密井工作量及增加可采储量潜力。

主要理论关系模型：

根据谢尔卡乔夫的研究，水驱开发油藏井网密度与采收率的关系如下：

$$E_R = E_D \cdot e^{-a\frac{1}{f}} \tag{2-4}$$

式中　E_R——油藏最终采收率，%；

　　　E_D——油藏平均水驱油效率，%；

　　　a——井网指数；

　　　f——井网密度，口/km²。

我国的科研工作者利用谢尔卡乔夫公式分析了国内144个油藏或开发单元的资料，按流度大小的不同得出了5种类型的最终采收率与井网密度关系（表2-2）。

表2-2　我国油藏按流度分类时采收率与井网密度的关系式

类别	油藏或开发单元数	流度 [mD/(mPa·s)]	统计相关式
Ⅰ	13	300～600	$E_R = 0.6031e^{-0.02012\frac{1}{f}}$
Ⅱ	27	100～300	$E_R = 0.5508e^{-0.02345\frac{1}{f}}$
Ⅲ	67	30～100	$E_R = 0.5227e^{-00.02635\frac{1}{f}}$
Ⅳ	19	5～30	$E_R = 0.4832e^{-0.05423\frac{1}{f}}$
Ⅴ	18	<5	$E_R = 0.4015e^{-0.10148\frac{1}{f}}$

根据上述关系式的相关原理，可进一步研究驱油效率、流度、井网密度和采收率的关系，可以得到驱油效率与流度、井网指数与流度的关系式，并建立新的井网密度与采收率的关系方程：

$$E_R = 0.38835\left(\frac{k_a}{\mu_o}\right)^{0.06971} \cdot e^{\frac{-12.843}{f}\left(\frac{k_a}{\mu_o}\right)^{-0.302815}} \quad (2-5)$$

式中 k_a——空气渗透率，mD；

μ_o——地下原油黏度，mPa·s。

式（2-5）为井网密度与采收率关系的一种量化改进，研究应用表明，其对评价我国水驱油藏井网加密提高采收率潜力具有较好的适用性。

（2）改进的采收率与井网密度关系式法。

井网加密公式反映了注水开发油田采收率随井网密度变化的规律，但需要考虑陆相沉积储层水驱控制程度随井网密度的变化规律并加以改进，以准确描述油田从开发初期到开发中后期不同井网加密阶段的水驱采收率变化规律。

以萨尔图油田中区西部为例，进行密井网开发试验得到了经典的五类砂体水驱控制程度与井距关系，根据曲线形态构造了反正切函数公式，然后基于实际统计的五类砂体对应的水驱控制程度与井距关系（图2-6，表2-3）分别进行拟合，得到五组曲线参数，进而建立了不同规模砂体不同井距条件下水驱控制程度计算公式：

$$E_s = \frac{\arctan\left(\frac{d_m - d}{c}\right)}{a} + b \quad (2-6)$$

式中 E_s——水驱控制程度，%；

d——井距，m；

d_m——砂体规模中值，m。

a，b，c——表征不同规模砂体水驱控制程度与井距关系曲线形态的参数。

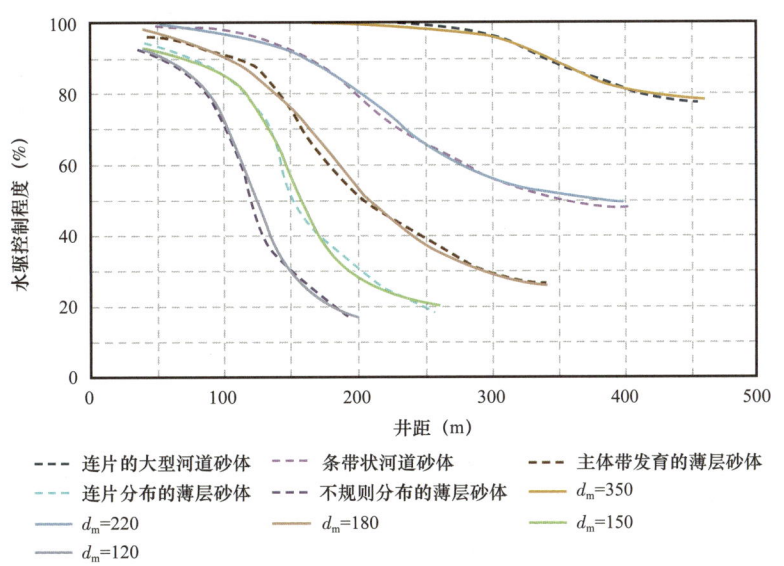

图 2-6 萨尔图油田中区西部密井网开发试验区五类砂体水驱控制程度与井距统计关系曲线（虚线）及相应拟合曲线（实线）

针对不同规模砂体（组合）储层，只要给定砂体规模中值 d_m，即可根据相邻两类砂体水驱控制程度与井距关系参数插值得到 a、b、c 值，进而确定该类规模砂体大致的水驱控制程度与井距关系。当油田构造比较复杂、井网不完善时可以适当降低同类砂体的 d_m 值；当边底水能量较强时，可以适当增加同类砂体的 d_m 值。

表 2-3　萨尔图油田中区西部密井网开发试验区五类砂体水驱控制程度与井距关系参数表

砂体规模	a	b	c	d_m
连片的大型河道砂体	12.0	0.89	40	350
条带状河道砂体	4.8	0.75	65	220
主体带发育的薄层砂体	3.2	0.63	65	180
连片分布的薄层砂体	3.6	0.57	30	150
不规则分布的薄层砂体	3.2	0.55	30	120

基于不同规模砂体不同井距条件下水驱控制程度计算公式，可以将公式进行修正，建立考虑水驱控制程度下水驱砂岩油藏井网密度与采收率关系：

$$E_R = E_S \times E_D \times E_V \qquad (2-7)$$

式中　E_D——驱油效率；

E_V——波及系数。

E_D、E_V 具有两种形式：一种是连续的表达式，一种是将地层原油流度分为五个类别的经验公式，代入即为新的表达式。

改进的新公式具有如下特点：

① 在一定程度上既考虑了不同规模砂体（组合）井距对水驱控制程度的影响，又考虑了水驱控制范围内驱油效率随地层原油流度变化规律，以及波及系数随地层原油流度和井网密度变化规律；

② 通过储层空气渗透率、地层原油黏度、井距三个容易获取的参数描述在油田动用地质储量一定的条件下开发调整全过程的采收率变化趋势；

③ 对于开发初期的油田，可以根据初步地质认识估算砂体规模中值 d_m、空气渗透率、地层原油黏度，进而计算不同井网密度条件下的水驱采收率；或者在结合类比法、其他经验公式法综合确定关键井网阶段水驱采收率后，拟合得到砂体规模中值 d_m，进而确定该油田水驱采收率随井网密度的变化趋势。

④ 对于开发中后期的油田，可以结合类比法、经验公式法、动态法综合确定当前井网阶段水驱采收率，进而拟合砂体规模中值 d_m，最终确定该油田水驱采收率随井网密度的变化趋势，为评价其调整潜力提供可靠依据。

（3）井网加密增储的项目化技术经济评价法。

在常规井网加密研究方法的基础上，以建立满足战略研究精度、考虑油价与经济可行性相关和快速评价为目标，研究提出了将井网加密作为产能项目，以经济评价指标作为加密可行性判别标准的技术经济评价方法。

① 评价井网加密增加技术可采储量的方法。

主要思路为，以典型的分类油藏单元代替具体区块，考虑井间干扰对新井产量的影响规律、注水井的处理等关键问题，最终确定井网加密新建产能的产量变化和可采储量的增长规律。

a. 确定评价单元的方法。

对整个石油公司甚至全国的油田区块进行油田开发潜力评价是公司或者全国油田开发战略规划研究的核心工作，面临着油田区块多、评价工作量大和区块数据不全等问题，采用常规方法完成难度较大。以中国石油为例，有14个油区（地区公司）、300余个油田和1000余个区块单元，其中水驱区块有900余个，如果对这些区块逐个进行加密潜力评价，工作量和难度可想而知。为此，以满足战略研究的数据精度需求为目的，提出了新的评价单元划分方法：按油藏地质特征与开发特征匹配的原理，对各油区水驱油田区块按渗透率进行区块分类，分为中高渗透（$K \geqslant 50$）、低渗透（$10 \leqslant K < 50$）、特低渗透（$1 \leqslant K < 10$）、超低渗透（$K < 1$）、致密油5类，然后以各类区块的平均采收率为标准，再将各类油藏区块分为采收率大于平均值和不大于平均值两小类。这样，上述的900余个评价单元就可用140个同类单元来代表，评价工作量将大幅减少，研究精度也符合战略规划要求。

b. 确定新井单井初期日产油量的方法。

新井单井初期日产油量按照该类区块目前单井平均日产油量来确定。之后，随加密井数的增加，新井单井日产油量将下降。这就需要确定新增井数的井间干扰对单井产量的影响规律。对谢尔卡乔夫公式两边取自然对数：

$$\ln E_R = \ln E_D - b \cdot \frac{1}{f} \quad (2-8)$$

各小类油藏单元的目前井网采收率E_R、驱油效率E_D和井网密度f均为已知，按照拟合出斜线的斜率，可得这类油藏单元的井网系数b。也可按照下式进行计算：

$$b = f \ln \frac{E_D}{E_R} \quad (2-9)$$

将确定出的b，代回谢尔卡乔夫公式，即可用来计算新钻井的单井增加可采储量：

$$\Delta N_{well}(f) = \frac{(E_{Rf} - E_{Rcw})N}{(f - f_{cw})S} \quad (2-10)$$

式中　$\Delta N_{well}(f)$——f井网密度下的新钻井单井增加可采储量，10^4t/口；

E_{Rf}——f井网密度下的采收率，%；

E_{Rcw}——当前井网密度下的采收率，%；

f_{cw}——当前井网密度，口/km^2；

S——含油面积，km^2；

N——地质储量，10^4t。

新钻井单井增加可采储量是由单井产量累加的结果，井数增加产生井间干扰，导致单井产量降低，从而影响单井增加可采储量。因此，可根据单井增加可采储量的变化来计算单井产量的变化：

$$q(f_i) = q(f_{i-1}) \cdot \left[1 - \frac{\Delta N_{\text{well}}(f_i)}{\Delta N_{\text{well}}i(f_{i-1})}\right] (i \geq 1) \quad (2-11)$$

式中 $q(f_i)$ ——产能项目序列为 i 时井网密度下的单井初期日产量，t/d；

i ——产能建设项目序号。

c. 新钻井增加技术可采储量的计算方法。

井网加密不仅要新钻油井，还有部分水井，水井虽然不直接生产原油，但对油井生产也是有贡献的，可以当作一口虚拟的油井，产油量按照水油井数比进行量化。

考虑井网加密是整体规模加密方式，油水井总体按照井网形式进行部署。按照一个产能建设项目在建设当年贡献部分产量，第二年达到最高产量，第三年开始递减的一般规律，可以建立产量计算公式：

$$Q = \begin{cases} 300 \times \left(\dfrac{r_n^2 \cdot n + n}{r_n + 1}\right) \cdot q(f_i) \cdot C_r & j=0 \\ 300 \times \left(\dfrac{r_n^2 \cdot n + n}{r_n + 1}\right) \cdot q(f_i) \cdot A_r & j=1 \\ 300 \times \left(\dfrac{r_n^2 \cdot n + n}{r_n + 1}\right) \cdot q(f_i) \cdot A_r \cdot D_j & j \geq 2 \end{cases} \quad (2-12)$$

按照 30 年生产时间，可生产原油计算公式如下：

$$N_r = 300 \times \left(\frac{r_n^2 \cdot n + n}{r_n + 1}\right) \cdot q(f_i) \cdot (C_r + A_r) + \sum_{i=2}^{i=30} \left(300 \times \left(\frac{r_n^2 \cdot n + n}{r_n + 1}\right) \cdot q(f_i) \cdot A_r \cdot D_j\right) \quad (2-13)$$

式中 Q ——产能项目的年产油量，10^4t；

i ——产能项目及生产时间，年；

N_r ——累计增加可采储量（30 年累计产油），10^4t；

r_n ——水油井数比；

n ——总井数，口；

C_r ——产能贡献率，%；

A_r ——产能到位率，%；

D_j ——递减率，%。

这样就建立了不同加密新钻井数与增加技术可采储量的关系式。

② 评价井网加密增加经济可采储量的方法。

将井网加密作为产能项目进行经济评价，以内部收益率大于基准收益率作为评判标准，达到标准认为加密经济可行，增加的可采储量为经济可采储量：

$$\text{NPV} = \sum_{t=0}^{m} \text{CI}_t (P/F, i_0, t) - \sum_{t=0}^{m} \text{CO}_t (P/F, i_0, t) \quad (NPV > 0) \quad (2-14)$$

$$\mathrm{NPV}(\mathrm{IRR})=\sum_{t=0}^{m}(\mathrm{CI}-\mathrm{CO})_{t}(1+\mathrm{IRR})^{-t}=0 \quad (\mathrm{IRR}>i_{\mathrm{c}}) \quad (2\text{-}15)$$

式中 NPV——净现值，元；

IRR——内部收益率，%；

i_{c}——基准收益率，%；

CI——现金流入量，元；

CO——现金流出量，元；

（CI−CO）$_t$——第 t 年的净现金流量，元；

m——计算期，年。

主要方法和步骤如下：

首先，按照新钻井数量递增的方式，建立不同加密规模的产能建设项目序列，以及井网密度与新增技术可采储量的关系式（图 2-7）。

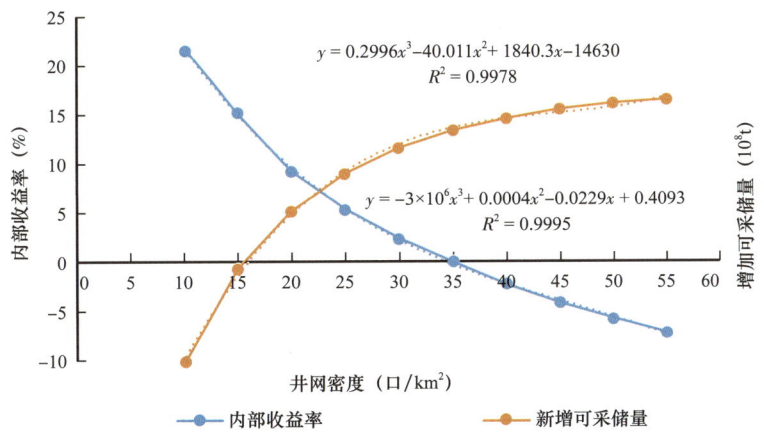

图 2-7 井网密度与技术可采储量及内部收益率的关系曲线

其次，按照不同油价，评价各加密产能项目序列的经济可行性，建立不同油价下井网密度与经济评判指标的关系式（图 2-8），再将经济判别基准值代入关系式，确定不同油价下刚好达到经济判别标准的井网密度。

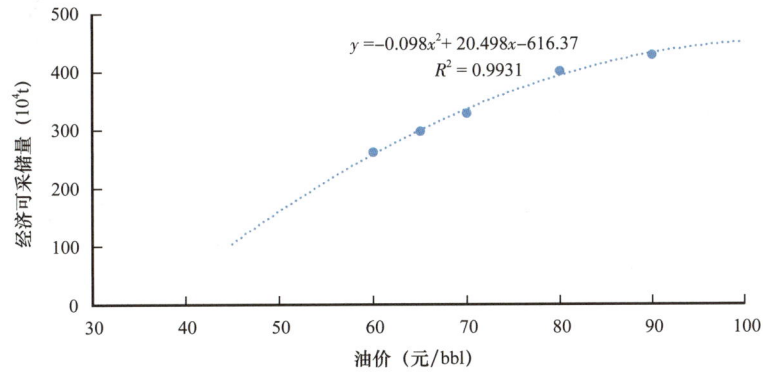

图 2-8 油价与井网加密增加经济可采储量的关系曲线

最后，将不同油价下经济达标的最大井网密度代入井网密度与新增技术可采储量的关系式，即可得到不同油价下的经济可采储量。

③ 应用实例。

国内某油田，共有 244 个区块参与评价，储量规模 35.5×10^8 t，当前采出程度 7.6%，当前采收率 19.7%。244 个区块评价工作量大，很多经济、技术数据也难以取全，采用上述方法，可将 244 个区块分成 10 小类油藏单元。

经评价可得各类油藏在不同油价下的井网加密新钻井数和增加可采储量的潜力（表 2-5）。也可根据表中数据，拟合出油价经济可采储量的关系式，就可以计算得到表中节点以外的油价对应的经济可采储量。

表 2-4 国内某油田油藏基本参数表

油藏单元	区块数	动用面积（km²）	动用地质储量（10^8 t）	当前井网密度（口/km²）	当前采出程度（%）	当前采收率（%）
中高渗透	29	295.4	1.8	6.4	21.6	28.3
低渗透	56	1053	5.9	11.7	10.4	20.9
特低渗透	71	3533	18.2	10.2	7.7	19.6
超低渗透	33	1685	8.6	7.9	3.0	18.6
致密油	55	230.8	1.0	4.0	2.1	11.5
合计/平均	244	6797.2	35.5	9.5	7.6	19.8

表 2-5 国内某油田不同油价下的井网加密经济可采储量

评价单元	油价（美元/bbl）	60	65	70	80	90
中高渗透	经济可采储量（10^4 t）	264	300	331	404	432
	新钻井数（口）	351	692	1001	1846	2220
低渗透	经济可采储量（10^4 t）		72	516	2215	2758
	新钻井数（口）		218	1666	3636	7111
特低渗透	经济可采储量（10^4 t）			883	2093	3807	4711
	新钻井数（口）			993	6822	16149	21784
超低渗透	经济可采储量（10^4 t）			290	722	1126
	新钻井数（口）			13	2979	6038
致密油	经济可采储量（10^4 t）				110	559
	新钻井数（口）				109	553
合计	经济可采储量（10^4 t）	264	1255	3230	7258	9586
	新钻井数（口）	351	1903	9502	24719	37706

2）评价油田开发潜力的先进指标追赶法

在实际工作中应用统计类比法时，一般采用的类比标准是理论开发指标或开发水平较高区块的开发指标。由于油田开发的复杂性，很多同类油藏很难达到这些比较高的开发水平，如果不切实际地类比，评价结果就会与实际情况产生比较大的误差。针对这个问题，提出了既符合油田开发实际，又满足开发战略规划研究精度的先进指标追赶法。

（1）先进指标追赶法的原理和方法。

根据油藏工程理论，油田的开发效果主要受油藏地质条件、开发方式、开发技术政策、管理水平等因素影响。在相同的沉积环境、储层特征等油藏条件下，采用相同的开发方式、技术政策和同等水平管理的同类油藏的开发效果是基本一致的。如果有差异，主要原因是开发方式和技术政策与油藏地质特征不匹配和管理水平不一致。通过细化油藏分类，尽量减少开发区块的油藏地质差别，使区块间开发水平的差异主要体现在技术政策的合理性上，通过完善和调整开发水平低的区块的技术政策，就能达到同类区块的先进开发水平，这是先进指标追赶法的基本原理。

先进指标追赶评价油田开发潜力的方法为：在合理的油藏分类基础上，根据统计规律确定每类油藏的先进指标，然后计算出油田区块的目前指标水平与先进指标的差距，汇总可得总的油田调整挖潜开发潜力。具体过程如下：

a. 油藏分类。

为确保待评价油田区块的油藏地质条件基本一致，每类油藏的沉积盆地和沉积环境要相同或相近，否则即使渗透率相同，开发效果也存在较大差异。例如，鄂尔多斯盆地渗透率小于1mD的超低渗透油藏能够有效开发，而松辽盆地渗透率小于1mD的超低渗透油藏则难以开发。因此，为了保证评价结果精度，待评价油田区块应该属于同一盆地或油区，然后按照盆地、油区分类评价。

对同一盆地和油区的油田区块进行油藏分类，首先根据流体黏度将油藏分为稀油、稠油两大类，然后按照岩性再将稀油油藏分为砂岩和特殊岩性两亚类，最后根据渗透率将每类油藏分为中高渗透、低渗透、特低渗透、超低渗透等小类（图2-9），具体划分渗透率值标准可以参考相关标准。

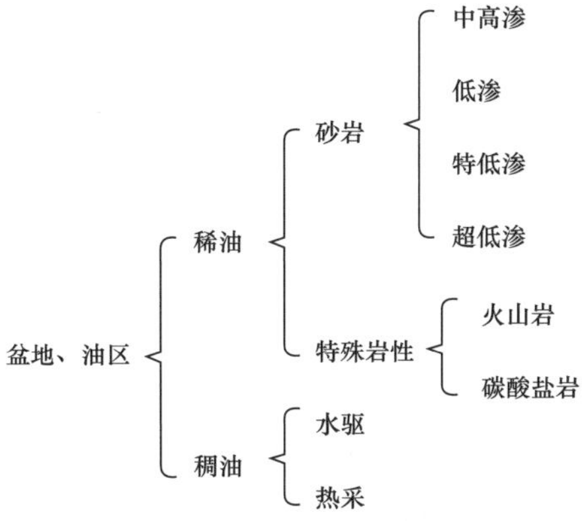

b. 确定追赶目标指标。

图2-9 油藏分类图

将参与评价的同一盆地或油区的油田区块按照以上方法进行归类。以下以砂岩油藏的中高渗油藏为例，介绍追赶目标指标的确定方法。

将采收率作为评价指标。首先，将参与评价的油田区块按照标定采收率排序；其次，根据这些区块的平均采收率 E_R，将区块分为两类，采收率大于 E_R 的为A类，采收率不大于 E_R 的为B类；再根据A类区块的平均采收率 E_{R1}，将A类区块分为两类，采收率大于 E_{R1} 的为A1类，采收率不大于 E_{R1} 的为A2类，同理B类区块也可分为B1类和B2类；

A1、A2、B1、B2 四类区块采收率水平由高到低分布，可分别计算平均采收率 E_{R3}、E_{R4}、E_{R5}。

理论上，同类油藏采收率水平应该是一致的，但由于油藏条件、技术政策、管理水平、开发阶段等方面的差异，实际区块间的采收率差异较大。要让油藏区块都达到这类油藏的最高指标水平，从油田开发实际来看，实现难度大，评价出的潜力也偏大。因此，确定了低水平区块追赶上级高水平区块平均指标的原则。按照这个原则，A2 类区块的目标采收率为 E_{R3}，B1 类区块的采收率目标为 E_{R4}，B2 类区块的采收率目标为 E_{R5}。开发水平最高的 A1 区块可以确定指标的合理高值 E_{Rm}，同类区块以 E_{Rm} 作为目标指标进行追赶（图 2-10）。

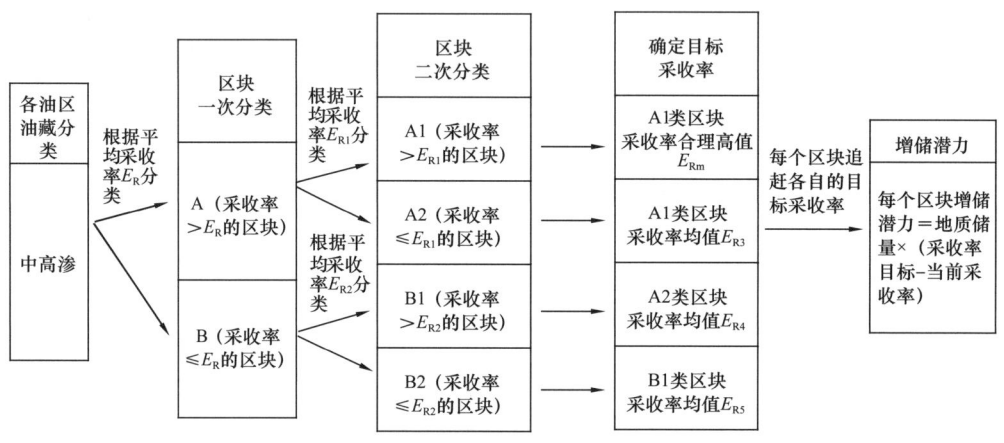

图 2-10　先进指标追赶法评价开发潜力的流程

c. 评价油田开发潜力。

按照以上原则，中高渗透油藏可以分为 A1、A2、B1、B2 四类区块，其他各类油藏也类似。这样，对具体的盆地或油区的油田区块，可按照分类方法，分成 8 大类油藏，每类油藏又可根据采收率水平进一步分为 A1、A2、B1、B2 四类区块。例如，某石油公司在渤海湾盆地有油田区块 182 个，可分为 8 种油藏类型，按采收率水平每种油藏类型再分为 4 类，共 32 类。这样每个区块都可以归属到某类油藏的某类区块中，而某类区块都确定了目标采收率。每个区块目前采收率水平与目标采收率的差值，就是开发调整的潜力，汇总每个区块的开发潜力就可得到总的开发潜力。

在具体的战略规划研究中，可以根据评价精度的需求，按照全国、石油公司、盆地、油区级别，对所属的油田区块，采用以上方法进行分类评价，评价精度将由低到高。

（2）应用实例。

某石油公司已开发油田中，中高渗透油藏地质储量占比近 50%，以该公司的中高渗透砂岩油藏为例进行说明。按照油藏分类，中高渗透砂岩油藏有开发单元 213 个，动用地质储量 $89 \times 10^8 t$，占比 48%，平均采收率 38.4%（图 2-11）。

首先，以平均采收率 38.4% 为区块分类标准，采收率大于平均采收率的开发单元分为 A 类，剩下的为 B 类。A 类、B 类开发单元的平均采收率分别为 50.5% 和 26%。

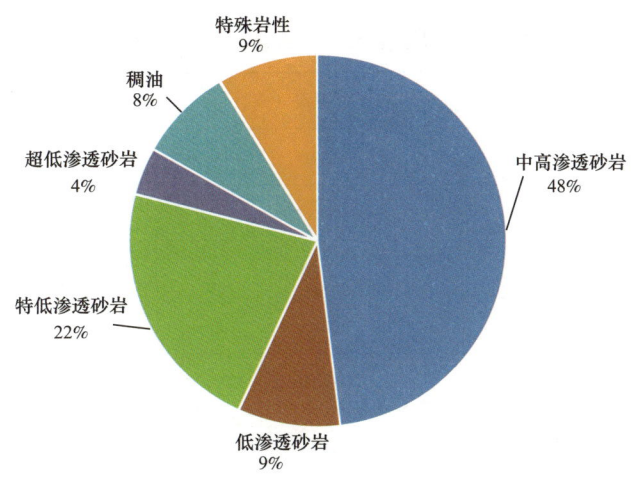

图 2-11　某石油公司已开发油田各类油藏地质储量构成

其次，再根据 A 类、B 类开发单元的平均采收率将 A 类开发单元分为 A1 类和 A2 类，将 B 类分为 B1 类和 B2 类。A1、A2、B1、B2 四类开发单元的平均采收率分别为 52.9%、43.3%、31.3% 和 20.4%。

再次，A2、B1、B2 类开发单元分别以 A1、A2、B1 类的平均采收率 52.9%、43.3%、31.3% 作为目标采收率进行追赶。A1 类以这类开发单元中动用储量规模大、采收率最高的开发单元的采收率 54.2% 作为目标采收率。

最后，将每个开发单元和本类开发单元的目标采收率进行比较，采收率差值乘以地质储量就可得增加可采储量的开发潜力，汇总每个开发单元的开发潜力即可得到中高渗透砂岩的开发潜力（表 2-6）。

表 2-6　某石油公司已开发中高渗透砂岩油田开发潜力

区块分类	地质储量（10^8t）	可采储量（10^8t）	采收率（%）	目标采收率（%）	采收率提高（%）	增加可采储量（10^8t）
合计	89.0	34.1	38.4	45.7	7.4	6.6
A1	33.6	17.8	52.9	54.2	1.2	0.4
A2	11.3	4.9	43.3	52.9	9.5	1.1
A 小计	44.9	22.7	50.5			
B1	22.8	7.1	31.3	43.3	12.1	2.7
B2	21.3	4.3	20.4	31.3	10.9	2.3
B 小计	44.1	11.4	26.0			

同理，按照评价中高渗透砂岩油藏的方法，可得到低渗透、特低渗透、超低渗透、稠油、特殊岩性油藏的开发潜力（表 2-7）。经评价，按照目前的技术水平，某石油公司的油田采收率还可提高 5.86%，增加可采储量 10.8×10^8t。评价结果与趋势法预测结果一致，达到了宏观战略研究所需的精度。

表 2-7 某石油公司已开发油田开发潜力

油藏类型	采收率提高（%）	增加可采储量（10⁸t）
中高渗透	7.36	6.6
低渗透	4.69	0.8
特低渗透	3.48	1.4
超低渗透	2.86	0.2
稠油	6.70	1.0
特殊岩性	5.37	0.9
合计	5.86	10.9

3）油田井控储量评价法

基于油田单井可采储量预测结果，可建立各类油田井控储量与单井可采储量的关系，为确定不同类型在生产油田在目前井控基础上进一步调整潜力提供依据。以海域四大类型在生产油田（陆相稠油、陆相中高渗透整装中低黏、陆相中高渗透断块中低黏和海相中低黏）为例，建立井控储量与单井可采储量关系图版（图2-12至图2-16）。

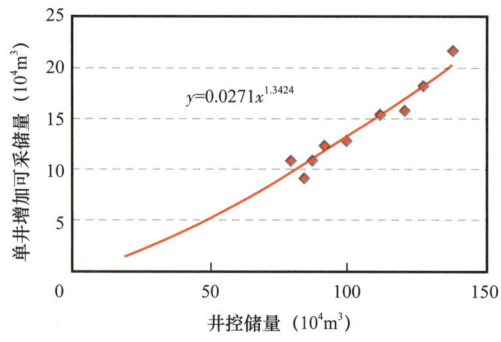

图 2-12 四大类型油田井控储量与单井增加可采储量关系

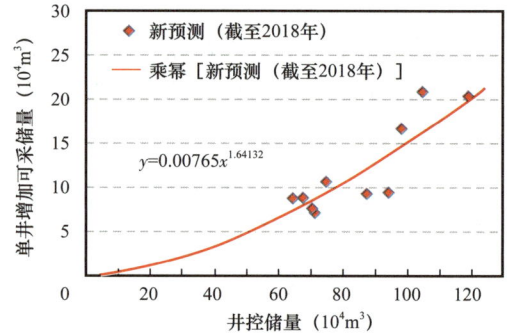

图 2-13 陆相稠油油田井控储量与单井增加可采储量关系

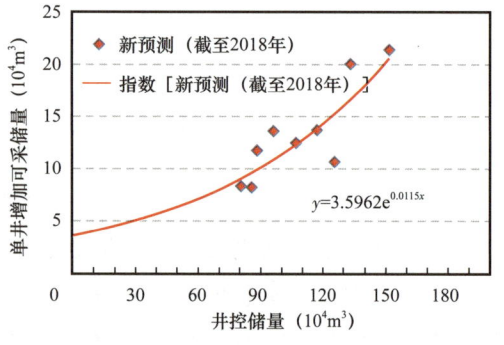

图 2-14 陆相中高渗透整装中低黏油田井控储量与单井增加可采储量关系

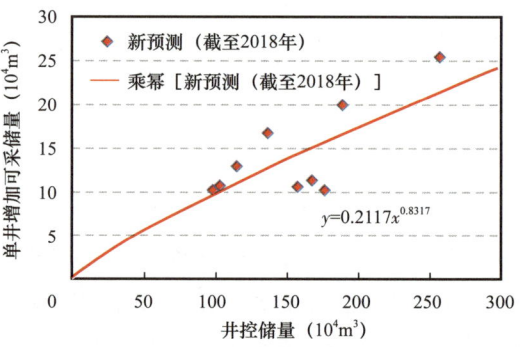

图 2-15 陆相中高渗透断块中低黏油田井控储量与单井增加可采储量关系

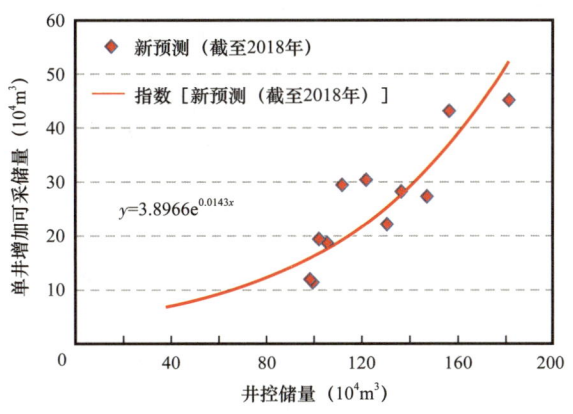

图 2-16　海相中低黏油田井控储量与单井增加可采储量关系

通过建立不同类型油田井控储量与单井增加可采储量关系，基于不同油价对应的调整井可采储量界限，可估算不同油价下调整井工作量及其潜力（表 2-8）。

表 2-8　调整井增加可采储量潜力

分类	动用储量（10^4m^3）	单井增加可采界限（10^4m^3）	单井平均增加可采储量（10^4m^3）	总井数（口）	增加井数（口）	井控储量（10^4m^3）	可采储量（10^4m^3）	采收率（%）
四大类型油田（陆相稠油、陆相中高渗整装中低黏、陆相中高渗断块中低黏、海相中低黏）	318276	目前		3535	0	90	93781	29.5
		10	12.8	3630	95	88	94999	29.8
		9	10.9	3755	220	85	96187	30.2
		8	9.8	3932	397	81	97689	30.7
		7	8.7	4184	649	76	99429	31.2
		6	7.4	4587	1052	69	101577	31.9
		5	7.0	5222	1687	61	105639	33.2
		4	5.9	6478	2943	49	111291	35.0
		3	4.8	8906	5371	36	119788	37.6

2. 已开发油田提高采收率潜力

截至 2018 年底，全国已开发油田动用石油地质储量 $331.9×10^8t$，动用可采储量 $92.4×10^8t$。以中高渗透砂岩、低渗透砂岩和稠油油藏为主，地质储量分别占比 42.7%、38% 和 9.6%，原油产量分别占比 47.2%、28.3% 和 14.7%。各类油藏总体进入高含水阶段，采收率水平差异较大。全国已开发油田采收率为 27.8%，其中，高渗透砂岩油藏采收率为 37.9%，低渗透砂岩为 18.8%，稠油为 26.6%，特殊岩性为 19.3%（表 2-9）。通过水驱油藏持续精细注采调整并推广"二次开发＋三次采油"开发模式，稠油加快开发方式转换，特殊岩性以补充能量为主，采收率有进一步提高的空间。

表 2-9 已开发油田开发潜力指标追赶法评价结果

已开发油田	地质储量（10⁴t）	可采储量（10⁴t）	采收率（%）	增加可采储量（10⁴t）	累计动用可采（10⁴t）	采收率提高（%）
合计	3319188	923559	27.8	137175	1060734	4.13
中高渗透砂岩	1418312	537819	37.9	66382	604201	4.68
低渗透砂岩	1262899	237378	18.8	46774	284152	3.70
稠油	319827	85081	26.6	15664	100745	4.90
特殊岩性	297609	57559	19.3	7915	65474	2.66
其他	20541	5722	27.9	440	6162	2.14

对已开发油田的 331.9×10^8t 地质储量，采用先进指标追赶法进行了开发潜力评价，按照目前技术水平，2035 年预计可增加技术可采储量 13.7×10^8t，再结合中国石油"二三结合"潜力评价结果，预计全国规模实施"二三结合"模式可再增加技术可采储量 $(3\sim4) \times 10^8$t。从油藏类型看，中高渗砂岩、低渗砂岩是增储重点，增储分别占比 48.4% 和 34.1%。从区域看，渤海湾、松辽等开发程度比较高的盆地仍然是提高采收率增储的重点，分别占比 31.5%、20.0%，其次是鄂尔多斯和海域，分别占比 17.4% 和 12.7%（图 2-17）。

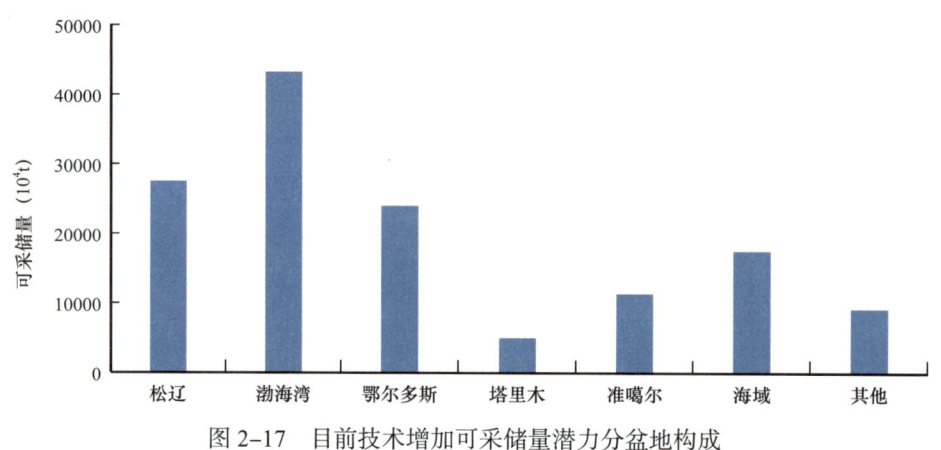

图 2-17 目前技术增加可采储量潜力分盆地构成

同时，对参数齐全可评价的 250×10^8t 地质储量，按照井网加密评价等方法进行不同油价下的经济可采储量评价。结果表明，油价与经济可采储量呈正相关关系（图 2-18），在 70~80 美元 /bbl 的油价下，中高渗透砂岩经济可采储量为 $(4\sim5) \times 10^8$t、低渗透砂岩为 $(0.6\sim1.2) \times 10^8$t。

海上在生产油田根据图版（图 2-19），以单井增加可采界限 5×10^4m³ 为例，2018 年底海上在生产油田可新钻各类调整井 2050 口，井控储量由目前的 69×10^4m³ 降至 49×10^4m³，累计增加可采 10252×10^4m³，水驱采收率由 35.9% 提高至 38.9%，增加 3 个百分点。

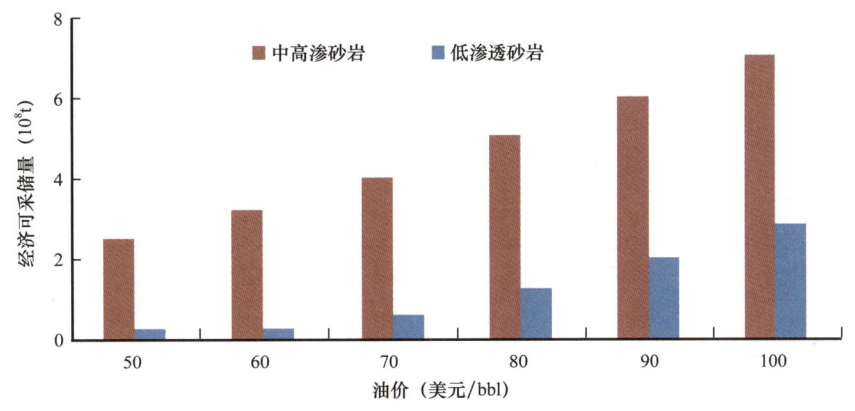

图 2-18 水驱油藏经济可采储量与油价的关系

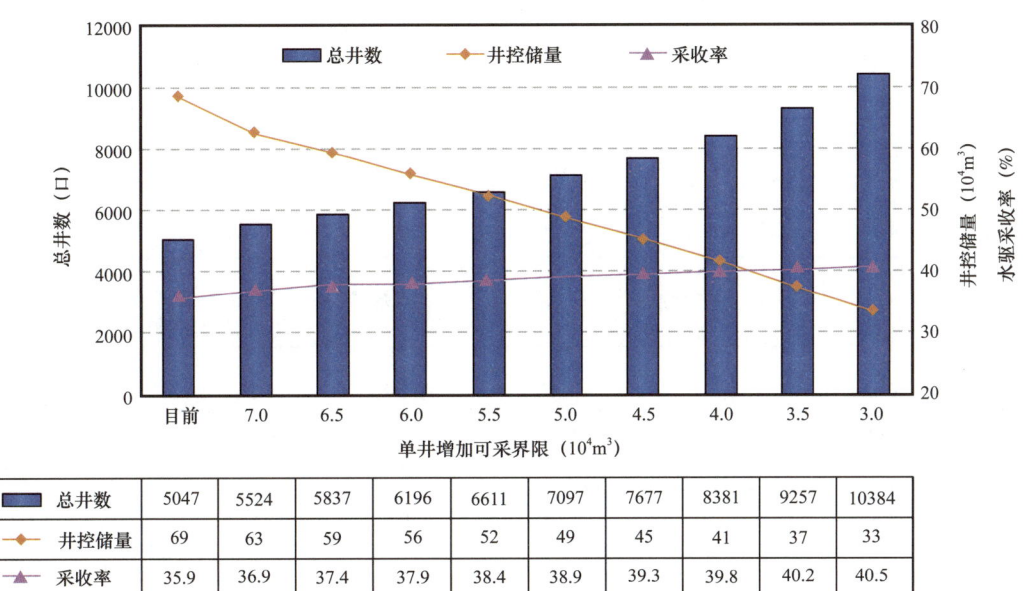

图 2-19 四大类型油田调整潜力评价理论图版

四、原油开发总体潜力

综上分析,已开发油田按照目前油田开发技术水平,到 2035 年可增加可采储量 13.7×10^8 t,如果进一步加大"二三结合"规模,预计还可增加可采储量 3×10^8 t;探明未开发储量加大落实储量动用,加快待落实储量评价,增加可采储量 7.7×10^8 t;新探明油田可动用 112.8×10^8 t 地质储量,动用可采储量 17.4×10^8 t。合计三方面潜力,到 2035 年全国油田具备新增动用 38.8×10^8 t 可采储量潜力(表 2-10)。

根据评价结果,开发潜力较大的盆地为渤海湾陆上、新疆地区、海域和鄂尔多斯盆地,增加可采储量分别占总可采储量的 21.9%、20.1%、19.2% 和 16.8%。新探明油田开发增储的重点是渤海湾陆上、海域、准噶尔和鄂尔多斯盆地,增加可采储量分别占新探明油田开发可采储量的 19.8%、18.9%、17.7% 和 12.0%(表 2-11)。

表 2-10　全国油田开发潜力构成

潜力构成	2019—2035 年动用可采储量（10^8t）	年均动用可采储量（10^8t）	动用地质储量（10^8t）	年动用地质储量（10^8t）
已开发油田	13.72	0.81	—	—
探明未开发油田	7.69	0.45	50.06	2.94
新探明油田	17.37	1.02	112.80	6.64
合计	38.78	2.28	162.86	9.58

表 2-11　全国油田可采储量开发潜力分盆地构成

盆地	合计（10^8t）	比例（%）	已开发油田（10^8t）	比例（%）	已探明未开发油田（10^8t）	比例（%）	新探明油田（10^8t）	比例（%）
合计	38.78	100.00	13.717	100.00	7.69	100.00	17.37	100.00
松辽	4.85	12.5	2.742	20.0	0.93	12.1	1.17	6.7
渤海湾陆上	8.51	21.9	4.318	31.5	0.75	9.7	3.44	19.8
鄂尔多斯	6.52	16.8	2.392	17.4	2.05	26.7	2.08	12.0
塔里木	2.76	7.1	0.491	3.6	0.42	5.5	1.85	10.6
准噶尔	4.97	12.8	1.126	8.2	0.77	10.0	3.08	17.7
海域	7.42	19.2	1.740	12.7	2.41	31.3	3.27	18.9
其他	3.75	9.7	0.908	6.6	0.36	4.7	2.48	14.3

第二节　天然气开发潜力分析

一、常规气（含致密气）

1. 开发潜力评价方法

1）可动用储量技术经济评价分类分级方法

（1）经济评价原则。

以国家矿产储量管理局批准的已探明气层气地质储量为评价对象，以当前技术、投资、成本等经济条件为基准，以内部收益率为分类标准，遵循国家的有关规范、术语和财务准则。

（2）评价模型。

用折现现金流法建立探明储量评价模型。根据气田开发的投入与产出建立探明储量技术经济评价现金流量方程，计算气田内部收益率是否达到基准收益率，来判断气田的经济性及储量价值，采用动态评价参数评估储量的远期价值，累计采出的不同级别的经济气量即为经济可采储量。

$$\mathrm{NPV} = \sum_{t=1}^{N_1+N_2+N_3}(f_s \cdot N_g \cdot v_t \cdot p)_t \cdot (1+i_0)^{-t} + C_i(1+i_0)^{-(N_1+N_2+N_3)} - \sum_{t=0}^{N_1}(C_z)_t \cdot (1+i_0)^{-t} \cdot (1+f_{k2})^{-t} - \sum_{t=0}^{N_1}(C_d)_t \cdot (1+i_0)^{-t} \cdot (1+f_{k3})^{-t} - \sum_{t=N_1+1}^{N_1+N_2+N_3}(C_j)_t \cdot (1+i_0)^{-t} \cdot (1+f_{k4})^{-t} - C_i(1+i_0)^{-(N_1)} - \sum_{t=N_1+1}^{N_1+N_2+N_3}(T_x)_t(1+i_0)^{-t} \quad (2-16)$$

式中　N_g——天然气地质储量，$10^8 \mathrm{m}^3$；

v_t——采气速度，%；

f_s——天然气商品率，%；

p——天然气价格，元/m^3；

N_1，N_2，N_3——建产期，稳产期，递减期，年；

C_z——开发钻井工程投资，亿元；

C_d——地面系统工程投资，亿元；

C_i——流动资金，亿元；

C_j——经营成本，亿元；

i_0——基准折现率，%；

f_{k2}，f_{k3}，f_{k4}——科技进步对降低开发钻井投入、降低地面系统工程投入、降低经营成本的影响系数；

t——时间，年；

T_x——税收，亿元。

（3）储量分类评价标准及评价流程。

以内部收益率（IRR）6%、4.9%作为储量不同技术经济类别的分类界限。其中，内部收益率6%代表行业内部项目实现效益开发的基准收益水平，4.9%代表项目仅能偿还银行贷款利息的基本收益水平。因此，将内部收益率大于6%的未动用储量划分为经济储量，内部收益率为4.9%～6%的储量划分为极限经济储量，内部收益率小于4.9%的储量划分为无效益储量。

根据探明未开发储量的可靠程度和地面开采条件，可综合分为落实储量、开发受限储量、待落实储量和待核销储量4类。落实储量根据储量经济性，再细分为经济储量、极限经济储量和无效益储量，其中经济储量为近期可动用储量；极限经济储量和无效益储量统称为不经济储量，但在争取相应的技术经济政策或技术进步后才能开发。开发受限储量是指目前由于受生态保护区和城市规划等限制的部分资源。待落实储量是指经钻探证实气藏复杂，井控和认识程度较低，需进一步投入工作量进行评价落实的储量。待核销储量是指钻探证实地质认识发生重大变化，储量大幅减少，已经不具备进一步评价的资源，基本为无法动用储量（图2-20）。

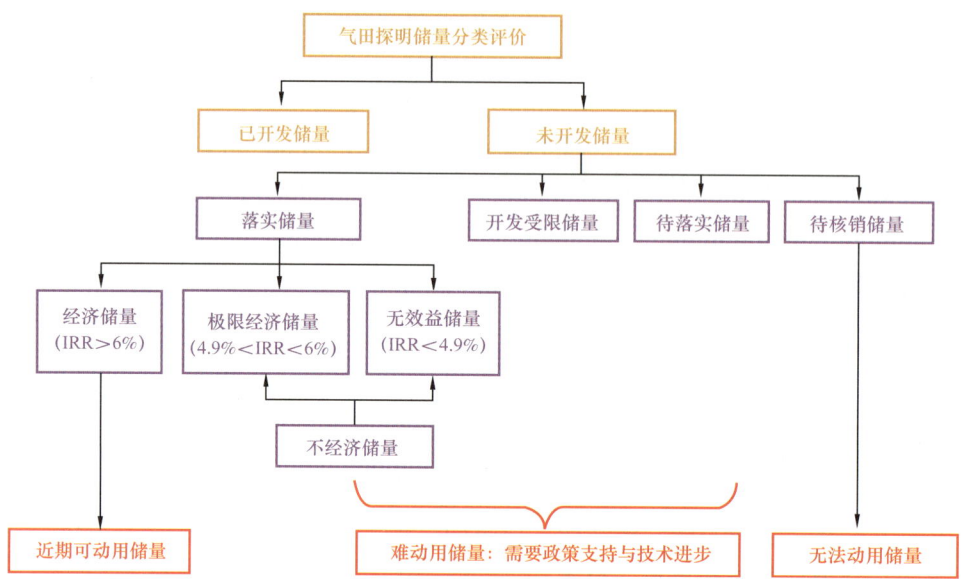

图2-20　已探明储量经济评价分类标准及流程

（4）主要评价参数设定。

储量发现成本以勘探结束、探明储量上报矿产储量管理局批准后为评价投资的时间起点。建单位产能投资以历年产能建设投资平均值为基础计算，并参考同类气藏开发方案。采气速度分别按2%、3%、4%计算取财务评价效益；建设年限，探明地质储量小于$250×10^8m^3$，建设期一年，探明地质储量大于$250×10^8m^3$，建设期两年；稳产年限对于低渗—致密气藏以采出地质储量的20%来确定，其他气藏以稳产期采出地质储量的40%来确定；进入递减阶段递减率取10%；成本及价格以各气区公司实际数据类比。

2）开发潜力评价的关键指标确定

气层气开发潜力分析按照探明已开发气田、探明未开发气田和未来新增探明储量三个层次进行论证。已开发气田按照方案设计参数/参考开发动态计算。未动用气田有方案参考开发方案，无方案可根据区内相似气田类比。待探明储量根据历史探明储量变化趋势、储量动用率和采速计算。依据气藏合理的开发指标研究各类气藏开发潜力叠加而成；溶解气产量则以油定产，选用合适的气油比进行测算。测算所用参数主要包括采气速度、采收率、稳产期和年递减率（图2-21）。

在预测之前，先划分气藏类型。将气藏的流体特征和储层渗流特征这些真正影响气藏开发的关键因素作为划分气藏的依据。通过细致深入的研究，将目前已探明气藏划分为5种类型：凝析气藏、高含硫气藏、深层高压（高温）气藏、低渗透—致密气藏和中高渗透气藏。

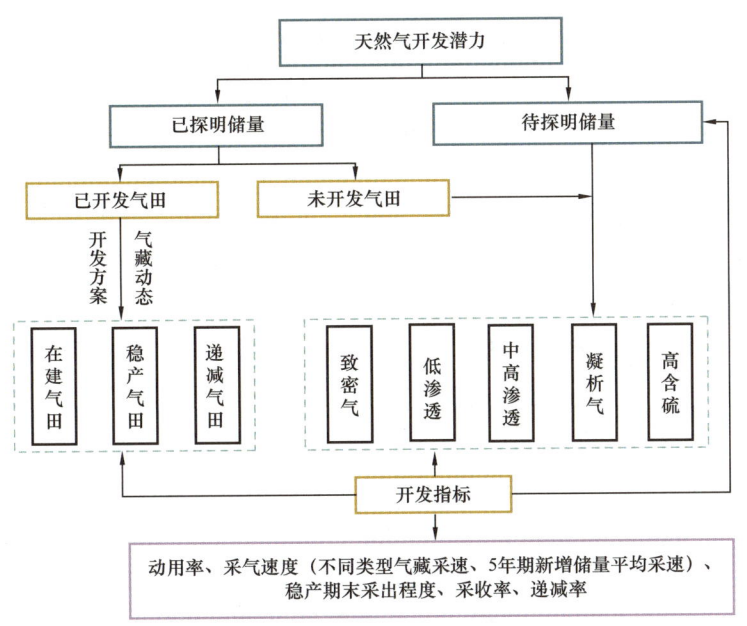

图 2-21 常规气开发潜力评价流程

然后确定不同类型气藏的开发指标。因各类气藏地质特征不同，其开发特点不同，开发指标也存在差异。利用储量技术经济评价分类分级方法研究了不同类型气藏的储量分类，在调研国内外典型气田及著名专家学者对气田开发特征的基础上，总结出五类气藏的开发指标。

（1）气藏开发指标。

综合美国、加拿大、原苏联和中国四川等已开发气田（藏）动态资料，并结合国内外狄更斯、方义生、郑伟等研究学者对气田开发指标的认识，推荐了不同气藏类型开发指标（表2-12）。

表 2-12 不同类型气藏开发指标表

气藏类型		采气速度（%）	稳产年限（a）	稳产期末采出程度（%）	采收率（%）
低渗透—致密气藏	低渗透碳酸盐岩气藏（0.1～1mD）	3～4	8～10	50～60	70～80
	低渗透砂岩气藏（1～10mD）	2～3	5～8	30～50	50～60
	特低渗透—致密气藏（<1mD）	1～2	2～3	15～20	30～35
高含硫气藏		4～5	9～10	40～45	55～68
深层高压气藏		3～4	12～17	70	75～85
中高渗透气藏		3～4	12～17	50～60	68～85
凝析气藏循环注气	衰竭式开采	—	—	—	33～60
	循环注气	3～4	10～12	40	60～68

低渗透气藏采气速度和采收率一般不高。块状低渗透气藏因储层厚度大，连通性好，储量丰度高，采气速度可以达到 2%～4% 甚至更高，稳产期地质采出程度为 40%～50%，采收率可以达到 70%～80%。层状低渗透气藏采气速度一般在 2.5% 左右（榆林和靖边等），开发条件有利的气藏有时可以达到 3% 以上，有一定的稳产期，气藏最终采收率在 50% 左右；透镜状低渗透气藏由于非均质强烈，储量丰度低，受井网密度与经济条件制约，储量动用程度低，气藏采气速度一般低于 2%，采收率为 30%～50%。

致密气藏一般只有块状气藏或厚度较大的层状气藏、多层状气藏才具有开采价值，据美国 11 个盆地 22 个致密气藏的开发经验，可采储量的采气速度一般小于 4%，地质储量的采气速度一般小于 2%，采收率一般在 30% 左右。但随着气价走高，开发技术不断进步，低渗透气藏最终采收率还可进一步提高。

深层高压气田采气速度高，稳产期较长。地质储量采气速度控制在 4% 以内，稳产期为 12～17 年，稳产期末采出程度在 70% 以上。

凝析气藏通常采用衰竭式和循环注气两种开发方式，不同开采方式对气田采收率影响较大，一般在 33%～68% 之间。衰竭式开采天然气采收率最低为 33%，而循环注气开发可达到 60% 以上；采气速度一般为 3%～4%，循环注气稳产期末采出程度在 40% 左右。

中高渗透气驱气藏采气速度在 3%～4% 之间，稳产年限为 13～15 年，稳产期末采出程度为 35%，开采期末采收率在 55% 以上。

（2）年综合递减率。

年综合递减率的计算，根据本年度所有老井在下年度实现的产量，利用年对年递减率计算方法确定。按照产量变化趋势测算递减率，弊端是产量受生产制度影响较大，例如，2014—2015 年由于供需关系发生变化，上游生产压力相对较小，克拉 2、靖边、西南老气田进行了产量结构调整，产量下降较快。从中国石油"十一五"以来总的递减趋势看，老井产量综合递减率呈上升趋势。近三年综合递减率保持开始降低，通过加大西南、长庆、青海老区综合治理，降低老井递减，预计产量年综合递减率可由 2017 年的 11.9% 下降到 2018 年之后的 10%。未来老井产量综合递减率保持在 10% 左右是可行的（图 2-22）。

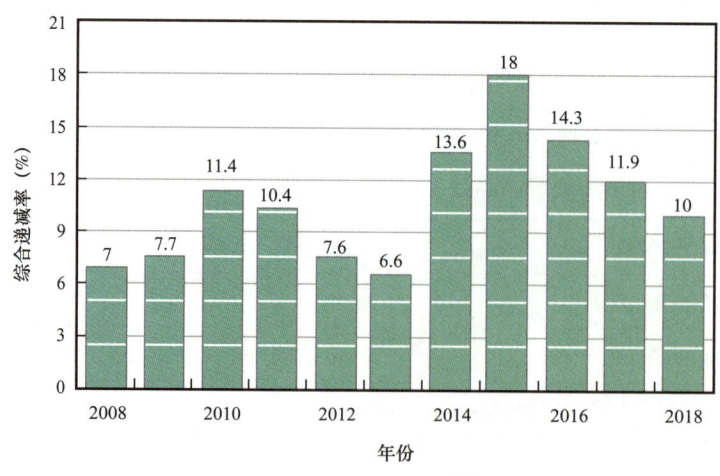

图 2-22　中国石油天然气产量综合递减率变化趋势图

2. 常规天然气开发潜力

截至2018年底，全国探明气田482个，探明地质储量$12.82\times10^{12}m^3$，已开发地质储量$8.13\times10^{12}m^3$，未开发地质储量$4.7\times10^{12}m^3$，储量动用率63%。已开发储量主要分布在鄂尔多斯、四川、塔里木、柴达木、莺—琼、松辽和渤海湾盆地，为$7.66\times10^{12}m^3$，占全国已开发储量的94%。已探明未开发地质储量主要分布在四川、鄂尔多斯、塔里木、松辽、东海和莺—琼盆地，为$4.45\times10^{12}m^3$，占全国未开发储量的95%。

表2-13 全国已探明气田储量动用情况表

盆地	累计探明储量(10^8m^3)		已开发储量(10^8m^3)		年产量(10^8m^3)	累计产气(10^8m^3)	未开发地质储量(10^8m^3)	剩余可采储量(10^8m^3)
	地质	可采	地质	可采				
鄂尔多斯	46038	24358	33870	7429	462	4188	12169	3241
四川	37687	21653	21293	9059	337	5632	16394	3427
塔里木	19699	12090	11736	6809	270	2771	7963	4038
柴达木	3694	2009	3195	1766	62	776	499	990
准噶尔	1736	954	1424	734	19	368	312	366
吐哈	629	379	476	190	3	150	153	40
松辽	5351	2356	2079	792	44	414	3272	378
渤海湾	2890	1727	2208	1224	6	977	683	247
东海	3174	1814	1063	609	30	345	2111	263
渤海海域	871	514	468	274	11	148	403	125
珠江口东部	1478	992	1091	761	42	243	387	518
莺—琼盆地	4814	3091	2231	1364	48	1012	2583	353
其他（南方等）	164	46	133	81	2	38	32	44
全国小计	128225	71983	81267	31092	1336	17062	46961	14030

1）探明已开发储量潜力分析

探明已开发气田主要分布在塔里木、四川、鄂尔多斯和柴达木盆地，大多处于稳产和递减阶段。通过对气田生产动态进行分析，截至2018年底，已开发地质储量$8.13\times10^{12}m^3$，SEC标定采收率38.3%。从目前采收率来看，鄂尔多斯、四川、准噶尔和吐哈盆地采收率总体较低，通过对鄂尔多斯盆地靖边气田、四川盆地老区与普光气田、准噶尔火山岩气藏等实施精细描述，开展寻找剩余气分布、补孔转层、打调整井、增压开采等系列措施，达到延缓老区递减的目的，预计2030年前采收率可再提高10个百分点，预计增加可采储量$8220\times10^8m^3$（表2-14）。

表 2-14 2018 年底全国已开发气田预计增加可采储量表

公司（盆地）	2018 年底已开发			采收率拟达到目标（%）	2019—2030 年拟增加可采储量（10^8m^3）
	地质储量（10^8m^3）	标定可采储量（10^8m^3）	标定采收率（%）		
四川	21293	9059	42.5	50.4	1675
鄂尔多斯	33870	7429	21.9	38.1	5481
塔里木	11736	6809	58.0	64.1	715
柴达木	3195	1766	55.3	56.0	23
准噶尔	1424	734	51.6	52.0	6
吐哈	476	190	39.9	44.0	19
松辽	2079	792	38.1	44.0	123
渤海湾	2208	1224	55.5	59.8	96
东海	1063	609	57.3	61.0	39
渤海海域	468	274	58.4	58.4	0
珠江口东部	1091	761	69.7	69.7	0
莺—琼盆地	2231	1364	61.2	63.0	41
其他（南方等）	133	81	61.4	61.6	0
全国小计	81267	31092	38.3	48.4	8220

2）探明未开发储量潜力分析

2018 年底，全国已探明未开发储量 $4.7\times10^{12}m^3$，根据未开发储量的落实程度和经济性进行分类评价，其中：落实储量 $2.09\times10^{12}m^3$（经济储量 $1.34\times10^{12}m^3$、不经济储量 $0.745\times10^{12}m^3$），待落实储量 $2.13\times10^{12}m^3$，地面受限储量 $0.48\times10^{12}m^3$（表 2-15）。按盆地分，落实储量主要分布在四川、鄂尔多斯、塔里木、莺—琼、东海和松辽盆地（表 2-16）。

表 2-15 全国未开发储量分类经济评价结果表　　　　　　　　　　单位：10^8m^3

盆地	未开发储量	落实储量			待落实（评价）储量	地面受限
		小计	经济储量	次经济储量		
四川	16394	7713	5313	2401	8424	257
鄂尔多斯	12169	4403	1828	2444	3988	3778
塔里木	7963	3351	2851	500	4525	87
柴达木	499	0	0	0	499	0
准噶尔	312	0	0	0	312	0

续表

盆地	未开发储量	落实储量			待落实（评价）储量	地面受限
		小计	经济储量	次经济储量		
吐哈	153	0	0	0	153	0
松辽	3272	1164	0	1164	1490	618
渤海湾	683	5	0	5	678	0
东海	2111	1158	650	508	2201	68
渤海海域	403	343	218	125	60	0
珠江口东部	387	375	353	21	12	0
莺—琼盆地	2583	2369	2090	278	214	0
其他（南方等）	32	1	0	1	31	0
全国合计	46961	20881	13434	7447	21271	4808

根据探明未开发储量经济评价结果，结合待开发气田开发方案、不同类型气藏采气速度，参照常规天然气开发潜力评价流程，分析探明未开发储量的开发潜力，2025年前主要对未开发储量中落实的经济储量 $1.34 \times 10^{12} m^3$ 进行有序动用，2025年后对大部分次经济储量和少量待落实储量进行动用，预计2019—2030年动用地质储量 $2.16 \times 10^{12} m^3$，可建产能规模 $429 \times 10^8 m^3$（表2-16）。其中，四川盆地2019—2030年动用安岳震旦系碳酸盐岩气藏、罗家寨高含硫气藏、大川中须家河组致密气藏等储量 $6763 \times 10^8 m^3$，不同气藏采气速度按 $1\% \sim 6\%$ 测算，预计可建产能 $100 \times 10^8 m^3$。鄂尔多斯盆地2019—2030年动用神木、鄂东、大吉和大牛地致密气储量 $6586 \times 10^8 m^3$，可建产能 $74 \times 10^8 m^3$。塔里木盆地2019—2030年动用库车深层砂岩、塔中碳酸盐岩、阿克落实储量 $3350 \times 10^8 m^3$，可建产能规模 $60 \times 10^8 m^3$。东海盆地2019—2030年动用宁波22-1、17-1、春晓等气田 $1783 \times 10^8 m^3$，可建产能规模 $74 \times 10^8 m^3$。莺—琼盆地2019—2030年动用陵水17-2、陵水25-1、东方13-2等 $1681 \times 10^8 m^3$，可建产能规模 $89 \times 10^8 m^3$。

3）未来新增探明储量开发潜力分析

根据全国各盆地剩余资源潜力及勘探领域进展分析，预计2018—2030年年均探明储量 $6200 \times 10^8 m^3$（其中陆上 $5300 \times 10^8 m^3$、海域 $900 \times 10^8 m^3$），2031—2035年年均探明储量 $5300 \times 10^8 m^3$，储量增长集中在鄂尔多斯、四川、塔里木和东海等盆地。2018—2035年预计全国新增探明地质储量 $10.71 \times 10^{12} m^3$，2035年底资源探明率达到26.9%。

根据未来新增探明储量增长趋势，陆上气田当年探明第二年动用、储量动用率按70%测算，海上气田探明后需7～8年后建成投产，预计2018—2035年期间累计动用地质储量 $6.93 \times 10^{12} m^3$，累计可建成产能规模 $1877 \times 10^8 m^3$（表2-17）。

综合上述常规天然气开发潜力分析结果，全国天然气开发潜力由已开发储量、未开发储量、未来新增储量三种资源结构构成，预计天然气可建产能达到 $2552 \times 10^8 m^3$（表2-18）。

表 2-16 全国常规气探明未开发储量分阶段开发潜力测算表

盆地	2018年底落实地质储量 ($10^8 m^3$)	2019—2020 年			2021—2025 年			2026—2030 年			小计		
		动用储量 ($10^8 m^3$)	采气速度 (%)	新建产能 ($10^8 m^3$)	动用储量 ($10^8 m^3$)	采气速度 (%)	新建产能 ($10^8 m^3$)	动用储量 ($10^8 m^3$)	采气速度 (%)	新建产能 ($10^8 m^3$)	动用地质动储量 ($10^8 m^3$)	可建产能 ($10^8 m^3$)
四川	7713	4291	1~4	43.0	1902	1~2	43.8	570	1~2.3	13.1	6763	100
鄂尔多斯	4403	3153	1~2	36.2	1775	1~2	19.6	1658	1~2	18.4	6586	74
塔里木	3350	2851	2~3	50.1	500	2	10.0	0		0	3350	60
松辽	1164	400	2~3	6.0	764	2	11.0	0		0	1164	17
渤海湾	5	0	1.2	0	0	2	0	5		0	1	0
东海	1158	445	3~5	22.0	993	3~5	37.8	345	3~5	13.8	1783	74
渤海海域	343	0	2	0	95	2	4.8	0		0	95	5
珠江口东部	375	147	4	6.0	41	4	4.2	0		0	188	10
莺一琼盆地	2369	690	5	45.0	880	5	37.6	111		6.2	1681	89
其他（南方等）	1				0		0					
全国合计	20881	11977	1.8	208.3	6950	2.4	168.8	2689	1.9	51.5	21616	429

表 2-17 全国各盆地 2018—2035 年新增探明储量开发潜力分析

盆地	2018—2035 年新增地质储量 ($10^8 m^3$)	2018—2020 年		2021—2025 年		2026—2030 年		2031—2035 年		2018—2035 年小计	
		动用储量 ($10^8 m^3$)	可建产能 ($10^8 m^3$)	动用储量 ($10^8 m^3$)	可建产能 ($10^8 m^3$)	动用储量 ($10^8 m^3$)	可建产能 ($10^8 m^3$)	动用储量 ($10^8 m^3$)	可建产能 ($10^8 m^3$)	动用储量 ($10^8 m^3$)	可建产能 ($10^8 m^3$)
四川	21500	2050	59	4260	119	4100	114	3588	101	13998	393
鄂尔多斯	34800	3060	51	6970	125	7050	130	6356	117	23436	423
塔里木	24100	2040	61	5160	153	5100	152	4460	132	16760	498
柴达木	2800	267	11	709	28	720	28	464	18	2160	85
准噶尔	2200	160	3	528	11	560	11	432	9	1680	34
吐哈	500	0	0	128	2	160	2	96	1	384	5
松辽	4000	240	4	718	14	960	20	896	19	2814	57
渤海湾	900	107	21	213	26	200	20	168	19	688	86
东海	7200	0	0	200	8	1550	62	1650	66	3400	136
渤海海域	1800	0	0	0	0	400	16	400	16	800	32
珠江口东部	2100	0	0	0	0	400	16	480	19	880	35
莺-琼盆地	5200	0	0	0	0	1120	45	1200	48	2320	93
全国合计	107100	7924	210	18886	486	22320	616	20190	565	69320	1877

表 2-18 2018 年底全国常规气（含致密气）探明地质储量开发潜力

储量类型	探明地质储量 （$10^{12}m^3$）	动用率 （%）	新增动用地质（可采）储量 （$10^{12}m^3$）	采气速度 （%）	开发潜力 （10^8m^3）
已开发储量	8.13	—	0.82（可采）	3	246
未开发储量	4.7	46	2.16	2	429
待探明储量	10.71	65	6.93	2.7	1877

二、非常规气

1. 开发潜力评价方法

1）潜力评价流程

常规气藏采用一次布井、井网开发，评价对象常为区块或项目。页岩气和煤层气藏实施滚动打井，弥补老井产量递减，单井井间连通性较差，可视为相对独立的经济个体成为评价对象，根据单井经济界限指标，确定储量开发潜力。非常规气开发潜力评价流程如图 2-23 所示。

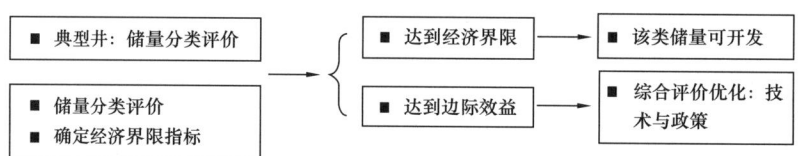

图 2-23 非常规气开发潜力评价流程

2）单井经济界限指标

单井经济界限指标的测算，依据经济学盈亏平衡原理，建立现金流量法计算模型，投入与收入相平衡（净现值 NPV=0）时，对应的各项指标是企业最低收益要求。

$$\mathrm{NPV}=\sum_{t=1}^{n}\frac{\left(Q_{\mathrm{d1}}\times B_{\mathrm{dt}}\times W_{\mathrm{r}}\times\left(P-\mathrm{TX}_{\mathrm{g}}\right)-I_{\mathrm{dt}}-C_{\mathrm{dt}}\right)}{\left(1+I_{\mathrm{c}}\right)^{t}}=0 \quad (2-17)$$

式中　Q_{d1}——第一年单井产量，10^4m^3；

I_{c}——企业目标收益率，%；

W_{r}——天然气商品率，%；

P——销售价格，元/m^3；

I_{dt}——单井直接投资，万元；

B_{dt}——单井相对第一年的各年产量系数；

C_{dt}——单井年经营成本（操作费、销售费用、财务费用除利息、管理费用），万元；

TX_{g}——销售税金及附加，元/m^3；

n——计算期，年。

非常规天然气单井经济界限指标包括单井初期年产量界限、单井直接投资界限和气价界限。

单井初期年产量界限：

$$Q_{d1} = \frac{\sum_{t=1}^{n}(I_{dt}+C_{dt})\times(1+I_c)^{-t}}{\sum_{t=1}^{n}B_{dt}\times W_r\times(P-TX_g)\times(1+I_c)^{-t}} \quad (2\text{-}18)$$

单井直接投资界限：

$$I_{dt} = \frac{\sum_{t=1}^{n}\left(Q_{d1}\times B_{dt}\times W_r\times(P-TX_g)-C_{dt}\right)\times(1+I_c)^{-t}}{\sum_{t=1}^{n}(1+I_c)^{-t}} \quad (2\text{-}19)$$

气价界限：

$$P = TX_g + \frac{\sum_{t=1}^{n}(I_{dt}+C_{dt})\times(1+I_c)^{-t}}{Q_{d1}\times\sum_{t=1}^{n}B_{dt}\times W_r\times(1+I_c)^{-t}} \quad (2\text{-}20)$$

2. 非常规天然气开发潜力

1）页岩气

截至 2018 年底，四川盆地累计提交页岩气探明地质储量 $10456\times10^8 m^3$、可采储量 $2495\times10^8 m^3$，已在涪陵、长宁、威远和昭通国家级页岩气产业示范区实现商业开发，2018 年产气量 $109\times10^8 m^3$，已建成产能 $150\times10^8 m^3$。

根据全国油气资源动态评价（2015），我国页岩气可采资源量 $22\times10^{12} m^3$，是我国最丰富的陆上非常规气资源，广泛分布于我国海相、陆相盆地。其中四川盆地五峰组—龙马溪组页岩气可工作地质资源量 $12.75\times10^{12} m^3$，未来勘探重点以蜀南及其邻区海相页岩气为主体进行评价，参照页岩气不同埋深条件下的采收率取值，预计共有可采资源量 $2.47\times10^{12} m^3$（表 2-19）。参照不同埋深页岩气资源动用经济界限，2020 年前动用龙马溪组 3500m 以浅资源有利区、2035 年前再新动用龙马溪组 3500m 低效和 3500m 以深资源，在补贴 0.3～0.4 元 /m^3 情况下，页岩气整体具备（500～750）$\times10^8 m^3$ 的上产潜力。若盆地周边筇竹寺组海相及非海相取得突破，成本进一步降低，可新增产量规模 $250\times10^8 m^3$，页岩气高峰产量规模整体可上产到 $1000\times10^8 m^3$。

2）煤层气

截至 2018 年底，煤层气探明地质储量 $6522\times10^8 m^3$，2018 年产气量 $51\times10^8 m^3$，目前在鄂尔多斯盆地和沁水盆地实现效益开发，2018 年底已建成 $60\times10^8 m^3$ 产能。

根据全国油气资源动态评价（2015），全国 1200m 以浅煤层气可采资源量 $12.5\times10^{12} m^3$，占总量的 54%，是下步上产重要领域。参照国内外不同煤层探明率和采收率取值，预计可新增可采储量 $1.31\times10^{12}m^3$；结合技术发展和现有气价水平，2020 年前立足沁水盆地和鄂尔多斯盆地已探明储量老区，依靠 1200m 以浅资源和低煤阶取得突破，2035 年前全国总体具有上产（150～200）$\times10^8m^3$ 的产量潜力；若其他地区盆地 1200m 以浅资源部分有效动用，至 2050 年可建成（300～400）$\times10^8m^3$ 产量规模（表 2-20）。

表 2-19　四川盆地页岩气资源分类及开发潜力预测表

类别	四川盆地五峰组—龙马溪组				四川盆地筇竹寺组	四川盆地非海相
埋深	3500m以浅	3500～4000m	4000～4500m	小计	4500m以浅	2500m以浅
可工作面积（km^2）	6465	7128	10322	23915	4400	14000
可工作地质资源量（$10^{12}m^3$）	3.84	3.48	5.43	12.75	1.6	5
采收率（%）	25	20	15		20	10
可采资源量（$10^{12}m^3$）	0.96	0.70	0.81	2.47	0.32	0.5
稳产年限（年）	20	20	20	20	20	20
可建产量规模（10^8m^3）	300	200	250	750	100	150

表 2-20　全国煤层气新增可采储量预测及可建产量规模预测表

资源分布	地质资源量（$10^{12}m^3$）	探明率（%）	采收率（%）	新增可采储量（10^8m^3）	可建产量规模（10^8m^3）
沁水盆地和鄂尔多斯盆地1200m 以浅	2.53	40	40	0.41	120
其他地区 800m 以浅	7.27	30	30	0.65	200
其他地区 800～1200m	6.21	20	20	0.25	80
小计	16.01			1.31	400

第三章 油气田产量趋势预测

第一节 油气产量预测方法

产量预测是油气战略规划工作中的重要环节。比较成熟和广泛应用的预测方法主要有三类：机理型预测法（水动力学概算法、物质平衡法、油藏数值模拟法等）、统计型预测法（递减曲线法、水驱曲线法等）、信息型预测模型（生命旋回模型、灰色系统模型等）。中长期战略规划的对象一般按单元级别分为油区、盆地、石油公司和全国等。统计型和信息型的预测方法具有所需数据和参数少，预测精度满足宏观战略研究要求等优点，得到广泛应用。传统的生命旋回预测方法有效控制了有效资源的生命发展规律，对于中长期预测具有较好的指导作用，但数据拟合精度往往显得粗糙，因此发展形成了在综合单个模型预测基础上的组合预测模型方法。同时，油气田开发是资源型产业，生产过程与资源的投入密切相关，而以历史数据拟合为基础的模型类预测方法，难以体现预测期储量资源投入对产量发展趋势的影响，仅用历史数据预测未来的发展趋势是不够的。因此，从实际生产的规律出发，将趋势预测和储量投入相结合，形成了产量构成法和储采比控制预测法（储产量双向控制法）等（表3-1）。

表3-1 产量预测方法对比表

方法分类	特点描述
油藏数值模拟方法	通过建立微观机理模型，进行实际的从井到整个油藏的模拟预测，可以预测除产量之外的其他油藏动态参数；适合油田区块的预测，不适合油区或更高层面的产量预测
产量构成方法	模拟实际产能建设过程，将开发井按投产时间分别进行产量递减预测和叠加，是五年规划采用的主要预测方法
模型预测方法	适合区域性油气产量预测；HCZ（胡—陈—张）、Weibull和Weng氏（翁氏旋回）适合全过程预测，HCZ（胡—陈—张）、Weibull模型需要可采储量为控制条件，Logistic、Arps和幂指数模型适合递减期的预测；由于考虑到生命周期，该类方法的后期产量递减较快
经验统计模型方法	通过历史数据统计分析拟合，确定合适的预测模型，这是一种宏观预测方法，适合更高层面（如油区或几个油区叠加的产量）预测
动态系统预测法	从系统工程的角度，通过弱化波动与随机性，通过参数辨识，建立微分表达或隐含多层表达动态预测模型，该方法适合复杂油气藏和影响因素多、不确定性大的油田，例如，对于处于开发早期、产量处于上升阶段的油气藏
储采比控制预测方法	需要老油田增加可采储量、新区增加可采储量和储采比作为控制条件，可考虑未来的储量发现情况，对长远规划适应性强，预测结果的可靠性依赖于未来储量的预测和落实；预测产量的后期无生命周期特征
组合预测模型	在综合单个模型预测基础上，考虑产量变化的趋势和波动特性，通过可变权重的拟合和预测，进行具有智能特点的组合预测，拟合精度高，可靠性强

一、生命旋回模型预测法

基于传统预测方法存在的不足,可在传统生命旋回预测模型中引入储产量增长静态影响因素。其预测公式及预测参数见表3-2。

表3-2 传统预测方法的拟合参数

方法	预测模型	预测公式	模型拟合参数
生命旋回法	翁氏旋回模型	$Q = C \cdot t^{\alpha-1} e^{-\beta t}$	c、α、β、N_R
	哈伯特模型	$Q = \dfrac{acN_R e^{-at}}{\left(1+Ce^{-at}\right)^2}$	a、c、N_R
	龚帕兹模型	$N_p = N_R e\left(-\beta e^{-bt}\right)$	β、b、N_R
	胡—陈—张模型	$Q = \alpha N_{pmax} e\left(-\dfrac{\alpha}{\beta}e^{-\beta t} - \beta t\right)$	α、β、N_{pmax}

在传统的生命旋回预测模型中,根据油气田资源量和最终资源转化率(35%,40%,45%,50%,55%,60%),可以确定最终探明储量 Q_p 在模型参数全部确定完毕之后,可以根据勘探年限反推出时间序列的累计探明储量预测值 Q_t。在得到累计探明储量时间序列值之后,按照如下方式,可以一贯完整地得到年新增探明储量的时间序列预测值:

累积探明储量时间序列: $Q_T = \{Q_1, Q_2, \cdots, Q_t\}$ （3-1）

t 时间点新增探明储量: $Q(t) = Q_t - Q_{t-1}$ （3-2）

新增探明储量时间序列: $Q = \{Q(1), Q(2), \cdots, Q(t)\}$ （3-3）

哈伯特预测模型为增长曲线模型,参数 b 控制曲线张口的大小,b 值大时,曲线陡峭,张口小,表示评价单元的储量发现或产量增长属于快上快下型,持续时间短,达到高峰后迅速下降;b 值小时,曲线平缓,张口大,表明储量或产量平缓增长,高峰时间长,有一个较长的生命周期。

翁氏旋回为非对称的预测模型,表现为上升比较迅猛,但衰减形态较为平缓。参数 c 控制曲线的张口,c 值大时,曲线张口大,评价单元的勘探开发持续时间长;c 值小时,曲线张口小,评价单元的勘探开发持续时间短。参数 x 控制曲线的形态,x 值大时,曲线形状较为陡峭,表示评价单元的勘探开发力度大,储量或产量迅速达到高峰,但高峰时间很短,储量或产量会快速跌落;x 值小时,曲线形状较为平缓,表示评价单元的勘探开发历程较长,储量或产量缓慢上升,达到高峰后能够持续较长的时间,之后储量或产量会以更为平缓的形势下降。

龚帕兹曲线是著名的生长曲线,一般具有如下特点:在开始阶段增长缓慢,然后进入快速增长阶段,最后进入减速增长阶段。龚帕兹增长模型对"S"型增长规律的拟合预测较为适用。

二、储采比控制预测法(储产量双向控制法)

石油勘探开发科学研究院万吉业于1994年提出"资源量—储量—产量"的控制预测

及其反馈评价系统，在有效经济可采资源量基础上，以资源量控制预测不同勘探投入（方案）下的可探明储量，再以此基础分别控制预测新区和老区的规划产量。

1. 预测规划期年产油（气）量与所需储量增长的关系

编制中长期生产规划时，年产油（气）量的变化值有时按等差级数计算，但在实际应用中用得较多和较方便的是按等比级数，即指数递增或递减关系计算，则规划期间某年的产油（气）量为：

$$Q_t = Q_0 D^t \tag{3-4}$$

其中，年指数递增或递减率 D 为常数：

$$D = \left(\frac{Q_t}{Q_0}\right)^{\frac{1}{t}} \tag{3-5}$$

由上式积分得出：

$$\Delta N_p = \int_0^t Q_t dt = \int_0^t Q_0 D^t dt = Q_0 \frac{D^t}{\ln D}\bigg|_0^t = \frac{Q_0}{\ln D}(D^t - 1) \tag{3-6}$$

将递减率式代入式（3-6），得到规划期的阶段累计产油（气）量：

$$\Delta N_p = \frac{Q_0}{\ln\left[\left(\frac{Q_t}{Q_0}\right)^{\frac{1}{t}}\right]} \times \left(\frac{Q_t}{Q_0} - 1\right) \tag{3-7}$$

式中　Q_0——规划期前一年的产量，10^4t 或 10^8m^3；

　　　Q_t——规划期第 t 年的产量，10^4t 或 10^8m^3；

　　　t——规划期时间，$t=1, 2..., n$；

　　　D——规划期年递增或年递减率，%；

　　　ΔN_p——规划期阶段累计产量，10^4t 或 10^8m^3。

2. 规划期间剩余可采储量的增减量

规划期间剩余可采储量增减量 ΔN_{RR}，为规划期末的剩余可采储量（Q_tR_t）减去规划期前的剩余可采储量（Q_0R_0）：

$$\Delta N_{RR} = Q_tR_t - Q_0R_0 \tag{3-8}$$

式中　ΔN_{RR}——规划期间剩余可采储量的增减量，10^4t 或 10^8m^3；

　　　R_0，R_t——规划期前和期末剩余可采储量的储采比或剩余可采储量采油速度的倒数。

3. 规划期间需新增投入开发的可采储量与年产量的关系

对于已开发区，规划期间需新增开发的可采储量 ΔN_R，为期间累计产量 ΔN_p 与期间剩余可采储量增值 ΔN_{RR} 之和，即：

$$\Delta N_{\mathrm{R}} = \frac{Q_0}{\ln\left[\left(\frac{Q_t}{Q_0}\right)^{\frac{1}{t}}\right]}\left(\frac{Q_t}{Q_0} - 1\right) + \left(Q_t R_t + Q_0 R_0\right) \tag{3-9}$$

对于老开发区，年产量与所需新增可采储量关系的计算中还应减去规划期间老区调整挖潜增加的可采储量；对于纯粹新区，年产量与需新增可采储量关系的算法如下。

由于新区规划期末年产量（Q_X）为其剩余可采储量除以储采比，故可直接得出需新增可采储量与年产量的迭代关系式：

$$Q_X = \frac{\Delta N_{RX} - Q_X \frac{t}{2}}{\frac{E_R}{v_D} - \frac{t}{2}} \tag{3-10}$$

4. 规划期间的新增地质储量

规划期间的新增地质储量包括新增动用地质储量和新增探明地质储量，新增动用地质储量为新增可采储量除以采收率，即：

$$\Delta N_{\mathrm{d}} = \frac{\Delta N_{\mathrm{R}}}{E_{\mathrm{R}}} \tag{3-11}$$

新增探明地质储量为新增动用地质储量除以探明储量在相应油价下的可开发动用率：

$$\Delta N = \frac{\Delta N_{\mathrm{d}}}{\delta} \tag{3-12}$$

式中 ΔN_R——已开发区规划期间需要的可采储量增量，10^4t 或 $10^8 \mathrm{m}^3$；

ΔN_{RX}——纯粹新区规划期间需要的可采储量，10^4t 或 $10^8 \mathrm{m}^3$；

E_R——动用或可动用地质储量的采收率，%；

δ——探明地质储量的开发动用率，%；

v_D——已动用地质储量的采油速度，%；

ΔN_d——规划期间需新增的动用地质储量，10^4t 或 $10^8 \mathrm{m}^3$；

ΔN——规划期间需新增的探明地质储量，10^4t 或 $10^8 \mathrm{m}^3$。

三、产量构成法

产量构成法是目前战略规划中最常用的方法（图 3-1）。它以趋势预测（Arps 递减模型法或综合递减率法）为基础，将开发井按投产时间分别进行产量预测，叠加构成预测期总产量。该方法模拟了老油气田产量变化过程、新油气田产能建设及产量变化过程，能够比较形象地反映油气田储量、产能和产量之间的转化过程，而且预测精度较高。该方法所需要的参数和数据多，比如需要新老井产量递减变化规律，以及产能建设规模、产能贡献率、产能到位率等参数变化规律，对数据完整性要求比较高。

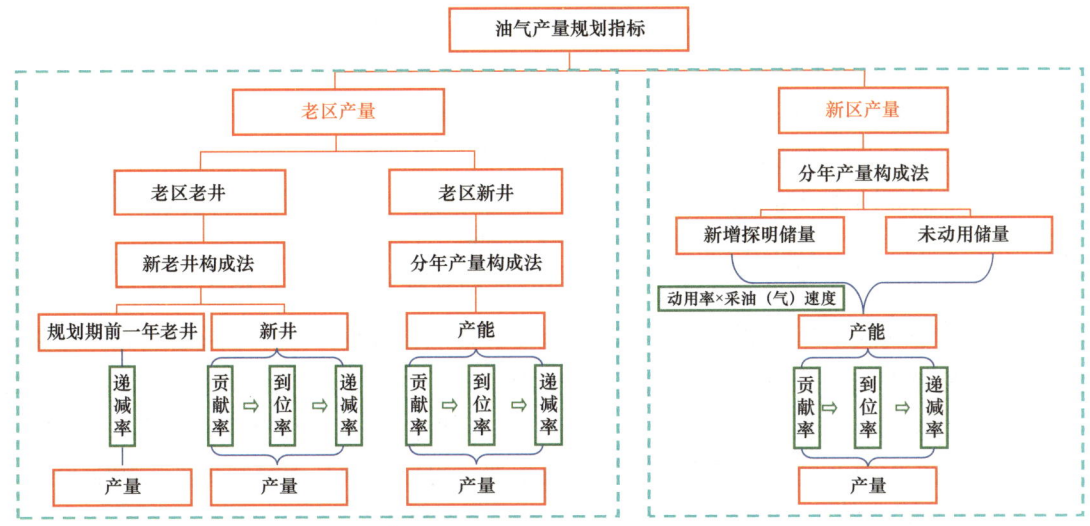

图 3-1　产量构成法预测产量流程图

中长期规划油气产量包括规划期前已投入开发的储量在规划期内的产量（老区老井产量）、规划期内已开发储量经过加密调整增加的新井产量（老区新井产量）、规划期内新动用储量对应的新井产量（新区新井产量）。分别预测出三部分产量，叠加即可构成规划期油气产量。

老区老井产量是应用递减规律分析历史分年度投产井产量变化规律，然后按照规律预测老井在新规划期的产量。

老区新井产量、新区新井产量均是通过分析历史历年产能建设的产量变化规律，用产能贡献率、产能到位率和产量递减率等参数对产量变化进行表征，也可以根据典型产能项目的产量曲线进行拟合并无量纲化形成产量变化模式，然后再将历史规律应用到新的规划期，进行分年投产井的产量趋势预测。

该方法可按油田、盆地或者油藏类型分别预测，然后汇总叠加形成老井、新井产量和总产量趋势，保证了总产量与分构成产量的合理匹配。

四、海上油田液油联合预测法

针对中国近海水驱开发油田未对产液量进行合理规划的现状，考虑海上水驱开发油田自身产液能力和生产设施液处理能力，设定了全过程定油、高峰限液、全过程定液三种规划情景，并结合水驱曲线与递减曲线联解，提出海上水驱开发油田液油联合规划方法。该方法可对海上油田产液量进行规划，也可评估工程设施对油田产量的限制和限液条件下油田开发潜力。

通过广式水驱曲线表达式及 Arps 递减曲线，既可根据规划产油量计算规划产液量，也可根据给定的产液量计算对应的产油量。因此可以针对海上油田产液量是否受到设施处理能力限制，以及油田提液潜力测算的需要，设定三种产液量规划情景。（1）全过程定油情景：对于已知的油田规划产油剖面，应用 Arps 递减曲线法拟合得到油田产油量剖面公式，再根据产水量与产油量的关系式求取对应的产液量剖面。应用该情景可计算出水驱油田按照目前水驱规律生产,现有规划油方案对应的产液量规模,但无法考虑其产液量规模是否超出设施处理能力上限。(2)高峰限液情景:考虑海上油田最大产液量受到设施处理能力的限制。当产液量未达到设施处理能力上限时,计算方法与全过程定油情景一致;当产液量达到设施处理能力上限后,用最大液处理能力作为油田产液量反求产油量剖面。(3)全过程定液情景:根据给定的产液量剖面计算产油量剖面。根据对水驱油田开发规律及产液能力的认识,结合生产实际,拟定提液幅度,从而给出油田合理的产液量剖面,反算产油量剖面。

如图 3-2 所示,为了得到蓬莱 19-3 油田的规划产液量规模,采用定油情景根据其规划年产油量计算对应的年产液量。随着采出程度的增加,规划产液量呈递增趋势,逐渐达到生产设施液处理能力上限,油田生产开始受限。考虑生产设施液处理能力的限制,采用限液情景对此油田进行规划液量计算,反求产油量,根据受限后的产油减少量,可以粗略评估生产设施扩容改造的增油潜力。如若定液生产,可以得到其无量纲采液指数随含水率变化的拟合公式,如图 3-3 所示。全过程定液情景采用实际拟合液量随含水率上升的规律,同时考虑生产设施的限制,给定产液量剖面,反求产油量。

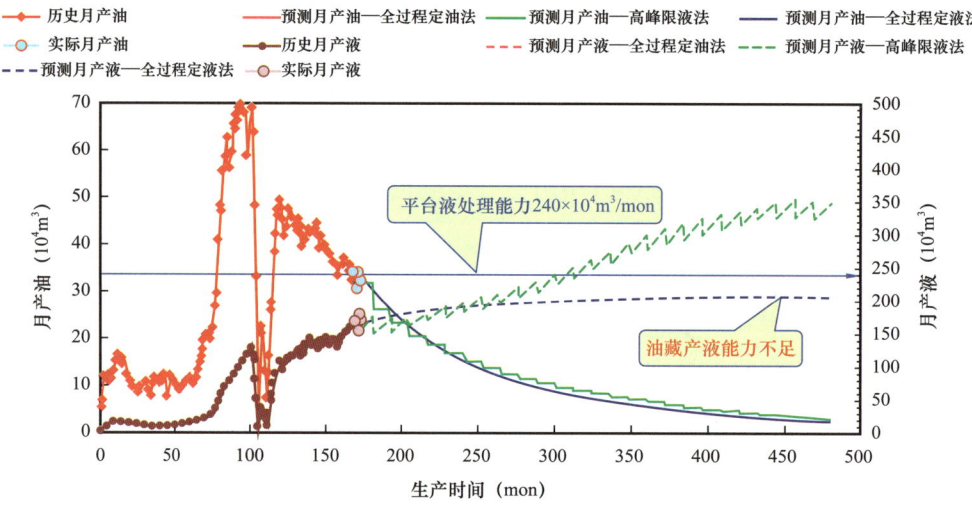

图 3-2 蓬莱 19-3 油田液油联合规划

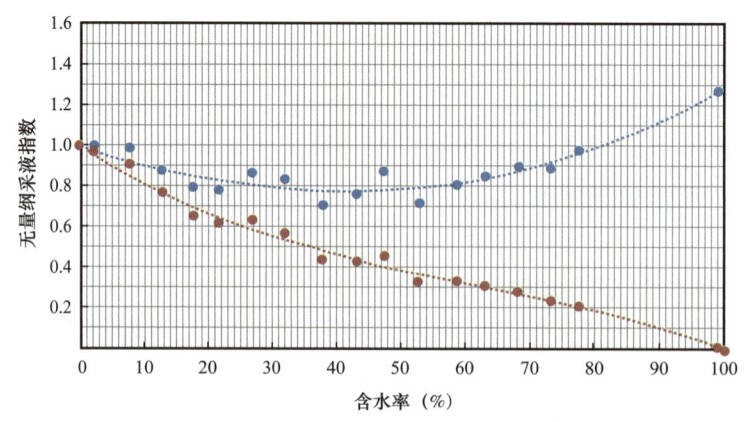

图 3-3 无量纲产液指数随含水率变化关系

第二节 原油产量趋势预测

一、模型法预测原油产量趋势

传统的生命周期模型预测方法通过拟合储产量历史数据，建立描述储量产量数据增长趋势的数学方程以预测未来储量产量，其优点是只需要历史的储量产量数据即可预测全生命周期的储量产量趋势，其主要缺点是预测结果基于历史趋势，不能考虑预测期内因勘探开发投入、勘探新发现、技术进步、油气价格和国家政策等变化对储量产量的影响，另外预测精度低于其他主要预测方法。目前主要解决方法是将资源量（或可采储量）代入方程作为总量控制参数，而技术进步、工作量、价格等影响因素被综合考虑为资源量（或可采储量）和资源转化率（或采收率）的变化。经过多种模型法试算比较，采用预测产量曲线形态更为合理的HCZ（胡—陈—张）模型法对原油产量趋势进行预测（图3-4，图3-5）。

在对历史数据高精度拟合的基础上，预测了原油产量变化趋势。根据预测结果，到2035年原油产量呈下降趋势，将降至$1.75 \times 10^8 t$，2050年将降至$1.36 \times 10^8 t$。这个结果可认为是按照历史规律惯性发展的趋势，没有考虑近年石油公司根据国家大力提升勘探开发力度的要求、加快勘探开发节奏等因素的影响，可作为产量的下限。

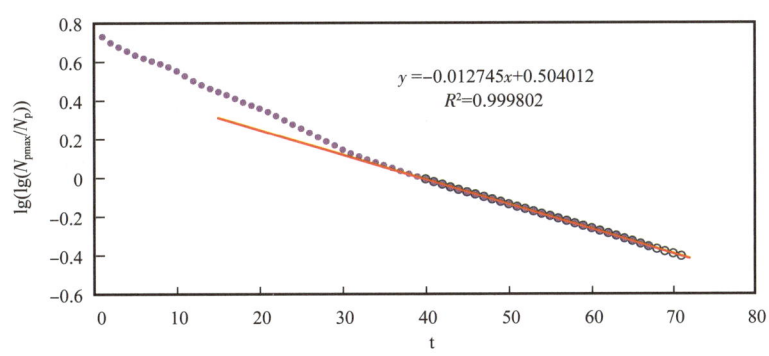

图3-4 HCZ（胡—陈—张）模型法主要参数拟合图

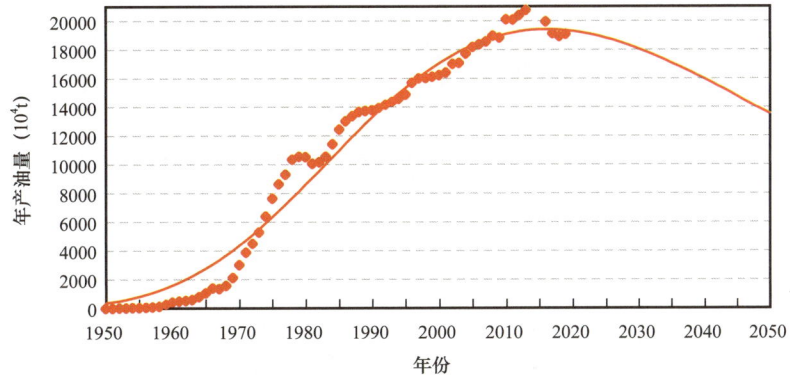

图3-5 HCZ（胡—陈—张）模型法预测原油产量趋势

二、储采比控制法预测产量趋势

1. 全国原油产量趋势

在油田开发形势和潜力研究的基础上,先预测常规发展情景下的产量趋势。在此基础上,再定量研究技术进步、管理创新发展和非常规、低品位等资源规模开发瓶颈问题解决突破的影响,分别预测三种情景下的产量趋势(图3-6)。预测时,以第二章评价的潜力结果为上限,将技术、管理、政策和各种矛盾的解决等因素的影响体现在动用可采储量的结构、节奏等方面。

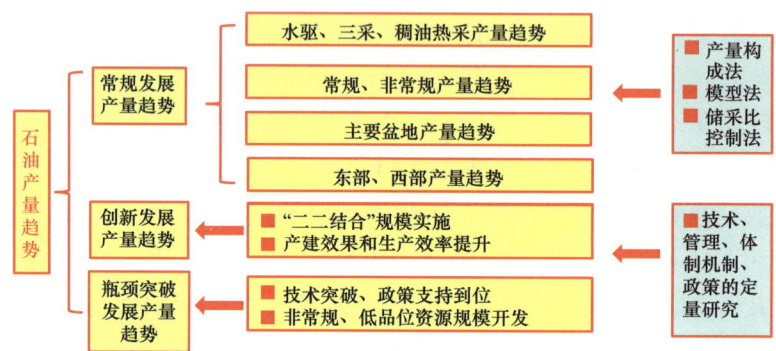

图3-6 产量预测流程图

基础情景(目前技术经济条件惯性发展):年探明地质储量在$10 \times 10^8 t$以下,探明储量以低品位和非常规为主,开发技术以成熟技术为主,致密/页岩油开发技术处于攻关阶段,年建产能在$2000 \times 10^4 t$以内,用海用地矛盾未有效解决,按这样的资源状况、技术水平和建产节奏等条件预计,产量将从2018年的$1.89 \times 10^8 t$持续递减到2035年的$1.84 \times 10^8 t$(图3-7)。

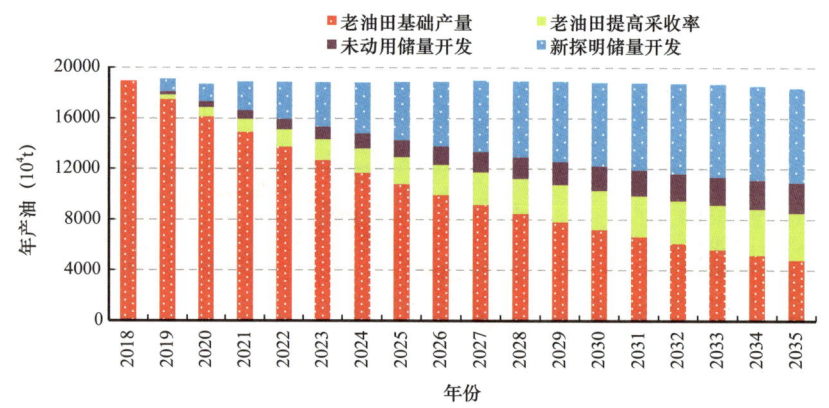

图3-7 基础方案储采比控制预测产量趋势

中情景(技术进步加政策支持):在基础情景的基础上,进一步加大勘探,保持年探明地质储量在$10 \times 10^8 t$以上,老油田提高采收率技术规模进一步扩大,致密/页岩油有效开发技术取得进展,国家加大对非常规石油的政策支持和用海用地矛盾解决,石油公司进一步加大勘探开发投入，预计产量从 2019 年开始回升，之后在（1.92～1.96）×10^8t 基本稳产（图 3-8）。

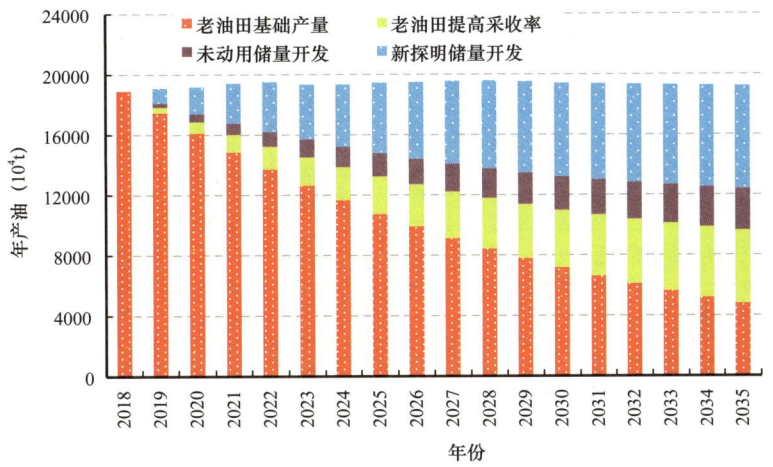

图 3-8　中方案储采比控制预测产量趋势

高情景（加大海域和非常规技术突破）：在中情景基础上，老油田提高采收率技术应用规模进一步扩大，致密/页岩油开发技术突破实现规模有效开发，国家对尾矿和非常规的财税政策落地，用海用地矛盾大部分解决，实现海域规模建产，国内年均建产能规模在 2800×10^4t 以上，预计 2022 年产量回升到 2×10^8t，并以 2×10^8t 规模稳产至 2035 年（图 3-9）。

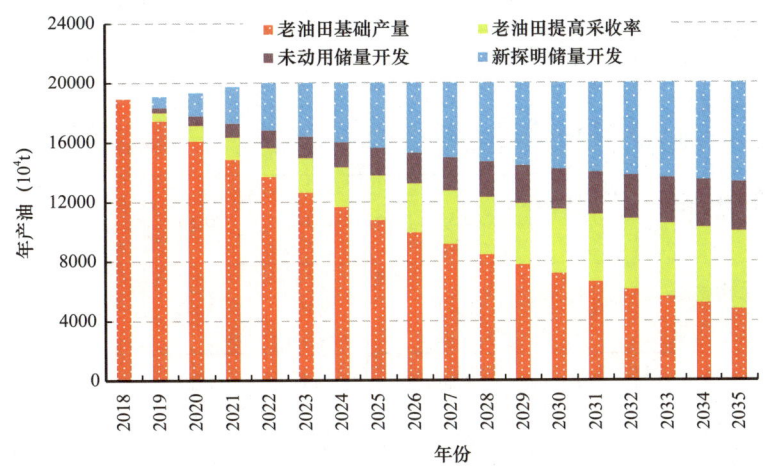

图 3-9　高方案储采比控制预测产量趋势

三种情景的主要指标见表 3-3。自 2018 年下半年开始，国内石油公司加大了油气勘探开发工作力度，因此，国内原油产量按照基础情景发展的可能性不大，高情景主要受用海矛盾解决程度、解决速度和非常规技术突破进展等影响，虽然具有较大的难度和不确定性，但是为了保障国内石油生产在国家能源安全中的压舱石作用，2×10^8t 持续稳产目标可作为奋斗目标。综合资源、技术和效益等情况分析，到 2035 年，国内原油产量趋势大概率在（1.9～2）×10^8t 范围内，因此，以高方案情景产量作为目标，按照盆地和油藏类型分别论证。

表 3-3　2019—2035 年国内原油产量多情景主要指标对比

主要指标	基础情景	中情景	高情景
老区增加可采储量（10^{4}t）	8.5	10.8	11.9
探明未开发动用可采储量（10^{4}t）	5.2	6.0	7.3
新增探明动用可采储量（10^{4}t）	14.8	16.1	16.5
储采比（年）	12.92	12.92	12.92
老区采收率提高（%）	2.6	3.2	3.6
新区采收率（%）	15.7	15.7	15.7
老区采收率（%）	30.4	31.1	31.4

2. 分盆地原油产量趋势

产量预测时考虑到各盆地勘探开发形势、开发潜力和制约矛盾等因素，对储量动用结构、节奏进行了合理部署，将全国可采储量控制在开发潜力范围内，其中，鄂尔多斯、塔里木、海域等上产盆地需要加大技术进步，提高储量动用率和采收率以保障新增可采储量规模（表 3-4）。

表 3-4　2019—2035 年国内主要盆地原油生产主要指标

主要指标	松辽	渤海湾陆上	鄂尔多斯	塔里木	准噶尔	海域	其他
老区增加可采储量（10^{8}t）	2.55	4.25	2.38	0.51	1.12	1.70	0.51
探明未开发动用可采储量（10^{8}t）	0.45	0.53	2.04	0.56	0.71	2.45	0.26
新增探明动用可采储量（10^{8}t）	0.62	2.42	3.35	1.80	2.14	3.76	0.72
新区采收率（%）	14.2	22.6	14.8	17.8	10.8	19.2	18.5
老区采收率（%）	45.7	31.7	19.8	24.4	30.3	35.9	25.2
老区采收率提高（%）	3.7	4.3	3.4	3.3	5.3	4.6	2.4
储采比（年）	10.86	10.94	21.79	11.44	11.72	12.09	13.56

根据预测，海域盆地、鄂尔多斯盆地、塔里木盆地、准噶尔盆地保持上产，渤海湾陆上盆地保持稳产，松辽盆地持续降产。到 2035 年形成 6 大规模生产基地，其中海域盆地 4600×10^{4}t，占比 23%；渤海湾陆上盆地 4300×10^{4}t，占比 21.4%；鄂尔多斯盆地 4100×10^{4}t，占比 20.6%；松辽盆地 2400×10^{4}t，占比 12.1%；准噶尔盆地 2100×10^{4}t，占比 10.7%；塔里木盆地 1600×10^{4}t，占比 8%（图 3-10）。

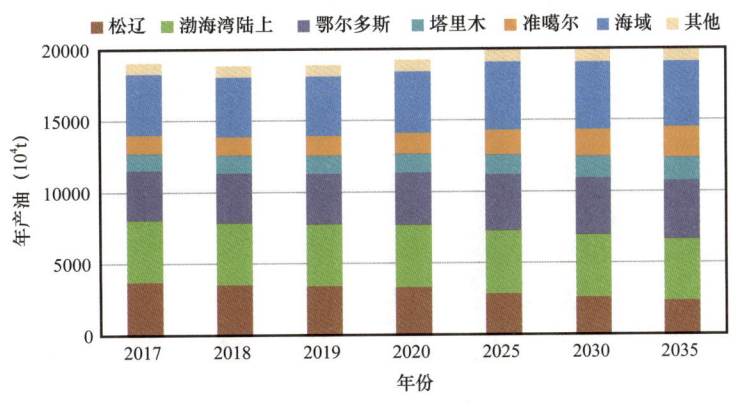

图 3-10 分盆地原油产量趋势

3. 分油藏类型原油产量趋势

产量预测时考虑到各类型油藏勘探开发形势、开发潜力和制约矛盾等因素，对储量动用结构、节奏进行了合理部署，将全国可采储量控制在开发潜力范围内，其中，低渗透/致密油藏、稠油和特殊岩性需要加大技术进步，提高储量动用率和采收率，保障新增可采储量规模（表3-5）。

表 3-5 2019—2035 年国内主要油藏原油生产主要指标

主要指标	中高渗透	低渗透/致密	稠油	特殊岩性	海域
老区增加可采储量（10^8t）	2.55	4.59	1.36	0.78	1.70
探明未开发动用可采储量（10^8t）	1.23	3.47	0.65	0.61	2.45
新增探明动用可采储量（10^8t）	4.05	6.43	0.37	2.05	3.76
新区采收率（%）	28.2	14.8	14.4	18.3	19.2
老区采收率（%）	40.7	22.3	32.1	16.3	35.9
老区采收率提高（%）	2.1	3.7	6.1	2.1	4.6
储采比（年）	12.1	23.0	8.1	29.6	12.1

根据预测，全国低渗透砂岩、致密/页岩油和特殊岩性油藏保持上产，到2035年产量分别达到 5600×10^4t、1200×10^4t 和 1500×10^4t 以上，占比分别达到28.3%、6.3%和7.7%以上。稠油保持基本稳产，到2035年产量保持在 1700×10^4t 以上，占比8.7%。中高渗透砂岩在2025年前，随着海域上产，产量增长到 11000×10^4t 以上，之后开始持续降产，到2035年产量降至 9300×10^4t 以上，占比46.8%以上（图3-11）。

图 3-11 全国分油藏类型原油产量

第三节 天然气产量趋势预测

一、常规天然气

在预测未来天然气产量发展趋势时主要采用了以下几种方法：生命旋回预测法、储采比预测法和产量构成分析法。

1. 生命旋回预测法

结合全国天然气资源量和近年来天然气产量增长趋势，利用龚帕兹、翁氏、哈伯特和灰色—哈伯特方法来预测 2035 年前全国天然气产量，预测期间全国控制可采储量 $9.75\times10^{12}m^3$，根据产量历史数据及其影响因素的权重值研究产量变化走势。

翁氏模型预测到 2050 年全国产量高峰期在 2021—2048 年出现，达到（2500～3000）× 10^8m^3 左右；灰色—哈伯特模型预测全国产量高峰期在 2022—2047 年出现，达到（2500～2800）× 10^8m^3 左右。对比几种方法预测结果，在产量上升期龚帕兹和哈伯特两种方法预测结果较为接近；在产量高峰期三种方法预测趋势基本一致，但哈伯特模型预测高峰期产量高，HCZ（胡—陈—张）模型预测最低；在产量递减期哈伯特模型产量下降较快，HCZ（胡—陈—张）模型产量下降较缓慢。

综合四种方法分析结果，全国气层气产量高峰期最可能在 2021—2048 年出现，达到（2000～2300）× 10^8m^3 左右（图 3-12）。

考虑今后溶解气产量变化趋势，全国溶解气年产量在（80～90）× 10^8m^3 之间，预计全国到 2020 年天然气产量可达到（1790～1990）× 10^8m^3，2035 年达到（2180～2380）× 10^8m^3（表 3-6）。

2. 储采比控制预测方法

本次预测探明地质储量截至 2018 年底，考虑 70%～85% 储量动用率和 50%～60% 的采收率，计算可动用可采储量，以可采储量迭代测算阶段末年产气量。

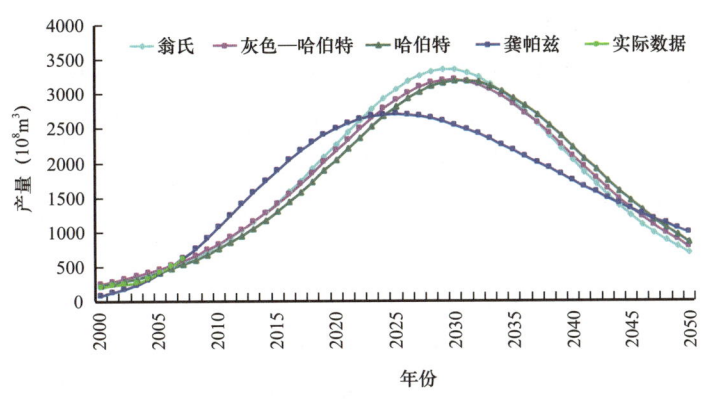

图 3-12　全国天然气产量增长趋势图

表 3-6　全国气层气产量不同预测方法结果对比　　　　　　　　　　单位：10⁸m³

类别	时间	2018 年	2020 年	2030 年	2035 年
气层气	翁氏	1337	2350	3500	2500
	龚帕兹	1337	2450	2550	2450
	哈伯特	1337	2550	3600	2550
	灰色—哈伯特	1337	2250	3350	2550
	推荐值	1337	1700~1900	2000~2200	2100~2300
溶解气		83	90	80	80
天然气		1420	1790~1990	2080~2280	2180~2380

采用储采比控制法预测时，先确定合理储采比，储采比的选用在产量测算中必须慎重选择。剩余可采储量储采比是可采储量、累计产量和年产气量的函数，合理储采比既要满足稳产的需要，又需具有一定的抗风险能力，其值过大或过小都会造成储采比失调。在研究了国内外国家储采比的基础上，确定我国天然气储采比。

1）我国合理储采比的确定

（1）国内外储采比历史经验分析。

从天然气发展较成熟的国家或地区来看，早期储采比非常高，一般在 40 左右，但市场一旦启动，储采比将大幅度下降。目前处于产量上升阶段的产气国，如挪威、阿尔及利亚，储采比都在 30 以上，具有上产的资源基础和发展空间。产量保持稳定的国家，在低等、中等和较高储采比情形下都保证了天然气持续稳定供应，如美国、加拿大的储采比较低，在 8 左右，产量可长期保持稳定；荷兰近 10 年储采比保持在 17 的中等水平；而印度尼西亚则在 45 的高储采比条件下保持气田稳产。处于递减阶段的产气国英国，由于储采比非常低，无法实现产能接替，产量持续下滑。

研究分析西南油气田自 1953 年以来储采关系变化的历史，进一步揭示了储采比对产量的重要作用。1968—1979 年，井口产量从 12.2×10⁸m³ 快速上升到 68.1×10⁸m³，而同期储量增长速度未跟上产量增长节奏，储采比从40迅速下降到10以下，导致1979年以后天然气产量大幅下降，1983年降至$53.6×10^8m^3$，进入长时间调整期。随着石炭系气藏的发现，储采比上升趋于协调，1993年回升到15，产气量也恢复到1979年的水平。1995年相继探明飞仙关组及其他层系气田，储采比继续回升到20以上，天然气产量持续稳步上升，进入了产量快速增长的良性循环阶段。开发实践表明，合理储采比约为20，警戒值为15。

（2）我国不同发展阶段合理储采比确定。

参照国外处于上产阶段的挪威、稳产阶段的美国和加拿大，以及阿根廷至巴西和智利建设长距离大口径天然气管线的经验（合同要求稳定供气20~30年，即储采比在20左右），综合我国天然气可采储量与国际上的差异、资源条件、勘探开发水平、经济技术实力、市场发展规模等，认为我国天然气储采比不能定得太低，快速上产阶段储采比应在25~30之间，稳产阶段合理储采比应在20左右，最小不低于15，不仅能满足建产需要，还为发现新储量争取了足够的时间。

2）储采比法产量预测结果

采用储采比法预测全国产量变化趋势，设置了三种情景方案参数，方案一为低方案，考虑资源、开发技术和经济的风险，储采比要保持较高水平，快速上产期储采比低限不低于30，稳产期不低于25；方案二为中方案，考虑资源、开发技术和经济的风险，储采比保持适中水平，快速上产期储采比低限不低于25，稳产期不低于20；方案三为高方案，考虑因素比较乐观，随着勘探开发技术的不断进步储量动用程度、气田采收率将得以提高，气价也将不断上涨等，因此，储采比可以保持较低水平，快速上产期储采比低限不低于20，稳产期不低于15（表3-7）。

表3-7 全国气层气储采比预测情景参数设置表

时间	新增探明地质储量（$10^{12}m^3$）	储量动用率（%）	采收率（%）	储采比（年）		
				方案1	方案2	方案2
2017年底累计	10.4		55	33.5	33.5	33.5
2018—2020年	1.86		55	31.5	30.2	27.2
2021—2025年	3.1		50	31.2	29.2	25.8
2026—2030年	3.1	80		31.5	27.7	23.2
2031—2035年	2.65		45	31.8	27.4	22.6
2036—2040年	2.25			31.3	26.5	21.2
2041—2045年	1.75		40	29.4	24.3	18.8
2046—2050年	1.25			26.6	21.3	15.6
小计	15.76					

预测期间，全国可新增探明地质储量 $15.76 \times 10^{12} m^3$，以此为储量基础，预测全国气层气产量，同时考虑溶解气产量，到 2020 年和 2035 年全国常规气产量分别达到（1500～1620）$\times 10^8 m^3$、（1800～2200）$\times 10^8 m^3$（表 3-8）。

表 3-8 全国气层气储采比法预测结果表

时间	方案 1			方案 2			方案 3		
	年产量（$10^8 m^3$）	采收率（%）	储采比（年）	年产量（$10^8 m^3$）	采收率（%）	储采比（年）	年产量（$10^8 m^3$）	采收率（%）	储采比（年）
2018 年	1337	55	33.5	1337	55	33.5	1337	55	33.5
2020 年	1500	55	31.5	1560	55	30.2	1620	55	27.2
2025 年	1700	50	31.2	1800	50	29.2	1900	50	25.8
2030 年	1800	50	31.5	2000	50	27.7	2200	50	23.2
2035 年	1800	45	31.8	2000	45	27.4	2200	45	22.6
2040 年	1800	45	31.3	2000	45	26.5	2200	45	21.2
2045 年	1800	40	29.4	2000	40	24.3	2200	40	18.8
2050 年	1800	40	26.6	2000	40	21.3	2200	40	15.6

3. 产量构成分析法

产量构成分析法预测未来天然气产量是以已探明储量的开发潜力和待探明储量开发潜力进行测算而得。在 2018 年天然气产量 $1337 \times 10^8 m^3$ 的基础上，依据天然气开发潜力预测结果值，按照天然气开发纲要要求，天然气产能负荷因子取 0.9。根据已开发气田生产动态、新增储量规模与品质和技术政策等因素，设置低、中、高三种情景分析未来天然气发展前景。

低情景：在现有技术经济水平条件下，老区通过加密调整，控制递减，综合递减率控制在 8%～12% 之间，未来新增探明储量动用率在 65%。2025 年产量达到 $1610 \times 10^8 m^3$，2030 年达到峰值产量 $1700 \times 10^8 m^3$ 后稳产到 2043 年；之后进入递减，2050 年递减到 $1600 \times 10^8 m^3$（图 3-13）。

中情景：在低情景基础上，通过技术进步进一步降低深层单井成本，同时致密气获得补贴 0.2 元/方，致密气和深层难动用储量得以有效开发，未来新增探明储量动用率提高到 70%。2025 年产量达到 $1750 \times 10^8 m^3$，2029 年达到 $1900 \times 10^8 m^3$ 峰值产量后稳产到 2043 年；之后进入递减，2050 年递减到 $1700 \times 10^8 m^3$（图 3-14）。

高情景：在中情景基础上，陆上深层、海上深水气田开发成本进一步降低，进一步加快海上气田开发节奏，未来新增探明储量动用率提高到 75%。2025 年产量达到 $1850 \times 10^8 m^3$，2029 年最高达到 $2000 \times 10^8 m^3$ 峰值产量后稳产到 2043 年；之后进入递减，2050 年递减到 $1800 \times 10^8 m^3$（图 3-15）。

图 3-13 中国常规气 2018—2050 年产量变化趋势预测（低情景）

图 3-14 中国常规气 2018—2050 年产量变化趋势预测（中情景）

图 3-15 中国常规气 2018—2050 年产量变化趋势预测（高情景）

综合上述三类方法分析结果，生命旋回法预测比较宏观，产量预测是基于历史数据，特别是近 10 年产量年均增长明显比 2000 年加快，年增长率高达 13% 以上，因此预测结果值偏高；储采比预测利用储量数据和不同时期储采比的范围控制，结合了剩余可采储量和年产量，体现了储量和产量的双向平衡，但每年增长率都一样；产量构成法预测更进一步考虑了重点领域、重点气田的勘探开发潜力及建产节奏，预测结果更微观，指导性更强。总体认为三种方法互为补充，推荐采用产量构成法预测结果值。

结合产量构成法三种情景方案产量趋势分析结果，从资源、技术与政策发展来看，中情景相对可靠，预测常规天然气产量2020年达到$1650\times10^8m^3$，2035年达到$1900\times10^8m^3$。

二、页岩气

根据全国目前页岩气生产动态、资源动用难度，2035年前主要以动用川渝海相页岩气资源为主，结合页岩气示范区单井生产动态特征、技术水平和气价，根据四川盆地川渝地区页岩气井产量剖面，借鉴EIA预测美国页岩气产量的常用方法——钻井分析法，设置三种情景方案预测未来页岩气产量变化趋势（表3-9）。

表3-9 2018—2050年页岩气不同情景下预计年均钻开发井

年均钻开发井（口）	2018—2020年	2021—2030年	2031—2040年	2041—2050年
低情景	218	313	489	668
中情景	246	434	665	836
高情景	268	541	818	929

单井指标：井初期日产量$11\times10^4m^3$，单井最终EUR为$1\times10^8m^3$，单井生产时间20年

低情景：2020年前动用四川盆地3500m以浅富集区资源；2020年后突破3500m以深资源开发技术，2021—2035年规模动用3500～4000m以浅资源，2035年产量达到$400\times10^8m^3$。

中情景：2020年后动用3500m以深资源，2025年产量达到$350\times10^8m^3$；2030年逐渐动用4000m以深资源，2035年达到$600\times10^8m^3$。

高情景：2020年后动用3500m以深资源，2025年产量达到$400\times10^8m^3$；2025年逐渐动用4000m以深资源，2035年再增加$150\times10^8m^3$，达到$750\times10^8m^3$（图3-16）。

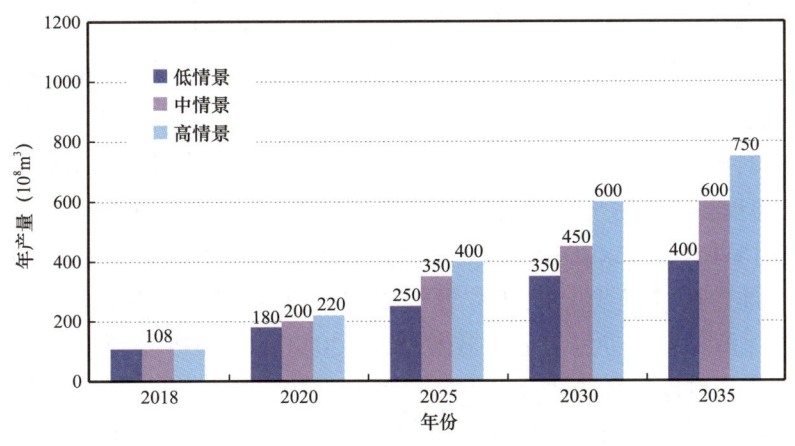

图3-16 中国页岩气2020—2035年产量趋势分析图

三、煤层气

根据目前页岩气生产动态、资源动用难度,结合煤层气已开发区块生产动态特征、技术发展和气价,利用煤层气单井产量剖面和钻井分析法,按成熟区、800m 以浅和 1200m 以浅储量动用顺序,设置三种情景方案预测未来煤层气产量变化趋势(图 3-17)。

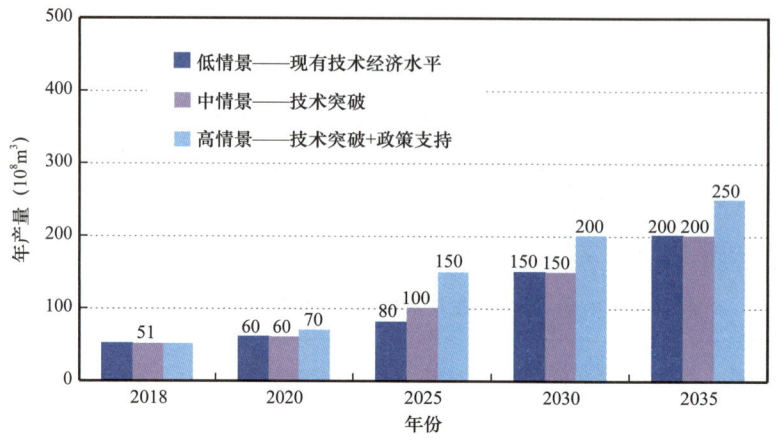

图 3-17 中国煤层气 2020—2035 年产量趋势分析图

低情景:2020 年前,以开发动用已探明储量区及蜀南地区;2020 年后,开发沁水盆地 + 鄂尔多斯盆地 1200m 以浅资源;2025 年之后,动用沁水盆地 + 鄂尔多斯盆地之外其他地区 800m 以浅煤层气资源。预计 2020 年煤层气产量达到 $60×10^8m^3$、2025 年达到 $80×10^8m^3$、2035 年达到 $200×10^8m^3$ 后保持稳产。

中情景:2025 年后,加快开发动用鄂尔多斯盆地之外其他地区 800m 以浅资源,2025 年达到 $100×10^8m^3$,2035 年达到 $200×10^8m^3$。

高情景:在中情景基础上,2020—2030 年除新动用其他地区 800m 以浅资源外,还动用其他地区 1200m 以浅资源。预测 2035 年产量可提高到 $250×10^8m^3$。

四、全国天然气产量发展前景

随着全国天然气储量的快速增长,天然气需求量的不断增加,开发技术的不断进步,非常规天然气将陆续投入开发,我国天然气产量将不断增长,未来 20 年我国天然气产量将处于快速增长期。综合上述三种资源产量趋势分析结果,预计 2030 年全国天然气产量为 $(2200～2800)×10^8m^3$、2035 年为 $(2300～3000)×10^8m^3$(图 3-18)。

低方案:在现有技术水平,提高常规气老气田采收率,动用探明未开发经济储量,新区新增储量动用率取 65%,2030 年、2035 年分别达到 $2200×10^8m^3$、$2300×10^8m^3$,相对保守。

中方案:通过技术进步,提高常规气未来新区致密气和深层储量动用率,达到 70%;四川周边海相筇竹寺组页岩气效益开发;2030 年、2035 年分别达到 $2500×10^8m^3$、$2700×10^8m^3$,实现目标的可能性大。

高方案:在四川周边非海相页岩效益开发后,2030 年、2035 年分别达到 $2800×10^8m^3$、$3000×10^8m^3$,相对乐观,通过积极努力有望实现。

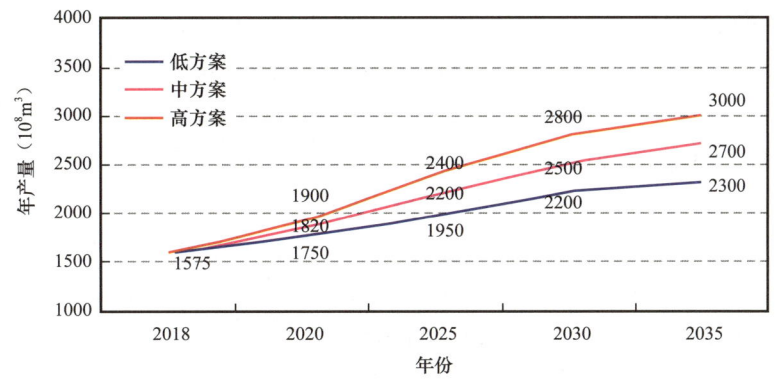

图 3-18　2020—2035 年国内天然气产量趋势预测

五、重点盆地天然气发展趋势

从各盆地未来产量构成看，2030 年前四川盆地、鄂尔多斯盆地、塔里木盆地和海域持续上产，柴达木盆地以稳产为主（图 3-19）。

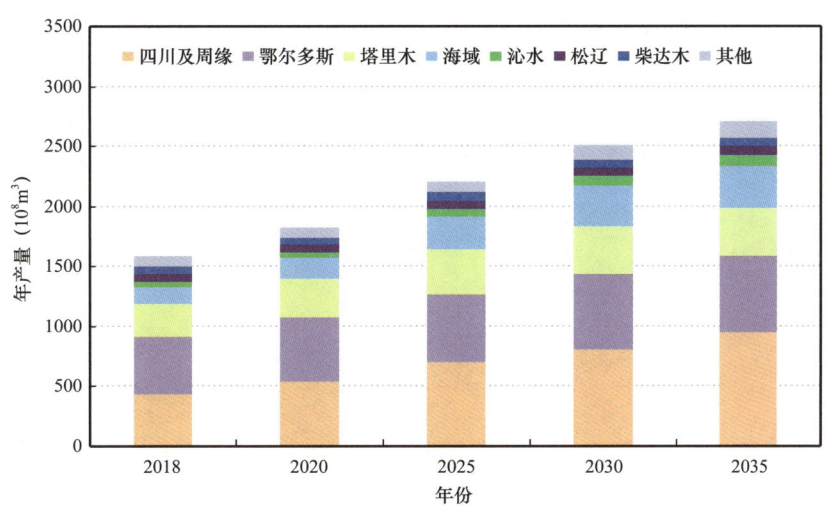

图 3-19　全国各盆地天然气产量趋势

四川盆地常规天然气产量到 2035 年有望提升至 $500\times10^8m^3$，考虑页岩气 2035 年则可提升至 $950\times10^8m^3$。盆地目前投入开发气藏主要有碳酸盐岩气藏、深层高压气藏、低渗透—致密气藏和高含硫气藏。截至 2018 年底，常规气层气累计探明地质储量 $3.80\times10^{12}m^3$，已开发地质储量 $2.09\times10^{12}m^3$；年产气层气 $321\times10^8m^3$，累计产量 $5582\times10^8m^3$，剩余可采储量 $1.71\times10^{12}m^3$，储采比 53。预计 2020 年产量 $360\times10^8m^3$，2035 年达到 $450\times10^8m^3$ 并稳产到 2040 年。我国页岩气开发主要位于四川盆地及周缘，2035 年页岩气产量达到 $500\times10^8m^3$，届时四川盆地天然气总产量可达到 $900\times10^{12}m^3$ 以上。

鄂尔多斯盆地未来产量保持稳中有升，2035 年产量达到 $550\times10^8m^3$ 以上，考虑煤层气 2035 年则可提升至 $600\times10^8m^3$ 以上。鄂尔多斯盆地气田以碳酸盐岩和低渗透—

致密气为主。截至2018年底，气层气累计探明地质储量$4.6×10^{12}m^3$，已开发地质储量$3.12×10^{12}m^3$；年产气层气$465×10^8m^3$，累计产量为$4226×10^8m^3$，剩余可采储量$2.01×10^{12}m^3$，储采比43，具有上产潜力。预计2020年天然气产量$520×10^8m^3$，2035年$560×10^8m^3$，考虑2035年煤层气和页岩气产量，届时天然气总产量可达到$640×10^8m^3$。

塔里木盆地2030年有望建成年产$400×10^8m^3$大气区并保持稳产。塔里木盆地目前投入开发气藏主要有碳酸盐岩气藏、深层高压气藏和低渗透—致密气藏。截至2018年底，气层气累计探明地质储量$1.97×10^{12}m^3$，已开发地质储量$1.04×10^{12}m^3$；年产气层气$271×10^8m^3$，累计产量为$2767×10^8m^3$，剩余可采储量$9315×10^8m^3$，储采比35，具有上产潜力。预计2020年产量$320×10^8m^3$，2035年产量$400×10^8m^3$并稳产到2045年。

海域未来产量保持增长，2025年产量实现翻番，2035年达到$350×10^8m^3$以上。海域以中高渗透气藏为主。截至2018年底，气层气累计探明地质储量$1.09×10^{12}m^3$，已开发地质储量$4985×10^8m^3$；年产气层气$131×10^8m^3$，累计产量为$1748×10^8m^3$，剩余可采储量$4766×10^8m^3$，储采比36，具有上产潜力。预计2020年天然气产量为$180×10^8m^3$，2035年为$350×10^8m^3$。

柴达木盆地未来产量稳中有升，增长幅度较小。截至2018年底，探明地质储量$3694×10^8m^3$，已开发储量$3195×10^8m^3$。2018年产气$62×10^8m^3$，累计产气$776×10^8m^3$，剩余可采储量$1233×10^8m^3$，储采比21。"十三五"期间递减率可控制在8%左右，预计2020年产量$65×10^8m^3$，2025年达到$70×10^8m^3$，之后保持稳产到2035年。

第四章 油气开发主体技术及发展趋势

第一节 陆上油气开发主体技术及发展趋势

一、油气开发主体技术及与国外对比

1. 中高渗透油田

1）储层精细表征理论及技术

将地震技术由油田勘探、评价和早期开发阶段应用，拓展到油田开发后期规模化应用，面临着研究对象尺度更小、识别精度更高的技术瓶颈。针对这一问题，开展了井震结合油藏精细表征技术攻关，大幅度提升了小断层、微构造、薄储层等控制剩余油分布的小尺度地质要素的表征精度，形成的主要技术包括小尺度地质体表征、低级序断层解释、剩余油精细定量表征、沉积储层综合预测及地震约束分层插值构造解释技术。

利用多种技术手段建立地质知识库，储层识别表征精度实现由微相（5级）到构型（3级）的跨越发展，表征精度提高到2~3m，工业化应用覆盖地质储量16.7×10^8t。发展了井控地震断层解释技术，解决了低级序断层（3m）解释的难题。精细构造解释技术在大庆长垣油田65个区块进行了推广应用，覆盖面积达100%。地震沉积学储层精细描述技术应用在34个区块，其中，大庆251#断层附近挖潜年均增油40×10^4t左右。建立了地震沉积学储层横向边界刻画技术，推动了储层研究从以井为主的沉积模式预测向井震结合趋势引导转变，井间预测精度提高10个百分点以上，在王徐庄油田根据新的储层构造和剩余油认识，开展沙二段层系综合调整效果显著，单井初期日产9.1t，累产2057t。

储层精细表征理论及技术与国外技术对比表明：国外总体技术水平领先国内，油藏储层动态建模、智能化、可视化技术与国外公司（Schlumberger、BP）存在一定差距。具体技术参数对比见表4-1。

表4-1 储层精细表征理论及技术参数对标

技术指标	国内	国外
小尺度地质体表征（m）	表征精度提高到2~3	2~3
断层解释（m）	0.5	0.5
沉积储层综合预测	小断层、微构造、薄储层	未见报道
储层识别表征精度	微相（5级）到构型（3级）	
产能预测精度（%）	75	>75
储层钻遇率（%）	90	>90

2）水驱精细分层注采技术

精细分层注水技术是水驱油田最基础和应用最广泛的主体技术，通过细分注水级数和提高分注率，提高水驱波及系数、有效控制自然递减率。通过精细分层注水和精细分层采油，加强对单砂体注采系统和多向连通率的控制，通过调驱等措施调整注采剖面和平面矛盾，从工艺上细分注水级数和提高分注率，总体上实现油藏的立体优化，提高水驱波及系数。

精细注水技术的核心是将精细这一开发理念贯穿于油田开发的各环节，将地质油藏、钻井工程和采油工艺紧密结合，通过精细油藏描述将储层研究单元由油层组、小层发展细分到单砂体、储集层内部构型，做到量化分层注采、量化分层动用、量化单层剩余油、量化微相剩余油。形成的主要技术包括特高含水期水驱规律研究、特高含水期层系井网调整、个性化井网设计软件、优势渗流通道定量表征、自动测调精细分层注水及深部液流转向技术。

建立了优势渗流通道定量表征技术，定量刻画了大庆、大港多个试验区优势通道的分布形态和水驱前后孔喉参数，2018年在大港官979-938断块应用与生产动态符合率达89.6%；建立不同类型高含水油藏层系井网调整模式，引领高含水老油田开发调整，大庆南五区东试验区开发效果得到明显改善，2018年，平均单井日产油增加0.5t，含水下降3.3个百分点，低效井比例降低3.6个百分点，地层压力增加1.5MPa，采油速度明显提高，采收率提高2.5个百分点以上。

创新研制了小卡距、小隔层细分注水工艺和逐级解封封隔器，完成自动测调精细分层注水技术换代。实现了由3~5段分注提高到7段以上精细分层注水，测试时间由5天缩小到1~2天，两级配水器最小间距缩短到2m，局部可达0.7m。同井注采工艺在大庆、吉林、冀东现场应用19口井，产油量基本不变，地面产水平均降低74.6%，水油比降低75.7%，单井平均每年节省耗电24万元。

水驱精细分层注采技术与国外公司技术对比表明：国内中高渗透油田根据油藏特点不同，形成了具有适合各自油藏特点的特色技术，一些单项技术也处于国际先进水平，但在分层开采的智能化程度方面与国外相比还具有一定差距，详细的技术参数对比见表4-2。

表4-2 水驱精细分层注采技术参数对标

技术指标	国内	国外
井网调整形式	立体调整	未见报道
优势通道预测符合率（%）	89	未见报道
测调器分层段数（段）	7	贝克休斯12段
夹层厚度（m）	0.2	未见报道
封隔器最小卡距（m）	间距缩短到2	与国外相当

3）三次采油技术

三次采油技术实现了由聚合物驱向复合驱的升级换代，气驱建成了百万吨级生产规模，微生物驱矿场试验取得突破，研制出聚合物、表活剂、泡沫剂三类工业化产品聚合物驱技术。通过"十三五"技术攻关，形成的主体技术包括三元复合驱、表面活性剂—聚合物二元复合驱、功能型聚合物驱油、甜菜碱表面活性剂驱油、低成本泡沫驱油体系及聚驱后提高采收率技术。

聚合物驱方面，研发成功适合大庆三类油层、大港高温高盐油藏的功能型聚合物体系 GLP-50 及 DG80，在葡北葡Ⅰ组试验区（有效渗透率 105mD，18 注 36 采，井距 150m 的井网）应用，开发指标达到方案预期，阶段增油 1300t，预计提高采收率 8%，该驱油体系既具有较高的黏度，又能与原油形成超低界面张力，在扩大波及范围、提高驱替效率的同时，也提高洗油效率，能改善水驱的指进和突进，从而提高原油采收率。该体系由于多种化学剂具有各自的作用与优势，且相互之间能发挥协同效应，因此其驱油效果显著优于单一化学剂驱油。

三元复合驱方面，我国是世界上唯一实现工业化应用的国家。通过多年的技术攻关和矿场试验，大庆油田 2018 年产油量达 $419×10^4$t，占化学驱总产量的 34%，矿场试验提高采收率 20 个百分点以上，是聚合物驱的近 2 倍，年化高峰期采油速度 10% 左右。弱碱（Na_2CO_3 等）复合驱相对强碱（$NaOH$）复合驱，结垢和腐蚀引起的生产维护问题、采出液乳化引起的处理问题等大幅减少，是目前和今后一段时期内更适宜大规模推广的主体技术。

二元复合驱方面，无碱条件下仍能使油水界面张力达到超低并使油水体系产生适度乳化，发挥了聚驱优势，同时减少由于碱存在造成的油管及地面管线结垢引起的频繁作业，克服了三元复合驱环保方面的危害，具有较大的应用前景，是高含水老油田提高采收率的主要攻关方向之一。目前在胜利、辽河、新疆、大港、大庆、长庆等油田均开展了矿场试验，效果显著，其中辽河油田、新疆油田二元复合驱试验预计提高采收率 18% 左右。胜利油田采用非均相化学驱技术（在聚—表剂均相体系中引入可变形软固体黏弹性颗粒），聚驱后可提高采收率 7 个百分点以上。

创新发展了表面活性剂驱油理论，自主设计建成国内唯一的万吨级表活剂中试装置，实现甜菜碱表活剂中试放大生产。大庆北二东西块和北东块聚驱后小井距高浓度聚合物现场试验，聚驱后阶段提高采收率 5.3%～5.6%，预测提高采收率 6.77%～8.72%，南三东聚驱后井网加密三元复合驱试验阶段采出程度 2.78%，预测提高采收率 10.06%。

研发了超高分多元共聚物驱油技术，该项技术通过增加聚合物分子量、引入耐温抗盐单体，研发嵌段超高分多元共聚物，适应高温高盐油藏特征。胜利油田在东辛营 8 先导试验区应用该项技术预计可提高采收率 6.8 个百分点，预测可覆盖储量 $10.8×10^8$t。

三次采油技术与国外公司技术对比表明，不论从三次采油技术体系配方、注采工艺及装备等方面，还是从应用规模与效果等方面，我国三次采油配套技术水平均处于领先水平。但国外在一些性能指标方面略高于我国。三次采油的技术参数对比见表 4-3。

表 4-3　三次采油技术参数对标

技术指标	国内	国外
聚合物耐温性（℃）	95	120
聚合物抗盐性（mg/L）	100000	100000
体系的界面张力（mN/m）	10^{-3}	10^{-3}
产品弹性模量（MPa）	17.91	7.8
处理储层渗透率下限（mD）	30	10

4）"二三结合"开发技术

"二三结合"开发技术是将水驱与三次采油的层系井网整体优化部署，在精细注水阶段，即应用后期三次采油的密井网充分挖潜水驱潜力，特别是薄差层潜力，适时转入三次采油提高采收率，追求水驱与三次采油衔接的最优化，总体经济效益最大化。在目前技术条件下，"二三结合"精细水驱阶段预测可提高采收率3%～5%，化学驱阶段可提高采收率15%～20%，总体提高采收率18%～25%。"十三五"以来，主要形成的技术包括层系井网重组立体优化技术、"二三结合"转换时机确定、剩余可采储量丰度评价技术、井网部署优化技术与软件等。

"二三结合"技术已在新疆、大港、辽河等油田进行技术攻关与试验（表4-4），新疆、辽河二元驱矿场试验采收率提高18%以上，适应渗透率下限降至30mD，配套技术基本形成，新疆八区530J1b油藏研究表明，水驱+高部位注气+平面二元驱提高采收率30%以上。下步需深入研究"二三结合"的转换时机、层系调整、布井方式等关键技术，优化实施方案，不断提高"二三结合"的整体效果和效益。

表 4-4　新疆油田、大港油田"二三结合"项目主要指标预测结果表

油田	实施区块	储量（10^4t）	提高采收率（%）			内部收益率（%）
			精细水驱	三采	二三结合	
新疆	七中区克拉玛依组	500.5	6.70	15.6	22.3	12.1
	530八道湾组	1105.4	6.36	13.1	19.4	20.2
	七东1区克下组	773.2	—	15.6	15.6	14.7
	百21井区百口泉组	295.0	2.6	15.0	17.6	14.2
大港	港西二、三、四和六区	2017.0	5.01	11.6	16.6	14.5
合计	—	4691.1	4.53	13.2	17.8	18.0

"二三结合"开发技术是近年来我国提出细分层系、平面重组、立体优化、深部调驱、二次采油与三采采油结合的油田系统开发理念，也形成了一系列的特色提高采收率新方法和新技术。国外尚未报道这种系统的开发技术（表4-5）。

表 4-5 "二三结合"开发技术对标

技术指标	国内	国外
层系井网重组	老井+新井重构开发井网	未见报道
注采方式	组合水驱及水驱+三采开发方式	
二三结合时机含水（%）	60	
提高采收率（%）	>10	
适应油藏类型	各类油藏	

2. 低渗透油田

针对低渗透油藏丰度低、渗透率低、产量低、采收率低等特点，水驱开发效果差，难以建立有效压力驱替系统和有效进行生产调控等难题，"十三五"期间，经过技术攻关与油田开发试验，形成缝网匹配的精细水驱、聚合物微球调驱，低渗油藏气驱提高采收率等主体技术，全面支撑了我国低渗透油田产量增长，现场应用展现出良好的推广应用前景。

1）缝网匹配的精细水驱技术

缝网匹配优化和立体加密调整技术是在正确认识裂缝的基础上，通过富集区带优选、裂缝系统识别和预测、井网井距优化、多方式压裂、深穿透射孔、注入水精细过滤等配套技术，实现有效扩大波及体积、改善低渗透油藏开发效果、进一步提高常规水驱采收率的一项开发调整技术。形成的主要关键技术包括精细油藏描述、水驱扩大波及体积、深部调驱、智能分注及功能性水驱等技术。

长庆油田缝网匹配加密调整技术已实施加密调整井2424口，建产能127×10^4t，提高采收率5~7个百分点，分层注水由层间向层内、由两段向多段分注转变，分注间距由2m缩小至0.5m，形成了数字式井下智能分注技术；大庆朝阳沟、吉林新民等油田立体井网加密，预测加密区采收率提高6.1个百分点。

缝网匹配的精细水驱技术与国外公司技术对比表明：低渗透油藏缝网匹配水驱技术是长庆油田根据长庆低渗透油藏特点而发展起来的一项特色技术，所形成的菱形反九点和正方形反九点井网开发模式，开发效果都优于国内外通常适应的普通井网，此项技术性能指标都优于国外。技术参数对比见表4-6。

2）聚合物纳米微球调驱技术

在低渗透油藏开发中，出现的关键矛盾和问题主要是水窜、平面受效不均、水注不进等难题，通过针对性地开展工艺技术攻关，形成了聚合物微球改善水驱技术，使调驱剂达到了纳微米级尺寸，解决了低渗透油藏改善水驱注得进的问题，实践中取得了明显的稳油降水效果。

聚合物纳米微球调驱技术是在交联聚合物溶液基础上发展起来的一项新型油藏深部调驱堵水技术，克服了由于常规堵水调剖剂存在变形能力较差、易堵塞地层、耐温耐盐和稳定性差，只能实现近井地带调驱，无法到达地层深部有效动用剩余油及封堵窜流通道等问题。该技术实现了从产品研发、合成生产、装备配套、优化设计、现场施工、质量控制全过程自主配套，形成了"小粒径、低浓度、长周期"施工工艺，相继研发出直径为50nm、100nm、300nm等不同规格的6种粒径聚合物微球，编制聚合物微球深部调驱工艺参数图版，奠定了该项工艺技术在我国油田工业化规模应用的基础。

表 4–6 低渗透油藏精细注采调控技术参数对标

技术指标	国内	国外
有效驱替技术	基于油藏缝网匹配的井距、排距优化及超前注水	基于注水效率优化
精细分层注水	智能分层注水	常规分层注水
体积压裂水平井立体井网部署	平面为主 水平井长度：2000～3000m 井距：150～260m 缝间距：10～15m	立体式 水平井长度：3000～4800m 井距：100～200m 缝间距：5～15m
加密调整	缝网匹配井网调整	缩小井距

我国在塔里木东河塘、华北雁翎潜山、新疆八区下乌尔禾等油田开展了试验，应用实例表明提高采收率12%～22%。尤其是在长庆安塞、靖安等主力油藏初步规模应用，2018年实施3572井次，累计增油57.8×10^4t，提高采收率5个百分点以上，显著降低了自然递减率。

聚合物纳米微球调驱技术与国外公司技术对比表明：近几年，聚合物纳米微球调驱技术国内外都有实验室研究和油田先导试验，但从技术参数对标看（表4–7），大部分技术指标我国领先于国外，在规模应用方面也已走在国外的前面。

表 4–7 聚合物纳米微球技术参数对标

技术指标	国内	美国肯优公司同类技术
产品粒径合成范围（μm）	0.050～300	0.300～2.0
产品抗盐性（mg/L）	100000	100000
产品弹性模量（MPa）	17.91	7.8
单方注入液成本（元/m³）	30	150
施工能力（井组/年）	>5000	>5000
注水井处理半径（m）	>100	>100
处理储层渗透率下限（mD）	0.5	10

3）低渗透油藏气驱技术

低渗透油藏地下能量不足，采收率低，注水提高采收率幅度较小。注气不但可补充地层能量，而且可较大幅度地提高原油采收率。目前采用的注气介质主要是 CO_2、N_2、CH_4、烟道气和混合气等气体，但各种气体针对不同的油藏类型有不同的适应性。注入 CO_2 气是主要利用 CO_2 溶于原油后，使原油体积膨胀，蒸发原油中的中间烃类组分，降低原油的黏度，溶解气驱和降低界面张力；注 N_2 驱主要利用多次接触非混相驱或近混相驱作用，循环注气保持地层压力，靠重力分异作用排替出储层中的残余油；注 CH_4 驱主要利用注干气或湿气，其混相压力较高，非混相驱通过有限量的蒸发和抽提降低原油黏度、原油膨胀、压力下降造成溶解气驱、降低界面张力等原理达到提高采收率的目的；注空气提高采收率是利用高温氧化反应（HTO），实现烟道气驱和发挥热能与蒸汽降黏作用，轻质油藏由于油在低温下便可自燃，近年利用低温氧化反应（LTO）就可以充分利用氧气维持烟道气驱或氮气驱，空气作注入剂，在油藏条件下原油与空气发生质量交换，原油中的轻烃组分被提取出来，以天然液体存在于产出的气流中，由于在地层内发生自燃，部分残余油被活化移向生产井，提高了采收率。在注气提高采收率方面，目前国内外主要以 CO_2 驱为主，烃类气体充足的情况下，可以考虑注烃类气驱，使油气达到混相，提高采收率。

"十三五"以来，国内针对不同类型的油藏特点，气驱开发领域形成的特色气驱技术有：CO_2 混相驱油主体技术及配套工艺、厚层块状油藏水驱+注 N_2 稳定重力驱/层状油藏水驱+注气面积驱、减氧空气泡沫驱、烃气混相平面驱+重力驱等技术。

CO_2 混相驱油关键技术及配套工艺已经形成，建立了完备的基础研究平台和实验技术，系统揭示了混相驱提高采收率机理，突破油藏工程设计及调控、防腐、循环注气等关键技术，在我国吉林、长庆、大庆、吐哈、冀东、中原、江苏、塔西南等油田已开展了注 CO_2 驱和 CO_2 吞吐提高采收率现场试验。中国石油 CO_2 驱技术在吉林油田获得成功应用，正在向长庆、新疆等油田推广，中国石化在中原、胜利油田的华东局和东北局不同类型油藏进行了 CO_2 驱现场试验，这些试验表明，可提高采收率 6～17 个百分点（表 4-8）。其中，吉林油田黑 79 北试验区连续 5 年产量较水驱提高 5 倍以上，含水下降 12%，阶段提高采出程度 15.6%，预测提高采收率 25%，具备了工业化推广条件。

表 4-8 中国石油、中国石化 9 个 CO_2 驱试验区

试验区	黑 59 先导试验	黑 79 南扩大试验	黑 79 北小井距试验	黑 46 规模化应用试验	伊 59 CO_2 驱试验	濮城沙一	草舍油田	胜利高 89	腰英台
试验类型	原始油藏 CO_2 驱	高含水转 CO_2 驱	特高含水转 CO_2 驱	规模化应用试验	强水敏储层 CO_2 驱	中高渗水驱转 CO_2 驱	低渗透水驱转 CO_2 驱	特低渗水驱转 CO_2 驱	低渗透裂缝水驱转 CO_2 驱
渗透率（mD）	3.5	19.8	4.5	4.8	2.3	690	46	4.7	5.4
注入井组	6	18	10	26	4	10	15	10	14
预计提高采收率（%）	10.4	14.5	>15	11.5	10	6	17.2	15	6.7

空气泡沫驱进行了成功试验，五里湾一区试验从单井试注、先导试验到扩大试验，形成了15注63采，累计注入地下体积0.15PV（48.9%），递减由23.15%下降到0.87%，阶段累计增油$6.7×10^4$t，预测采收率提高10.2个百分点，内部收益率18.8%。

顶部注气稳定重力驱是指对倾斜、垂向渗透率较高的地层，在含油气构造顶部注气，利用重力分异作用保持压力或部分保持压力开采原油的开发方式。该项技术在塔里木、冀东中高渗透油藏见到了好的应用效果。塔里木东河塘、华北雁翎潜山、新疆八区下乌尔禾等油田开展了注气重力稳定驱技术试验并取得了较好的效果，应用实例表明提高采收率12%～22%。

低渗透油藏气驱技术与国外公司技术对比表明：美国有很多大油公司采用注气（注CO_2驱油）提高采收率，从气驱技术的气源、运输和注采工艺的整体性看，国外的技术相对成熟，应用规模也相对较大。近几年，虽然我国CO_2驱油技术取得了一些成效，但与国外比较也具有一定差距，注气技术国内外差异性比较见表4-9。

表4-9 低渗透油藏气驱技术对标

对比目标	国外	国内
气源保障	商业化运营管道6000km以上，气源稳定、价格低廉，到井口250元/t	吉林油田建成110km管道，尚无大规模管道建设规划，气源运输和购买成本高
油藏对象	海相沉积油藏为主，混相压力低，90%项目能实现混相驱，物性相对均质	陆相沉积油藏为主，混相压力高、裂缝发育、非均质性强、储层薄、液量低
开发技术	平面驱多，部分垂向驱；水气交替为主，方法成熟；水平井立体注气开发试验应用多年；化学辅助扩大波及体积技术在持续攻关改进	平面驱与垂向驱均开展了试验，水气交替驱调控方法还有待改进完善，正在攻关试验水平井立体化学辅助扩大波及体积技术
政策法规	部分国家征收碳税，美国"45Q"法令：CO2-EOR补贴35美元/t	碳税及致密油开发补贴等激励政策尚未实施

3. 稠油油田

国内稠油开发面临中后期产量递减快、采收率低和经济效益差等难题，发展了多元热流体复合蒸汽吞吐、蒸汽驱、SAGD、火驱等关键技术，创新形成了双水平井SAGD、火驱等多项配套工艺技术，显著提升了稠油和超稠油开发的技术水平和能力，有力支持了辽河、新疆、胜利等稠油油田的产量，为国内陆上稠油年产量持续稳定在$1300×10^4$t以上提供了强有力的技术支持。

1）多介质蒸汽吞吐及蒸汽驱技术

蒸汽吞吐和蒸汽驱都是向油井注入蒸汽而使稠油黏度降低，从而使稠油能顺利开采到地面的方法。

蒸汽吞吐的机理是向油井注入一定量的蒸汽，然后关井一段时间，待蒸汽的热能向油层扩散后，再开井生产的一种开采重油的增产方法，作业过程可分为三个阶段，即注汽、焖井及回采。蒸汽吞吐工艺施工简单、收效快，不需要进行特别的试验研究，可以直接在生产井实施，边生产边试验，尤其在某些油藏条件下，例如油层厚、油层埋藏浅、井距小，特别是重力排油能力达到经济产量时，蒸汽吞吐可以获得较高的采收率，一般采收率可以达到25%~35%，在稠油开发中将继续占有重要的地位。为了进一步提高蒸汽吞吐效果，"十三五"以来，改进蒸汽吞吐技术形成的主要技术是多井整体蒸汽吞吐和蒸汽+助剂吞吐，能够使蒸汽吞吐油井运用程度提高，吞吐开采周期延长，吞吐采收率提高，周期产油量及油汽比增加。

蒸汽驱采油是经过蒸汽吞吐采油之后，为进一步提高采收率而采取的一项热采方法，由于蒸汽吞吐采油只能采出各个油井附近油层中的原油，在油井之间还留有大量的死油区。蒸汽驱采油与注水采油相似，在对应的注采井网前提下，从注入井连续不断地往油层中注入高干度的蒸汽，蒸汽不断地加热油层，从而大大降低了地层原油黏度，注入的蒸汽在地层中加热原油，将原油驱替到生产井周围并开采到地面上来。"十三五"以来，针对单一气驱热效率低、效果变差的问题，为达到调整驱替方向，扩大波及体积，纵向上多介质可以填充主力层段的上部超覆部位，从而起到提高井组油汽比的效果，在常规蒸汽驱的基础上，形成了多介质辅助蒸汽驱开发技术，采收率可以达到60%~70%。

辽河油田齐40块，油藏埋深625~1050m，属于中深层稠油油藏蒸汽驱区块，50℃脱气原油黏度为2639mPa·s，为中厚层状普通稠油油藏。探明含油面积7.9km^2，探明石油地质储量3774×10^{4}t。1987年投产，至2001年12月底，该块共有油井598口，平均单井吞吐9个周期，蒸汽吞吐采出程度达到31.6%，2007年开始转入规模化蒸汽驱开发，至2019年，试验区合计转驱149个井组，累计产油量1024×10^{4}t，阶段采出程度27.5%，设计最终采收率60.1%。

新疆风城浅层稠油油藏埋深120~140m，50℃脱气原油黏度为2000~10000mPa·s。投入开发层段6个，蒸汽驱井组625个，生产井1886口，观察井30口，1998年规模化转驱前采用蒸汽吞吐开发，采出程度为22%~23%。截至2019年底，砂岩普通稠油/特稠油蒸汽驱采出程度在30%以上，砂砾岩普通稠油/特稠油蒸汽驱采出程度在15%左右，汽驱年产量55×10^{4}t。

辽河锦45采用多介质辅助蒸汽驱，和蒸汽驱相比，能够较好地改善平面上和纵向上波及状况，抑制了蒸汽的窜流和蒸汽超覆现象，大幅度提高了采收率。2013年初转注多介质热流体驱以来，转注前蒸汽驱采出程度46.8%，多介质热流体驱阶段采出程度10.9%，油汽比提高40%，最终采收率57.7%。

多介质吞吐与汽驱技术与国外公司技术对比表明：国外稠油井通常比我国浅，技术难度相对降低，国内多介质吞吐与蒸汽驱技术国内的技术指标高于国外（美国、加拿大和委内瑞拉），从蒸汽驱的整体技术水平而言，美国在加州的稠油开发热效率高、商品率高，采用热点联供，热能及返出液处理技术等都具有先进的地方。技术与国外技术的部分参数比较见表4-10。

表 4-10 多介质蒸汽吞吐及气驱技术参数对标

技术指标	国内	国外公司同类技术
油藏深度（m）	100～1500	＜600
油藏黏度（mPa·s）	＜1000000	＜500000
注入介质	气体，化学剂，蒸汽	蒸汽
吞吐轮次（轮）	＞14	＜6
施工能力（井组/年）	10000	100
油藏层数（层）	1～5	1～2
处理储层渗透率下限（mD）	500	2000

2）多介质蒸汽辅助重力泄油（SAGD）技术

目前SAGD主要有两种布井方式：第一种是双水平井布井方式，在靠近油藏的底部钻一对上下平行的水平井，上部水平井注汽，下部水平井采油；第二种是直井与水平井组合方式，即在油藏底部钻一口水平井，在其上方钻一口或几口直井，直井注汽、水平井采油，双水平井布井方式蒸汽腔发育体积大，驱油效率高。SAGD开采机理是在注汽井中注入蒸汽，蒸汽向上超覆在地层中形成蒸汽腔，蒸汽腔向上及侧面扩展，与油层中的原油发生热交换，加热后的原油和蒸汽冷凝水靠重力作用泄到下面的水平生产井中产出。目前SAGD技术在国内外已经大规模应用开采超稠油油藏，SAGD技术一般采收率可以达到50%～60%，"十三五"期间，为进一步改善开发效果，在SAGD技术基础上，根据我国稠油油藏特点，主要形成的多介质SAGD关键技术有：非凝析气体辅助SAGD蒸汽腔扩展规律、氮气和烟道气等辅助SAGD/SAGP开发技术、直井辅助SAGD开发技术、高温电潜泵等高温大排量举升系统。

辽河油田杜84区块：曙一区杜84块于2005年开展SAGD先导试验，采用直井—水平井组合的SAGD，2007年开始工业化实施。2019年12月，馆陶组SAGD先导试验区采出程度53.9%，采油速度4.9%；兴Ⅵ组SAGD先导试验区采出程度70.4%，采油速度3.5%。相比于蒸汽吞吐，馆陶组与兴Ⅵ组先导试验区采出程度分别提高38.6%和30.0%，平均提高34.9%，预计两试验区最终采收率达到65%～70%。

新疆油田风城油田：原油黏度大于$100×10^4$mPa·s，2008年和2009年分别实施了重32、重37 SAGD先导试验区，2012年建成重32、重1、重18 SAGD开发区及重18薄层SAGD试验区，2013年扩大重1、重18 SAGD开发区，建成重45高黏超稠油SAGD试验区。截至2018年12月，平均采出程度21.1%，其中重32采出程度为26.71%，重37采出程度为15.49%，总体取得了较好效果。

多介质辅助SAGD技术自2011年以来在稠油油藏开发中广泛使用。辽河油田实施8个井组以上，有效提高了SAGD过程的操作效率，油汽比从0.23提高到0.39，单井组产量维持在百吨左右，新疆油田实施了30个井组以上，油汽比由0.20提高到0.25。

多介质 SAGD 技术与国外公司技术对比表明：国内中深层稠油直井与水平井组合的 SAGD 技术与加拿大一些采用 SAGD 开发稠油的公司相比，部分关键技术处于国际先进水平，但在系统优化设计与施工、热能管理及热采井参数的光纤监测等方面与国外还存在一定差距。此技术与国外技术部分参数比较见表 4-11。

表 4-11 多介质蒸汽辅助重力泄油（SAGD）技术参数对标

技术指标	国内	国外公司同类技术
应用深度（m）	100~800	<300
应用目标黏度（mPa·s）	$<200 \times 10^4$	$<100 \times 10^4$
注入介质	气体，化学剂，蒸汽	溶剂，气体，蒸汽
操作井型	直井水平井，双水平井	双水平井
油汽比（m^3/m^3）	0.2~0.4	0.2~0.6
水平井长度（m）	300~500	800~1000
处理储层渗透率下限（mD）	500	2000

3）火驱技术

火驱技术是通过注气井向地层连续注入空气并点燃油层，实现层内燃烧，从而将地层原油从注气井推向生产井。火驱技术伴随着复杂的传热、传质过程和物理化学变化，具有蒸汽驱、热水驱、烟道气驱等多种开采机理，是一种重要的稠油热采方法，驱替效率之高是所有提高采收率方法都无法与之相比的。当然，火驱要烧掉一部分原油，主要是原油中的焦碳和沥青等裂解残渣，为原油储量的 10%~15%。随着水平井技术的发展，火烧油层技术研究呈现出新的发展趋势，即应用水平井实行重力辅助火烧油层技术（COSH）。火烧驱油效率和最终采收率较高，大量的室内一维火驱实验表明，火驱驱油效率一般达到 80%~90%，三维火驱物理模拟实验得到的最终采收率在 70%~80% 之间，国外获得成功火驱项目采收率达到 60%~70%。

辽河油田杜 66 块：2005 年在杜 66 块上层系开展了火驱试验，2012 年转入规模实施，转火驱井组不断增加，2018 年，转火驱 141 个井组，杜 66 火驱原油日产达到 619 吨，单井产量较转驱之前增加两倍以上。

新疆油田红浅 1 井区火驱先导试验：红浅 1 井区于 1991 年正式投产，先后经历蒸汽吞吐和蒸汽驱开采，于 1999 年废弃，采出程度仅 28.9%。在废弃 10 年之后，2009 年开辟火驱先导试验区，于 12 月正式投产。先导试验区预计生产 10 年，采出程度 36.2%，最终采收率 65.1%。2018 年底，累计采油 $11.7 \times 10^4 t$，年产油 $2.0 \times 10^4 t$，火驱采出程度 27.5%，目前试验区采出程度 56.4%，取得较好试验效果。

新疆红浅注蒸汽后废弃油藏转火驱试验效果明显，证明火驱可作为注蒸汽后战略接替技术之一，适合储量 3 亿多吨。与国外典型项目相比，我国火驱项目实施油藏具有地质条件复杂、前期经过长期开发等特点，目前火驱先导试验区已经成功开发 10 年以上，在蒸汽驱后提高油藏采收率 36% 以上。

火驱技术与国外公司技术对比表明：国内火烧油层及垂向火烧技术从整体技术水平而言已经处于世界领先水平，整个产量规模也占到了世界火驱稠油产量的 1/3 以上，垂向火驱技术关键技术突破走在了国际前列，但在监测装备方面与国外相比还存在一定差距。此技术与国外技术部分参数比较见表 4-12。

表 4-12 火驱技术参数对标

技术指标	国内	国外公司同类技术
应用规模（10^4t/a）	40	10～40
应用目标黏度（mPa·s）	500～100000	300～1000
目标油藏深度（m）	200～800	100～600
操作井型	垂向火驱，面积火驱	面积火驱
空气油比（m^3/m^3）	1000～3000	2000～3000
稳定操作时间天（d）	>1000	600
处理储层渗透率下限（mD）	500	2000

4. 碳酸盐岩油田

我国塔里木盆地缝洞型碳酸盐岩油藏是一种特殊类型的油藏，其储层多由巨型、大型洞穴及大裂缝组成，溶洞体尺寸小的为数米、大的达数十米，多为"厅堂型"或"长廊型"溶洞，洞内被不同成因的固体充填，洞缝分布无序，开发难度极大。针对缝洞型油藏缝洞体形态不规则、规模大小差异悬殊、油水关系复杂的特点，"十三五"期间，通过探索、研究和实践，形成的碳酸盐岩油田开发主体技术有：缝洞体立体刻画技术及三维空间井网设计技术、体积开发储量动用技术、能量补充和剩余油的体积开发技术、体积酸压技术等，实现了对同一缝洞体或不同方位缝洞体全方位、全过程的体积动用和开发挖潜。截至 2018 年底，塔河碳酸盐岩油藏累计动用地质储量 9.1×10^8t，增加可采储量 1.4×10^8t，实现了此类油藏的持续上产和高效开发。

1）缝洞体立体刻画及三维空间井网设计技术

由于缝洞体埋藏较深，加之地震资料分辨率有限，给缝洞体的识别和预测带来了困难。近年来随着三维高分辨地震采集、深度偏移技术不断进步，对缝洞体的地震响应特征认识也更为清晰，依据高精度三维地震成像处理、正演模拟和对高产缝洞体地震反射特征的对比总结，认识到地震剖面的串珠状反射是溶洞最典型的特征。开发部署中优选具有串珠强反射、杂乱反射和强振幅变化率等特征的区域进行缝洞体识别和井位设计，集成创新了缝洞体多属性体融合技术（振幅、波阻抗、分频和不连续性等）、三维可视化技术和种子点追踪技术等，开展不同深度地震反射异常体几何形态、空间分布的立体刻画研究，实现了对地下不同形态缝洞体三维连通关系、缝洞配置关系的立体表征，并对缝洞体视体积进行计算，对缝洞的储量规模进行评估，使缝洞体的识别及预测从平面发展到三维，为利用多种开发井型（直井、大斜度井、水平井以及短半径侧钻井）和深穿透酸压、体积酸压、高压注水+酸化等工艺技术手段对井周围、井间缝洞体的体积开发和多次立体挖潜奠定了基础。

井网部署是有效注水的基础，井网的设计应适应储集体的发育和分布特征。岩溶缝洞型油藏储集体分布变化大，采用面积井网部署，会出现大量无产能井和低产能井，储量控制程度低。为解决这一问题，将井网设计从二维平面结构发展到三维空间结构，建立"三元控制"岩溶缝洞型油藏注采空间结构井网设计技术：（1）溶洞定油井，据溶洞储量大小次序部署采油井；（2）连通定水井，参照连通性评价结果，依据缝注洞采、低注高采、同层注采原则部署注水井；（3）储量定井数，考虑经济因素，根据单元储量规模确定注采井数。三维空间结构井网设计技术提高了水驱储量控制程度，在塔河油田实施后水驱储量控制程度提高了25%，采收率可达到32%。

2）体积开发储量动用技术

针对缝洞体分布复杂、规模不等、尺度差异大的特点，纵向上采用直井一次控制并动用不同深度的多套缝洞体，平面上采用直井+多次侧钻技术，对井周围缝洞整体控制、逐次动用，从而形成"平面一井多控，纵向一井多洞体"的体积开发布井方式，以实现对缝洞体的最大体积控制和高效动用开发。经过多年的开发实践，逐步形成了按洞体布井、逐"体"开发、滚动建产的产能建设模式，井位部署上按照"以好带差，好差兼顾"原则，以钻探规模缝洞体为目标，兼顾中、小缝洞体，针对不同规模、不同深度的缝洞体，实行整体控制，分批动用，按洞体开采。相对独立的中、小缝洞体，分两种情况进行部署动用：（1）优选大缝洞集群中心的大溶洞上部部署直井优先动用，后期利用短半径（距中心井水平位移<200m）定向侧钻方式，逐次动用大溶洞体内部的剩余油；（2）针对井周围相对独立的缝洞体（距中心井水平位移在200~800m之间），根据目标缝洞体的储量规模、井网控制程度，采取"先近后远、先大后小"的原则，对原井眼周围360°范围内不同深度/规模的缝洞体，采用套管开窗、裸眼短半径侧钻等方式，进行逐体动用和开发。利用定向侧钻技术不仅增加了钻遇缝洞体的几率，还提高了油井的建产率，为缝洞资源的体积开发提供了有效方法。针对走滑断裂带不同溶蚀变形段的缝洞发育特点，在挤压段主要考虑在破碎带内部部署水平井（或大斜度井），通过两翼多次侧钻动用不同深度的缝洞体；对于走滑断裂的平移段、拉分段则考虑在断裂带边部部署水平井斜穿断裂带，通过纵向不同深度多次侧钻，实现多个优势缝洞体的体积动用。

3）能量补充和阁楼剩余油开发技术

缝洞单元依靠天然能量实施体积开发。对于单一缝洞单元，如果主要依靠弹性能量进行衰竭开采，因弹性能量非常微弱，单井单洞的油井产量递减很快，递减率高达40%~50%，相应采收率很低，一般只有3%~5%；对于具有天然水驱能量的区块，开发指标虽有好转，采收率平均为12.4%。因此，必须尽最大可能进行注水，保持地层压力，进而提高采收率。

注水、注气体积开发技术。通过对注水开发机理的研究、井洞空间关系的再认识，向溶洞体内注入高密度的地层水进行注水吞吐，实施"注水—闷井—采油"为一个周期的注采循环，利用地层水注入溶洞后快速发生重力分异、水下沉抬升油水界面来实现体积开发，经过多次吞吐逐步提高溶洞体的原油采收率。

对塔河油田内500余个大、中、小型缝洞单元体开展储量规模、天然能量和连通性的分级分类评价，在此基础上实施单洞体单井注水吞吐来驱替原油。塔河油田通常实施注水吞吐，部分井吞吐轮次达到15个周期，累计注水$2.31×10^4$t，累计增油6375t，采收率提高14.2%。

对于多个溶洞体组成的大型集群，根据缝洞结构连通性及注采井之间的匹配关系，提出不同典型单元采用不同的注采关系、注水方式及注采参数优化方法，形成了"低注高采、缝注洞采"的注水关系配置与非对称不稳定注水开发技术，建立了缝洞型油藏"立体—差异化"注水补充能量的开发模式。目前已在642个单缝洞体、126个多缝洞单元体开展了注水体积开发，阶段采收率提高2.45%。

注水开发情况下，当油水界面抬升至油井底部进液口时，注入水水窜进入油井，含水急速上升，这时油井底部进液口上方的原油形成了该井在注水方式下无法采出的"阁楼油"。动用该类剩余油，采用把注水改成顶部注气，利用油气的重力分异作用，在洞体高部位形成油气界面，驱替"阁楼油"流入油井而被采出，进而提高采收率。首次在塔河油田少数具有孤立溶洞的油井中利用氮气与原油在油藏中可形成密度差异实施了体积开发，动用了这部分"阁楼油"，在试验取得成功后，应用到多井单元，形成了不同缝洞组合模式下的单洞体和多洞单元注氮气开发技术。这种将注水与注气相协同驱替缝洞体中原油的开发技术，实现了缝洞型油藏剩余油的体积开发，大幅提高了采收率。

2017年底，塔河油田主体区共实施注氮气井163口，覆盖储量$0.98×10^8$t，累计增油$93×10^4$t。其中，单井吞吐累计增油$63.2×10^4$t，气驱累计增油$19.8×10^4$t。同时推广至外围区块，覆盖地质储量$1.11×10^8$t，累计增油$88.2×10^4$t。现场已在505个单洞体、48个多井缝洞单元实施了注氮气开发，阶段采收率提高2.16%。

4）体积酸压技术

塔河油田开发初期，钻井放空漏失后直接投产井为31%，大约70%的井无法直接钻遇大型溶洞体求产，需通过储层改造（酸压、酸化和高压注水等）建立或改善井筒与井周围缝洞储集体的连通关系，实现对缝洞型油藏的立体开发、挖潜。针对酸化压裂中酸—岩反应速度快、酸液滤失严重、有效酸蚀缝短等难题，研发了耐温150℃高黏缓蚀交联剂、生酸浓度12.5%的缓速自生酸、聚合物类就地变黏酸体系，形成了小跨度控缝高酸压和深穿透复合酸压技术，实现了缝高40m可控，人工酸蚀裂缝半长超过145m。针对缝洞体发育、洞体间连通性相对较好的风化壳区，遵循"深穿透、高导流、单一缝"的酸压改造理念，增加了沟通天然缝洞的概率，满足了塔河主体区油气开发的需求，发展形成了以控缝高为核心的"上返酸压""下返酸压"技术体系，实现了对纵向多套洞体的立体动用。

针对塔河外围区断控缝洞体井周围非主应力方向缝洞体无法全方位动用的问题，发展形成了体积酸压技术，通过酸液预处理、缝内暂堵转向激活天然裂缝等手段，将改造方向单一的传统酸压技术发展为较大范围复杂缝体积酸压改造技术，酸压作业深度达7320m，有效酸蚀缝长达到140m，实现了主应力方向小于45°、距离小于80m范围内缝洞体的体积沟通动用。塔河油田累计酸压约2500井次，累计动用储量3.5×10^8t，该技术已成为挖潜增产的主体技术，针对累产低、供液差的300余个孤立缝洞体，体积挖潜效果显著。

碳酸盐岩开发技术与国外公司技术对比表明：国外大多数碳酸盐岩油气藏的开发多采用天然能量开发，像我国塔里木盆地具有大型溶洞及裂缝的油藏国外还无一相似油藏，我国在碳酸盐岩油藏开发方面形成的注水吞吐、注气吞吐和酸压开发技术具有国际先进水平，部分技术达到世界领先水平。俄罗斯、美国和中东地区已开发的碳酸盐岩油藏以孔隙型碳酸盐岩油藏为主，物性相对较好，平均孔隙度为14%～25%。总体发育边底水油藏，天然能量较弱。其中，两伊地区油田开采程度较低，以衰竭式开采为主，采收率为4.5%～7.0%。这些油藏均与我国塔里木大型缝洞型碳酸盐岩油藏开发差异性较大，具体开发技术参数较难对比。

5. 致密油田

针对致密油藏储层特点和开发难点，以"甜点、产能、采收率"为核心，创新发展了致密油藏有效开发特色技术，形成的主体技术有：致密油藏"甜点"识别与产能评价技术、工厂化作业及水平井体积压裂技术、非常规致密油气建模数模一体化综合平台等。

1）致密油藏"甜点"识别与产能评价技术

在鄂尔多斯、准噶尔、渤海湾、松辽、三塘湖等盆地致密油开发方面通过持续攻关，形成了致密油储层地震、测井等地球物理方法，联合微地震及岩心数据，结合大数据分析形成了多属性致密储层"甜点"综合识别技术、产能评价、水平井井眼轨迹优化及井下导向、水平井多段体积压裂改造技术等主要关键开发技术。

应用脆性、裂缝密度、孔隙度、TOC四大要素的致密油气"甜点"识别技术，建立了计算泊松比和杨氏模量等关键参数，进行应力分析、估算岩石力学性质，综合分析识别出油气"甜点"，优选钻井井位，提高了储层钻遇率，有效提升了致密油气藏开发的经济性；利用地质导向系统对30m范围内的地层进行全方位的连续成像，揭示了地层和流体界面，弥补井眼测量与地面地震测量探测不到的界面情况，可在井眼四周较大范围内探测油藏"甜点"，优化油田开发方案；考虑地质因素、压裂参数和生产参数方面分析影响致密油藏产能因素，通过灰色关联，建立了水平井多段压裂改造后单井产能生产动态评价模型及致密油藏分区渗流模型，形成致密油藏产能动态评价方法，为致密油藏开发提供了指导。

鄂尔多斯盆地长7致密油藏经过前期评价、探索技术、创新提升和扩大试验4个阶段，长水平井优化布井、水平井体积压裂等关键技术取得突破，先后开辟了3个致密油勘探开发试验区，累计产量超过300×10^4t，成为国内最大的致密油开发区。准噶尔盆地东部吉木萨尔凹陷二叠系芦草沟组致密油储层，在储层物性好、油气富集、岩石脆性好、水平应力差小、裂缝发育的Ⅰ类综合"甜点"区部署J23、J25水平井，油层钻遇率均达到95%以上，压裂改造后单井最高日产油均超过100m³。

致密油藏"甜点"识别与产能评价技术和国外公司技术对比表明：我国已发展形

成了陆相致密油特色的"甜点"识别与产能评价技术,但在水平井随钻大范围成像"甜点"识别与预测等技术方面与国外相比还存在一定差距。与国外技术的部分参数比较见表4-13。

表 4-13 致密油藏"甜点"识别与产能评价技术参数对标

技术指标	国内	国外公司同类技术
测井储层识别精度（m）	0.5	0.5
地震甜点预测精度（%）	65～85	>70
产能预测精度（%）	65～85	>70
储层钻遇率（%）	50～95	>75

2）工厂化作业及水平井体积压裂技术

工厂化作业是基于丛式井组的一种流水线作业模式，是致密油开发降本增效的核心。长庆油区地表为黄土塬地貌、梁峁交错、沟壑纵横，水资源匮乏，要实现工厂化作业，丛式布井、快速供水、返排液处理、大型装备等都面临挑战。通过技术攻关，实现了集合水源井、地表水及返排液多渠道快速供水的综合利用水源，研制了橇装快速处理装置，将返排压裂液处理后循环利用再配制压裂液，配套大型压裂车组、大排量连续混配车、连续输砂器等装备，实现连续交替压裂。通过优化部署，配合三维钻井技术，实现丛式井组工厂化作业与多井平台式开发，致密油水平井平台工厂化作业井最多达到6口长水平井。

水平井体积压裂是致密油藏开发的核心技术。水平井体积压裂主要采用"套管完井+分段多簇射孔+可钻式桥塞+滑溜水"多段压裂方式，其中分段多簇射孔实施应力干扰是实现体积改造的技术关键。水平井体积压裂是指在水力压裂过程中，使天然裂缝不断扩张和脆性岩石产生剪切滑移，形成天然裂缝与人工裂缝相互交错的裂缝网络，从而增加改造体积，提高初始产量和最终采收率。随着压裂技术的进步，不等长裂缝作为一种新的开发手段，现场应用中，等半长、纺锤形和哑铃形是三种最常见的裂缝形态。

自主研发了长水平井体积压裂水力喷砂器、速钻复合桥塞、套管定位球座、EM系列压裂液等关键压裂工具和材料，形成了水力喷砂环空加砂压裂、速钻复合桥塞压裂、套管定位球座压裂、全过程挟砂滑溜水压裂液四套主体技术。同时，创造性提出了初期长水平井体积压裂不返排补充地层能量的准自然能量开发技术，探索形成了水平井优化布井技术、致密油水平井钻完井技术、致密油注水吞吐补充能量开发技术等技术体系，为致密油开发提供了技术保障。

长庆油田的工厂化作业模式率先在致密油安83区丛式大井组开展试验，35天完成了6口水平井56段压裂，井身结构由原来的三开优化为二开井身结构，缩短单井建井周期12天，钻井液重复利用超过600m³以上，钻井节约土地面积15亩，单井节约成本达25%以上。2019年华H43平台23.6h压裂9段，入地液量14483m³，加砂1058m³，创造了国内单机组单日泵注液量、砂量新纪录。按照"工厂化、低成本、动用高、更优化"的开发模式，在储层条件更差的陇东庄 183 井区部署了 10 口长水平井，试油完井全部获得百吨以上高产工业油，同时总体成本大幅下降。

水平井体积压裂+蓄能保压开发技术的应用，使得一大批致密难采储量得到经济有效动用。长庆油田探索形成了致密油注水吞吐补充能量开发技术，揭示致密油注水吞吐存在驱替与渗吸两种机理，创新形成两种注水吞吐现场试验模式。2014 年以来，长庆油田重点在安 83 试验区开展第一周期注水吞吐试验，实施 20 井次，吞吐有效井组 16 个，有效率达到 80%，见效井平均有效期 265 天，井组平均增油 580t，采出程度提高 0.14～0.69 个百分点。该项技术的规模应用，实现了长庆超低渗透Ⅰ类+Ⅱ类储层的有效开发，覆盖地质储量 1.6×10^8t，水平井平均单井产量达到直井的 2.5～5 倍以上。

水平井体积压裂技术与国外公司技术对比表明：近年来我国在水平井体积压裂方面快速发展，形成了适合我国致密油开发的水平井体积压裂、集团群压裂补能等技术，目前在多项技术指标方面与国外差距正在逐年缩小，部分指标已达到国际领先水平。此技术与国外技术的部分参数比较见表 4-14。

表 4-14 水平井体积压裂技术参数对标

技术指标	国内	国外公司同类技术
水平段长度（m）	1200～2500	>2500
压裂段数	20～30	20～40
段内簇数	3～10	5～15
单位水平井长度支撑剂用量（t/m）	4.8	>3
单位水平井长度压裂液（m³/m）	25	>25
处理储层渗透率下限（mD）	0.01	0.01

3）非常规致密油气建模数模一体化综合平台

非常规致密油气建模数模一体化综合平台（UnTOG）是一款专门针对低渗透—致密砂岩储层基质纳米—微米孔隙发育、储层介质尺度差异大、流动机理和规律复杂、开发难度大的特点而研发的油藏数值模拟软件平台（表 4-15）。该平台是基于软件工程的理念和技术，采用 C++ 计算机语言，基于微软 Visual Studio 编译环境而编制完成的，已陆续在吉林扶余油层致密油、新疆芦草沟组致密油、长庆延长组致密油、苏里格致密气和吉林长岭登娄库组致密气共 5 个致密油气区块进行了推广应用，解决了致密油气产能评价、优化设计、动态预测过程中的实际问题。

非常规致密油气建模数模一体化综合平台与国外公司技术对比表明：国外在离散裂缝建模、一体化渗流数学模型、高性能求解及并行计算技术、勘探开发一体化工业应用级别平台建设方面处于领先，我国非常规多重介质地质建模和数值模拟方面形成了适合我国致密油气开发的技术，也创新建立了多项特色技术，但许多技术指标与国外相比还存在一定差距。此技术与国外技术比较见表 4-16。

表 4-15　UnTOG 软件功能表

主要功能	功能描述
非常规致密油气多重介质建模模块 UnTOGTMGeoModel	不同尺度孔隙建模 不同尺度天然裂缝建模 人工离散裂缝建模 不同尺度孔缝等效建模
非常规致密油气多重介质前处理模块 UnTOGTMPre	非结构化网格剖分 多重介质属性参数等效处理 多重介质间传导率计算 多重介质流动机理参数处理
非常规致密油气多重介质数值模拟模块 UnTOGTMSim	不同尺度多重介质复杂机理流动模拟 不同尺度多重介质流态识别与自适应处理 不同尺度多重介质与复杂结构井耦合动态模拟 多重介质及属性参数动态变化模拟 多介质多变量复杂结构矩阵求解
非常规致密油气多重介质后处理模块 UnTOGTMPost	多重介质模拟动态规律分析 绘制曲线 /2D/3D 图

表 4-16　非常规致密油气建模数模一体化综合平台技术对标

技术指标	国内	国外公司同类技术
地质力学—压裂—油藏多重耦合开发一体化、智能化软硬件平台	（1）目前尚无商业化的大型地质力学—压裂—油藏多重耦合开发一体化、智能化软硬件平台； （2）与国外同类软硬件平台相比，在软件平台的架构及前后处理功能方面均较弱； （3）在多学科一体化平台工业级别大规模应用方面尚存在较大差距； （4）智能化模拟方面国内外均处在起步阶段，尚无明显差距	CMG 和 Schlumberger 等公司拥有先进的工艺技术与装备工具，Schlumberger 公司的 PetrelRE 综合服务平台实现了勘探开发一体化平台建设
致密油开发优化设计技术	发展了针对致密油开发的不同尺度孔隙/裂缝建模技术、多重介质复杂机理流动模拟技术等特色技术，但仅限于实验室研发及部分区块应用阶段，距离大规模工业应用级别尚存在差距	Schlumberger 的 Petrel RE 软件先进的数值模拟方法
地质力学—压裂—油藏多重耦合数值模拟技术与软件	与国外同类技术及软件相比，在以下方面均存在差距： （1）渗流场—应力场耦合求解技术； （2）黑油—组分—热采模型扩展、油藏—井筒—地面管网全耦合流动模型； （3）真三维非结构网格生成技术； （4）自适应 CPR 求解技术； （5）GPU+CPU 多核并行技术； （6）水力压裂模拟技术	IMEX/GEM/STARS 的数模软件数模技术国际领先，但缺乏压裂技术软件支撑；Schlumberger 的 Intersect、Eclipse 数模软件，能够在 PetrelRE 综合服务平台的基础上，与 Mangrove 地质力学软件交互，实现渗流场与应力场的耦合模拟
致密油产能评价与预测技术	发展了致密油多重介质建模和数模相关技术，但仅限于实验室研发及部分区块应用阶段，距离大规模工业应用级别尚存在差距	Schlumberger 的 Eclipse 数模软件，CMG 数模软件

6. 常规天然气开发技术

2000年以来我国天然气工业逐步发展壮大，先后开发了深层超高压、碳酸盐岩、疏松砂岩、中低渗砂岩等多种类型的大型复杂气田，形成了以裂缝预测、水侵模拟为核心的构造气藏控制水侵开发理论，以储层定量表征、开发指标优化为核心的岩性气藏多级降压开发理论，以长水平井、体积改造为核心的非常规气人造气藏开发理论，形成了超深高压气藏、低渗砂岩气藏、深层碳酸盐岩、高含硫气藏、火山岩、大型整装气藏等主要类型气藏开发的主体技术和致密气、页岩气、煤层气等非常规气藏开发技术体系，指导建成了苏里格、克拉2、龙王庙、涪陵等大气田，支撑我国天然气产量跨越式增长。

1）深层高压气田开发技术

针对我国塔里木盆地的超深超高压气藏开发井成功率与产能到位率均低、气井产能递减快、开发效果不佳的问题，"十三五"期间，在深入认识气藏地质特征、产能控制因素、储层连通关系与渗流特征、气水关系与水侵规律的基础上，经过持续开发试验和技术攻关，形成的深层气藏主体开发技术有：超深复杂山地构造及裂缝描述与预测技术、高压气井井筒完整性管理与评价技术、气藏井网优化技术、缝网酸化压裂改造技术、超深超高压气井动态监测技术、气水评价与控水治水技术等。

复杂构造及裂缝预测技术，通过宽方位高密度三维地震采集及处理解释，显著提高复杂构造及裂缝解释精度和开发井成功率。库车克深气田钻井深度突破8000m，机械钻速提高2~3倍，平均钻井周期为380天，钻井周期缩短40%以上，克深气田的钻井成功率由50%提高到100%，产能到位率由64%提高到100%，钻井成本降低30%以上。

异常高压特高产气井安全完井工艺技术，满足了单井日产$500 \times 10^4 m^3$的技术要求，解决了高温高压特高产气井开采工艺技术难题。高度自动化低能耗的地面高压集输和处理技术，形成了高压（16MPa）天然气"一级布站"集气处理工艺流程，建成了高压天然气集输处理系统，创建了国内独有的井口、集输管线和处理站三位一体的自动化安全控制系统。

水平井大规模加砂压裂改造技术应用，大幅提高单井产能，使改造前平均无阻流量约从$50 \times 10^4 m^3/d$提高到$273 \times 10^4 m^3/d$，最高达$800 \times 10^4 m^3/d$，通过大规模加砂压裂储层改造，克深气田实现了高温高压条件下的安全平稳生产。

通过建立微量元素含量—氯根含量判别图版，试采初期可快速判别地层水类型，为控水治水提供了依据，控水治水一体化、控压降速与边部强排相结合，优化气井合理产量、降低采气速度，利用构造边部出水井强排水，克深2实施10井次，产能恢复率30%以上。

深层天然气配套技术应用，为已开发气田持续稳产、正建气田快速上产、勘探新区早期介入提供了强有力的支撑，使塔里木气区实现了跨越式发展。通过对标国外典型深层高压气田开发关键参数，以克拉2气田为代表的深层高压气田开发效果较好，相关开发技术参数已达到国际水平（表4-17）。

表4-17 深层高压气田开发技术参数对标

技术指标	克拉2气田	法国拉克气田
孔隙度（%）	8~20	1~6
基质渗透率（mD）	1~1000	<1
埋深（m）	3500~4500	4100
地质储量（$10^8 m^3$）	2840	2640
地层压力（MPa）	74	68
稳产期（a）	17	19
采收率（%）	85	>90

2）低渗透—致密气田开发技术

针对低渗透—致密复杂砂岩气藏，由于其复杂的地质特征、储量难动用、气藏稳产期越来越短、产量递减加快、剩余储量开采难度加大等诸多开发难题，通过"十三五"技术攻关，主要形成的主体开发技术有：气藏剩余气精细描述技术、直井与水平井联合井网优化技术、气井排水采气和增压开采、直井分压合采、老井侧钻增产技术、水平井体积压裂及重复压裂技术、丛式井组"工厂化"作业等。

联合井网优化技术方面，苏里格气田按照600m×1600m划分150个网格单元，优选42个部署水平井（每个单元1口水平井），108个部署直井（每个单元4口直井），形成联合井网。研究表明，采用直井加密井网，由600m×800m直井基础井网加密到400×600m直井加密井网，采收率由31.94%提高至49.89%，提高了18个百分点。采用直井加密井网与直井—水平井联合挖潜井网未控制砂体中的剩余气，可将富集区采收率从当前井网控制的30%提高到45%。目前苏里格水平井投资约为直井的3倍，而井控面积为直井的4倍，联合井网方案可节约与水平井数相同的直井投资，即节约了7%的开发投资。

在产水井助排方面，形成了以泡沫排水为主，速度管柱、柱塞气举为辅的排水采气工艺措施，适用于产气量大于$0.5×10^4 m^3/d$的积液气井，具有设备简单、施工容易、适用性强、不影响气井正常生产等优势；高压氮气气举是将高压氮气从油管（或套管）注入，把井内积液通过套管（或油管）排出，达到气井复产的目的。通过开发试验对比分析，苏里格气田以成本低且效果相对较好的泡排技术和涡流工具为重点发展排水采气技术，提高了单井产量。2016年底，在系列排水采气措施及数字化排水采气系统的支撑下，气田已累计增产气量$7×10^8 m^3$。

水平井、丛式井、水平井段内多缝压裂技术取得突破，通过研发不同粒径可降解暂堵剂+纤维组合材料等技术，解决了苏里格气田多层系致密气藏的高效开发，通过发展提高单井产量技术，井8层、水平井20段压裂，Ⅰ+Ⅱ井由初期40%升至70%，通过快速钻井、工厂化作业、市场化机制，形成低成本开发技术，单井投资仅800万元。

通过对标国外典型低渗透—致密气藏开发关键参数，以苏里格气田为代表的低渗透—致密气藏开发效果较好，相关开发配套技术与北美具有一定差距（表4-18）。

表 4-18 国内外低渗透—致密气藏开发技术参数对标

技术指标	苏里格气田	美国 Rulison 气田
储量丰度（$10^8m^3/km^2$）	1.3	14.7
地层压力（MPa）	0.7～0.98	1.1～1.4
孔隙度（%）	5～14	6～12
渗透率（mD）	0.01～0.06	0.005～0.03
单井产量（$10^4m^3/d$）	1.0	0.2～1.2
井网（口/m）	3.1	12.5
采收率（%）	45	44

3）深层碳酸盐岩气田开发技术

针对深层碳酸盐岩气藏高效开发面临的储层裂缝发育、"甜点"选择困难、部分气井见水，气井合理配产与防水治水等世界级难题，创新形成了复杂碳酸盐岩气藏储层精细描述与流体识别技术、气藏动态评价技术、高效井位优选技术、气井精细分类配产开发技术、水动力封隔长井段分段酸压技术、碳酸盐岩油气藏数值模拟软件等主体技术。

发展了精细描述技术，复杂小幅度构造刻画使 2m 以上储层实现了水平井钻井，气层钻遇率 85% 以上，产量达到邻近直井的近 10 倍。应用新一代测井软件 CIFLog，实现了从均质常规储层评价到非均质复杂储层评价的重大技术跨越；采取叠前多属性综合判识，多参数定量化预测；以储集单元精细描述为基础，结合流体分布特征和控制因素，部署高效井成功率 82%。

优质储层动态评价与预测技术的实施，奠定了龙王庙组气藏低孔裂缝—孔洞型气藏高产井培育基础，认识到滩体主要呈北东—南西向展布，单滩体规模最大长 190m、宽 50m，创建低渗区储量有效动用布井模式；形成"主动控水"开发技术，采用构造高部位非均匀集中布井，90% 以上开发井测试产气量超百万立方米；分段酸压技术在灯四气藏应用 11 口井，平均单井产量增加 5.2 倍，储层改造有效率 100%。

深层碳酸盐岩系列开发关键技术支撑了磨溪地区龙王庙组和震旦系取得重大突破。通过对标国外典型国内外碳酸盐岩气藏开发关键参数，以安岳气田为代表的碳酸盐岩气藏开发效果较好，相关开发技术已达到国际水平（表 4-19）。

4）高含硫气田开发技术

我国川东北高含 H_2S、CO_2 大型海相气田，气层埋深 5000～8000m，属于超深油气藏。气层厚度为 300～400m，压力系统复杂多变（压力系数 1.2～2.20），极易发生井喷、漏失，钻井施工周期长（探井最长建井周期 1224 天），地质条件复杂，储层超深，勘探开发难度大。针对这种世界少见的复杂气藏，经过"十三五"技术攻关，在钻井技术、增产技术、井筒技术、地面工程技术等方面形成的主体技术包括高含 H_2S、CO_2 气体的超深安全钻完井技术，长井段射孔工艺技术，长井段大规模酸压技术，合金油管作业技术，地面集输腐蚀及控制，净化处理及安全环保等安全生产配套技术，保障了我国高含酸性气藏有效开发。

表 4-19 国内外碳酸盐岩气藏开发技术参数对标

技术指标	安岳气田	法国麦隆气田
孔隙度（%）	2～8	3～5
基质渗透率（mD）	5～80	<1
埋深（m）	4400～4600	4300
地质储量（$10^8 m^3$）	3132.59	651～999
地层压力（MPa）	75.83	48
稳产期（a）	15.5	9
采收率（%）	69	56

为满足川东北地区复杂的施工环境，确保施工安全，配套了70型以上大型钻井、气体钻井、深井固井及作业、大型压裂、高压抗硫防喷器等装备，12000m大型钻机、2500型车载压裂车组、高性能山地模块作业机、耐压140MPa的HH级测试采气井口等填补了国内工程装备空白；采用旋转尾管固井、双级固井、"正注反挤"等固井技术，提高超长井段（下深超过4000m）、地层漏失等情况下的固井质量，产层固井质量优质率达到83%；采用微压痕下套管技术下入完井合金套管和抗硫套管，减少液压钳对油、套管本体的损伤带来的后期腐蚀问题，使气田固井一次合格率100%；开发完井中，技术套管及产层套管上部使用高抗硫100SS、110TS材质，气层顶部以上200m到井底产层套管及完井管柱、井下工具、采气井口采用高镍基合金钢材质，测试管柱采用高抗硫110SS材质，有效保证了超深高酸气田钻井、固井、作业、测试、储层改造施工能力及井控安全，实现了优快钻井、安全测试投产的目标。

高含硫气田开发技术与国外公司技术对比表明：国外在井口及井下安全阀、封隔器、管柱密封、耐腐蚀材料方面处于领先，许多技术指标与国外相比还存在一定差距。此技术与国外技术的部分参数比较见表4-20。

表 4-20 高含硫气田开发主要技术参数对标

技术指标	国内	国外
含 H_2S（%）	4～17	5～35
含 CO_2（%）	5.8～9.1	4～16
高压井安全阀、井下封隔器耐压（MPa）	<200	>200
生产管柱密封耐压（MPa）	70	150
生产管柱密封耐温（℃）	150	200

5）疏松砂岩气田开发技术

我国疏松砂岩气藏分布在青海气区，"十三五"以来，针对该气藏已进入高含水开发阶段、气藏生产水侵日益严重、水侵面积不断扩大、气田积液井和停躺井逐年增加等难题，形成了多层气藏合采物理模拟技术、采用孔隙度差比值法及核磁共振差谱法的低阻气层识别技术、细分层系开发技术、顶密边疏布井技术，水平井开发技术、潜力层识别及分层储量动用评价技术、出砂预测及综合治砂技术、连续油管冲砂为主的冲砂工艺技术、"控水、排水、堵水"综合治水技术等主体开发技术。

建立了疏松砂岩气水驱替微观可视化技术及隔夹层突破压力测试评价技术，对人造岩样和涩北气田的真实岩样制作了 50 多张微观驱替薄片，并进行了微观气水分布和气水驱替实验。采用砂泥混层模型来模拟实际层间水窜的流动过程，采用电阻率和压力探针来识别层间水窜的发生，利用 CT 扫描和分形原理建立三维孔隙网络模型，利用微观渗流数值模拟方法计算渗透率应力敏感、渗透率随泥质含量的变化和相对渗透率的应力敏感。建立了气井出水模式，结合动态分析与数值模拟准确描述水侵动态；建立了综合治水方法，形成以泡排排水为主的排水采气复产、保产工艺技术。研制了降水防砂材料，治理出砂停躺井。应用动态法单砂体产量劈分软件合理劈分单砂体产量，能够准确评价分层储量动用情况。

疏松砂岩气藏开发技术的发展有力支撑了涩北气田的成功开发，采用细分层系技术，从 4~6 个开发层系细分为 21~31 个开发单元，每个开发单元部署一套井网，合理射开层数 3~4 层，减少层间干扰，提高储量动用，优化井距在 800~1000m 之间；采用顶密边疏优化布井技术，75% 的储量集中分布在 15km^2 之内，距边水合理距离 800m 左右，有效降低了边水侵入风险；形成优质储层水平井开发技术，优化了水平井水平段长度 600~800m，气井离边水 1000m 以上，大大提高了单井产量，水平井产能是直井 3 倍左右，有效抑制了水侵，减缓递减，近 4 年水侵速度保持在 0.45m/d 左右。2018 年实施排水采气 269 口井，日增产能 $72×10^4m^3$，气田产量多年保持在 $60×10^8m^3$ 左右规模。

6）火山岩气藏开发技术

我国火山岩气藏主要分布在大庆、新疆和吉林，目前年产气规模 $40×10^8m^3$ 左右。整体上，火山岩气藏储层致密，与致密砂岩气藏开发具有相似性，同时火山岩气藏普遍有边底水，面临防水治水难题。另外，火山岩气藏Ⅰ类储量基本动用殆尽，大量剩余的Ⅱ类、Ⅲ类储量在目前经济技术条件下还无法动用，储量的综合评价与有效动用技术是面临的关键技术需求。

形成了致密火山岩气藏描述与井位优选技术，搞清不同类型"甜点"分布，优选开发有利区和井位，并优化井轨迹，优选压裂与射孔段，优化压裂设计。通过建立储层结构模式，形成了不同类型储层的分布模式和火山岩气藏有效储层分布规律，建立三维地质模型定量表征火山岩气藏多级次构造形态、复杂内幕结构、多重介质储层及复杂流体变化特点；形成了基于火山岩不同类型储渗单元形态及叠置模式的井位优选、井型配置与参数优化的高效布井技术，钻井成功率和储层钻遇率大幅提高。

该类气藏国际少见，美国、日本、巴西有开发报道，开发基本不成规模。

7. 非常规天然气

1）页岩气开发技术

借鉴北美页岩气开发技术和经验，针对中国页岩气地质特点，经过十余年的勘探开发实践、理论探索和技术攻关，在页岩气地质评价、开发评价、水平井钻完井、体积压裂及清洁开采等不同技术领域取得长足进步，形成了一套适用于3500m以浅的海相页岩气勘探开发理论体系和技术装备，包括页岩气藏精细描述及综合评价技术、山地条件下水平井优快钻完井、立体开发技术、长水平井分段压裂技术、压裂微地震监测技术及地面集输工艺技术等，有效支撑了四川盆地页岩气产能建设。

发展了"甜点"区段识别及预测评价技术，落实四川盆地及周缘3500m以浅的海相页岩气地质资源量$2\times10^{12}m^3$，可开发面积$2500km^2$。试验了低成本石英砂替代陶粒、简化压裂液配方、可溶桥塞等低成本高效改造技术，其中石英砂替代陶粒和简化压裂液配方两项技术将单井成本降低200万元，单井材料成本降低30%以上。攻关山地页岩气水平井工厂化开采技术，形成常规双排型、单排型、勺型、交叉型平台式井组等布井模式，水平井最大垂深4374m，最长水平段2810m，水平段最高钻速20m/h，"一趟钻"最大进尺2540m，压裂段/簇间距45/15m，加砂强度3t/m，井均改造体积$1\times10^8m^3$，井均测试产量$24\times10^4m^3$，设备安装时间减少70%，钻井作业效率提高50%以上，压裂作业效率提高50%以上，建井成本由1.0亿元降至0.5亿元。

中国页岩气在四川盆地及周缘的志留系龙马溪组取得商业开发，目前已在上扬子区五峰组—龙马溪组4个"甜点区"建成涪陵、长宁—威远等千亿立方米级的海相页岩大气田，深层海相及非海相页岩气领域也不断取得突破，探明储量、年产量逐年增加，为未来形成更大产量规模提供了坚实的资源基础和技术保障。截至2018年底，累计完钻井数898口，提交探明页岩气地质储量超过$1\times10^{12}m^3$，2018年产量达到$109\times10^8m^3$，占天然气总产量的6.8%。

页岩气田开发技术与国外公司技术对比表明：国外在长水平井多段压裂、裂缝监测、定向重复压裂等技术方面处于领先，我国与其相比许多技术指标还存在一定差距。水平井多段压裂开发技术与国外技术的部分参数比较见表4-21。

表4-21 页岩气水平井多段压裂开发技术参数对标

技术指标	国内	国外公司同类技术
水平井长度（m）	2500	5000
段数（段）	30	>50
单段簇数（簇）	2～6	8～10
簇间距（m）	25～30	8～12
加砂强度（t/m）	1.6～2.5	>3
压裂液强度（m^3/m）	25～30	20～25
压裂支撑剂（t）	2500	4500

2）煤层气开发技术

我国煤层气主要分布鄂尔多斯、沁水、准格尔、滇黔贵、吐哈、二连、塔里木、海拉尔和伊犁盆地等地区，煤层气井排采具有排水期长、上产慢、稳产期长、修井后恢复慢的特点，煤层气储层预测、气井排采过程中呈现出气水流动的复杂状态，煤层气井压力传播特征及动态变化规律研究等一直是我国煤层气规模上产的重大挑战。

"十三五"以来，根据煤层气地质和工程特点，在沁水、鄂尔多斯盆地东缘持续开展了一系列技术攻关与试验，不断优化和完善配套技术，形成了不同煤阶煤层气开发技术系列，主要形成的主体技术有：气藏精细描述与产能评价技术、井网井距优化技术、水平井优化布署钻完井新工艺新方法、水平井套管固井完井＋定向射孔＋分段压裂工艺技术、气水复杂流动规律研究、负压排采增产技术、排采控制关键技术、排水降压采气、管线外输、集中处理、压缩集气等。

煤层气田开发技术与国外公司技术对比表明：国外煤层气开发技术在储层"甜点"预测、钻采及完井技术、排采技术、集气运输等方面都处于领先，我国则形成了高阶煤层气可控水平井、低效老井补层合采和低阶煤层气"甜点段"优选、丛式平台钻完井、负压排采及集中处理等特色开发技术，与国外技术部分开发参数比较见表4-22。

表4-22 煤层气田开发技术参数对比

技术指标	国内	国外公司同类技术
储层渗透率（mD）	0.1~4	1~50
含气量（m^3/t）	4~20	8~20
单井平均产量（$10^4 m^3/d$）	0.05~0.38	0.3~2.8

二、开发主体技术发展趋势

1. 水驱技术

水驱技术在我国中高渗透油田、低渗透油田、常规稠油油田都在普遍推广应用，中高渗透油藏中相当一部分老油田主力层强水洗段的驱油效率已接近水驱极限，水驱挖潜主体为"砂体窄薄"的非主力油层，效益开发难度增大；低渗透油田开发动态裂缝见水、一次井网对河道砂体控制程度低、波及系数低，已进入高含水采油期，针对含水上升与递减加快，开发调整难度加大；常规稠油油藏水驱由于原油黏度偏高于普通轻质原油，部分油井水窜严重，指进现象突出，对应的油井含水上升速度加快，剖面和层内矛盾突出，影响了注水开发效果。这些油藏都经过了强水洗，目前储层剩余油分布复杂，要实施技术创新、改善水驱开发效果。因此，水驱开发如何量化表征这些油藏空间分布的剩余油就是重中之重，以小尺度地质体为单元的油藏描述和多信息剩余油分布综合预测更加精细，精细注采结构调整与挖潜技术也继续发展，分注、测调和深部液流转向等工艺技术逐步实现自动化和智能化发展，水驱开发技术整体由建立驱替向波及最大化、注水功能化向精细化、智能化发展。

2. 三次采油技术

我国三次采油面对的对象已经发生了很大变化，能用于三次采油的Ⅰ、Ⅱ类优质油藏已经所剩无几，因此，三次采油正逐步由整装类型油藏向断块油藏、砾岩油藏、轻质油藏等扩展，由单一的聚合物驱向二元驱、三元复合驱发展，驱油体系向精细化、功能化发展，同时，四次采油技术日趋实用化、工业化，聚驱后提高采收率主体技术需要进一步明确，微生物驱、泡沫驱等技术正逐步成熟，以纳米材料为基础的新型驱油技术将逐步应用于油田现场，开发技术总体向多元化、系列化、自适应、智能驱油方向发展。

3. 气驱技术

我国特低渗透、超低渗透储量规模逐年增大，由于储层渗透率低、产量低、采收率低、注水开发难以建立有效驱替系统、储量动用程度较低等特点，开发效果差，常规水驱开采方式面临巨大挑战，注气驱是现实并已证实有效的转换开发方式选择。根据我国陆相沉积的油藏特点，气驱技术正经历由单一介质、单一方式气驱技术向多介质多方式复合气驱技术发展的过程，气驱介质多样性、气驱方式多样性、气驱技术集成化、气驱与多种其他提高采收率方式联合使用成为发展趋势。

4. 稠油热采技术

我国稠油分布较广，埋藏深度有浅有深，储层分布不均，储层薄厚差异较大，许多开发技术都有一定的适用范围及局限性。目前蒸汽吞吐、蒸汽驱、SAGD、火驱及多介质复合吞吐等技术，普遍面临的问题是油汽比低、热损失高、商品率低及成本高，除了能耗较大以外，燃烧煤、原油和天然气产生大量蒸汽时都会产生大量 CO_2 气体，SAGD 和火烧在高温作用下其产出物质中还含有 H_2S 等有害物质。因此，纵观稠油开发技术发展历程，稠油热采开发正经历着从单纯以注蒸汽吞吐衰竭式开发和粗放式注汽笼统开发，向以各种介质和工具提高注蒸汽的利用率和油田开发综合效果的方向发展。未来稠油开发将更加绿色环保、经济高效，气体／溶剂辅助 SAGD、多介质高效蒸汽驱技术、火烧等提高热能有效利用率技术、热采 CO_2 回收与提高采收率技术，水驱／碱驱／聚合物驱稠油开发技术，太阳能产生蒸汽、电加热油藏等技术方向将是未来发展主要方向。

5. 致密油开发技术

致密油藏开发如果不能准确预测和识别甜点，会导致钻井钻遇率降低；水平井体积压裂虽然增大了油气层改造体积，形成人工裂缝与天然裂缝互相交错的裂缝网络，但随着人工压裂裂缝—天然裂缝网络趋向大规模化、产生了复杂的网状裂缝系统，渗流机理及地下条件日趋复杂，再加之地面生产动态频繁多变，随着开发深入，面临地层压力衰减、产量急剧降低的问题，如采取注气或者某类可注入介质进行补充能量，又会面临气窜／注入介质窜漏和黏性指进、无效循环。因此，致密油开发将向基于大数据的地质工程一体化和智能化、多种开发方式优化组合方向发展，实现采收率最大化、成本最小化；创新发展基于大数据的低成本"甜点"识别与预测技术,提高"甜点"预测精度;高度重视全生命周期方案设计,积极应用创新技术、全过程优化开发方案,从源头降本增效;发展不同开发阶段衰竭式、注气吞吐、注气驱替等多种开发方式优化组合,提升开发效果;持续优化钻完井设计、不断提升钻完井施工效率,最大限度提升资源动用率、降低开发成本。

6. 天然气开发技术

我国天然气开发类型多样,包括低渗透—致密气藏、高压气藏、疏松砂岩气藏、碳酸盐岩气藏和火山岩气藏等,目前一大批老气藏水淹见水,进入递减阶段,提高采收率面临极大挑战;新发现的深层、超深层、高温高压气藏,安全高效钻完井、储层改造、高效采气面临挑战。我国天然气开发技术的发展,要立足自身资源条件,坚持以常规天然气技术发展为主体,同时加强深层超深层、非常规天然气和新型天然气开发的技术攻关与储备,从技术创新趋势角度向四个方面发展:

一是大型天然气田(群)智能化开发优化技术,以全过程资产管理、最大幅度提高采收率、降低开发成本为目标,确保安全平稳供气,实现资源、开发规模与速度、经济效益的最优化组合。

二是探索深层超深层、深海等新地区天然气资源开发技术,面向不同气藏的地质和地理条件,探索新的开发方式和开发技术,使常规天然气藏开发向提高采收率及深层超深层开发方向发展。

三是非常规天然气资源开发技术的进一步发展和探索,提升抗经济和环境风险的技术能力,探索新型钻井、储层高效改造、低成本采气工艺技术,以提高采收率、降低开发成本为理念完善开发配套技术,向着数字化、工厂化、改造缝网体积规模化和绿色环保化方向发展。

四是寻求和突破新型天然气开发利用技术,提升我国天然气开发全产业链的整体技术水平和稳定安全供气能力。突破常规—非常规气藏的开发利用思路,发展地下煤气化的经济工业化利用、多途径制氢气等新路径,使新型天然气向着工业化开发利用方向发展。

第二节 海上油气田开发主体技术及发展趋势

一、开发主体技术现状

海上油气田在30余年的开发历程中形成了两种主要的开发模式,一是南海海相砂岩天然水驱开发模式;二是陆相砂岩注水开发模式。在此基础上,形成了成熟的水驱开发技术体系。

1. 海相砂岩天然水驱开发技术

海上海相砂岩天然水驱开发模式及技术经历了四个阶段,分别为提出高速理念、实践高速、保持高速和实现高效,形成的理论及技术方法包括四大方面:一是理论认识方面,形成了海相砂岩油藏极限采收率理论、海相砂岩高速高效开发理论及模式；二是海相砂岩油田剩余油定量描述技术，主要包括海相低幅度构造评价与精细刻画技术、海相低阻薄油层电阻率测井解释及识别技术、海相砂岩油田高倍水驱剩余油定量描述技术、海相砂岩油田剩余油分布模式；三是海相低幅构造—薄层砂岩油藏高效挖潜技术，主要包括基于长井段水平井的薄油层动用技术、长井段水平井智能控水技术（ICD）；四是海相砂岩油田高效挖潜配套关键工艺技术，主要包括潜油电泵大排量举升工艺技术、海上平台环保高效水处理技术等。通过上述关键理论及技术方法，实现油田高峰采油速度达4%～10%，水驱采收率最高达70%，平均达45%，建立了"单井高产、天然水驱、层间接替、油田接替，持续高速开发"的海相砂岩油田高速高效开发模式。

2. 陆相砂岩注水开发技术

海上陆相砂岩油田注水开发模式及技术经历了五个阶段，即提出"稀井高产"理念、开发试验区、大规模上产、整体加密及综合调整、优化注水等综合治理，在注水开发的技术上，部分油田开展了聚合物驱试验和稠油热采试验。注水开发过程中形成的理论及技术方法包括四大方面：一是理论认识方面，主要包括陆相稠油油藏非线性渗流理论、"稀井高产"理念；二是陆相油田剩余油定量描述技术，主要包括"三饱和度"水淹层定量解释技术、基于构型知识库的储层构型自动建模技术、复杂河流相储层成因单元等效表征方法、复杂河流相油藏单砂体剩余油定量描述技术、海上大井距河流相稠油油藏剩余油分布模式等；三是复杂河流相油田水平井与定向井联合矢量井网优化技术、海上水驱油田开发生产实时注采优化技术等；四是陆相油田高效挖潜配套关键工艺技术，主要包括疏松砂岩油藏精益控砂完井技术、大斜度定向井智能分注技术、潜油电泵大排量举升工艺技术、海上平台环保高效水处理技术等。通过上述关键理论及技术方法，实现大井距条件下高峰采油速度1.5%～4.0%，水驱采收率最高达50%，平均达33.5%，建立了"稀井高产，人工注水，整体加密/综合调整，综合治理，油田接替，持续高速开发"的陆相砂岩油田高速高效开发模式。

二、开发主体技术与国外对比

1. 水驱开发技术

国内陆上油田水驱开发技术处于世界领先水平，大庆油田的喇嘛甸、萨尔图、杏树岗油田是最具代表性的油田之一，自投入开发以来经历了多次大规模开发调整，每次开发调整都建立了具体的开发模式。在此过程中，不断深化地质认识，发展开发技术，建立了陆相多油层地质开发理论，使大庆油田开发技术水平处于世界领先地位。

国内海上油田经历了30余年的大规模开发历程，在借鉴陆上油田开发模式及技术、引进消化吸收国内先进理念及技术的基础上，形成了海上油田高速高效开发技术体系。在海上绥中36-1油田、秦皇岛32-6油田和渤中25-1S等陆相沉积油田开发过程中，尤其是绥中36-1油田、秦皇岛32-6油田分别实施了世界上首次整体加密调整、细分层系综合调整，因此形成了世界领先水平的海上油田水驱开发技术；西江30-2油田是具有代表性的海相砂岩天然水驱油田，形成了成熟的海相砂岩天然水驱开发技术，水驱采收率到达70%。

2. 三次采油技术

国内陆上油田三次采油技术处于世界领先水平，由于海上油田平台生产特点，不能照搬到海上，需要基于现有成熟技术进行创新实施。因此重点类比陆地油田三次采油技术，为海上油田三次采油技术研究和应用提供借鉴。目前，国内陆上油田中大庆油田和胜利油田化学驱技术最为成熟、应用规模大。对比研究认为：一是，大庆油田自1995年规模化实施聚合物驱，历时10年建成$1000×10^4$t产量规模，占当年总产量的22%，由此推算，渤海化学驱增油规模应在$200×10^4$t/a左右。二是，胜利油田自2000年以来石油产量稳定在$2800×10^4$t左右，化学驱增油量在（150~180）$×10^4$t/a左右。三是，大庆油田化学驱经验表明，储层沉积条件与连通状况是首要因素；水淹状况及剩余油多少是主要因素；相对高分子效果更佳；适时实施压裂等配套措施可进一步增产。目前海上绝大多数油田不满足首要因素，主要要素难以发挥作用，因此建议从聚驱控制程度的角度筛选海上聚驱潜力油田，并推动典型油田二次加密与化学驱整体评价、协同挖潜。

三、开发主体技术发展趋势

立足海上油气开发特点和技术现状，遵循海上油气开发规律，借鉴国内外陆地及海洋油气主体开发技术趋势，提出了我国海域主体开发技术趋势。

1. 水驱开发技术

目前海上油田水驱开发技术主要包括陆相油田注水开发技术和海相油田天然水驱开发技术。客观认识油田生产形势，深入总结以绥中36-1油田、秦皇岛32-6油田、渤中25-1S油田为代表的陆相砂岩油田注水开发模式，以西江30-2油田为代表的海相砂岩油田天然水驱开发模式等典型油田开发模式，从全生命周期把握油田开发规律。当前海上油田面临的共性问题是层系、井网及井距不能满足油田高效开发的需要，其中最核心的问题是开发调整成本依然处于较高水平，能否系统实施二次调整或者推进二次开发取决于开发调整成本控制水平。应以油藏描述为基础，精细刻画剩余油分布规律；常规措施、综合调整组合实施，加大调整力度，尽早开展二次加密先导试验，有效提升注水开发油田水驱控制程度，为高效水驱和化学驱创造有利井网条件；大力发展三次采油技术，大幅提升油田采收率。

2. 三次采油技术

我国陆上油田三次采油无论是技术水平还是应用规模均处于世界领先水平，具有极大的借鉴价值。但由于海上油田平台空间有限、井距大，陆上油田成熟的三次采油技术不能照搬到海上，需要形成海上特色的三次采油技术体系。按照行业标准和陆上油田经验，渤海油田适合化学驱储量$9.0×10^8$t，其中Ⅰ类储量为$6.9×10^8$t（15个油田/区块），Ⅱ类储

量 2.1×10^8 t，预计可建成化学驱年增油 180×10^4 t规模。传统化学驱技术主要以增加水相黏度、达到改善水相流度为目的；自适应微胶驱（SMG）以封堵大孔道、降低水相渗透率，进而达到扩大波及目的，相比于传统聚合物驱，具有易注入、工艺简单、产出液处理简单、投入产出比高等特点，应予以重点试验、推广。

3. 稠油热采技术

渤海油田黏度大于350mPa·s的稠油探明储量 5.6×10^8 t，采取"整体部署、分步实施、试验先行"开发策略，开辟了南堡35-2油田和旅大27-2油田两个先导试验区，建立旅大21-2油田1个示范平台，开展锦州23-2、垦利9-5/6、旅大5-2北共3个油田的整体开发研究，不断完善海上热采技术体系，降低稠油规模开发经济门槛。通过探索—试验—集成，多元热流体吞吐技术基本成熟，初步形成了海上热采地质油藏设计及评价技术、小型化注热设备及配套工艺技术、热采防砂完井工艺技术。但目前存在热采蒸汽发生系统布置空间有限、锅炉用水制取成本高、热采产出液乳化加剧等亟待解决的问题，需对相关装备及工艺技术进行攻关。

4. 海上低渗透油气田开发技术

东海天然气资源丰富，以常规低渗透和近致密气为主，其中西湖凹陷常规气和近致密气分别占1/3和2/3。面对海上高昂的开发生产成本和特殊的生产作业条件，海上低渗透气藏的经济有效开发面临诸多难题，需要有计划、有步骤地攻关和推进。一是以综合科研课题为平台，做好科研攻关工作；二是要抓紧做好现场试验和推广工作，探索在渤中25-1油田、平湖—放鹤亭气田、文昌13-6油田等开展低渗压裂试验；三是要促进装备国产化。力争形成具有自主创新的装备自有技术，推动海上低渗致密气开发技术进步和装备能力升级，包括大型压裂船、耐高温高压的压裂专用井下工具等，为海上低渗透油气田的经济有效开发走出一条新路。

5. 海上气田开发技术

海上气田类型多样，其中深水、高温高压、中深层、低渗透—致密气田开发存在一定程度的技术瓶颈，需要开展进一步的技术攻关（表4-23），提高气田经济动用程度和采收率。

表4-23 海上气田开发技术瓶颈及攻关策略

新领域	问题与挑战	攻关策略
深水	（1）峡谷水道隔夹层识别及展布预测困难； （2）底水气藏生产井见水规律复杂； （3）水下生产系统串联生产管理及流动保障问题突出； （4）深水钻完井及工程作业存在挑战	（1）做实地质油藏方案，做好钻前优化，风险量化； （2）立项研究，攻关陵水区深水气田群开发生产关键技术； （3）创建深水开发提质增效钻完修井技术体系及测试装置国产化； （4）建立深水开发工程建设技术系列

续表

新领域	问题与挑战	攻关策略
高温高压	（1）非均质性强，储层连通性有风险； （2）高温及应力对气田稳产存在影响； （3）设备完整性安全性存在挑战； （4）开发中后期同井段高低压钻井技术	（1）分批实施，开发评价贯穿始末； （2）做好预案，优化实施确保产能； （3）问题导向，科研攻关有的放矢； （4）聚焦稳产，措施调整及时配套
超高温高压及低渗	（1）部分储量未落实； （2）超高温高压低渗透气藏开发尚无经验； （3）研究及建产周期时间紧； （4）下游市场不落实，直接影响经济性	（1）加快勘探评价及方案研究进程； （2）开展科研攻关，突破技术瓶颈； （3）构建海上超高温高压低渗透气藏勘探开发技术体系； （4）商务谈判，与东方13-2高烃产量进行商务转换
低渗透/致密	（1）甜点预测难度大； （2）深层复杂结构井钻完井技术不足； （3）储层改造经济性差	（1）成藏理论及评价油气"甜点"预测技术； （2）深层油气复杂结构井钻完井技术； （3）储层改造技术
中深层	具有潜山裂缝发育、低渗透及埋藏深的地质特点及特高含凝析油的油藏特点，开发难度大	（1）注甲醇解堵等增产技术； （2）深层油气复杂结构井钻完井及增产技术； （3）酸压等储层改造技术

第三节 国内外油田开发新兴技术/超前技术

一、大数据、云计算和油田物联网引领油气工业进入数字革命

2009年以来，越来越多的共识是云平台与软件服务相结合，形成了一种强大的数据工具，计算速度更快、更容易、更便宜、意义更重大，数字革命的出现将使石油公司出现巨大变化。

美国法蒂马（Fatima Alsubhi）信息管理公司是最有竞争优势的公司，哈里伯顿公司兰德马克的软件产品线是该公司最新云产品的最早用户之一，该产品旨在支持密集的3D可视化和虚拟现实应用。安泰斯（Antaeus）与斯伦贝谢（Schlumberger）合作实现了无网络条件的流动办公。BP公司宣布，正在将专有信息从自己的数据中心转移到微软的Azure云计算分析处理平台。这些观念转变代表了BP公司关闭其内部数据中心、全面使用公共云平台的最新战略，已经削减了IT运行成本大约40%。

二、人工智能进入油藏模拟，减少了不确定性

采用机器学习的方法进行油藏模拟。依赖于前馈神经网络（NN）算法的输出，该算法被认为适合推荐做重复压裂模拟优选、多相油藏模拟，净现值（NPV）优化依赖于一个四层长短时记忆（LSTM）递归神经网络进行模拟产量。

人工神经网络用于油井产量预测。以组合油藏模拟为例，对该井筒的上部结构进行了模拟。每个油藏模型由历史拟合和指定生产井的压力数据进行调整。结果表明，采用这种

综合方法可以使经营者具有战略眼光,从而避免项目盈利能力的错误反馈,同时,也使油气资产净现值最大化早期决策。

人工智能神经网络算法应用于储层描述。该算法将储层网格单元分类为渐进的储层参数,可识别相似的邻接区域,以渐进和递归的方式探索和识别具有相似性和无相似性的模型地理体。可以实现在类似地质特征储层模型的更小子集上进行历史拟合。该算法揭示了不易提取的储层模型中的相似性和不同点,通过考虑控制各项储层参数(例如渗透率)来完成地质建模,历史拟合质量得到极大提升。

国内油气行业中,阿里云最受行业关注,已有一些国内油气咨询和服务公司使用阿里云进行油气藏储层描述与数值模拟,不再购买和配置大型计算机服务器等以节省人力、物力,已成为降低成本的一种最佳选择。

油藏模拟进入智能化时代,以井位优化为核心的精细油藏描述,三维地质建模—高精度可预测模型优化油田开发,提高油藏认识和剩余油分布精度;静态模型和动态模型相结合迭代研究,该系统可进行智能化建模,最大程度提高钻井成功率,大大提高井产量和产能,成为提高采收率新一代高效数值模拟器。智能化高精度可预测模型,用于优化开发方案;模型不需粗化,可直接在精细网格上开展模型筛选;高效数值模拟将静态模型与动态模型实现了完美结合。

卫星数据广泛应用于陆上、海上钻井平台监测、油井压裂位置以及设备和钻机的运行情况监测,卫星、无人机和传感器越来越多地被应用,对用户交互设备的投入也越来越高。

复杂钻井、系统正在被智能化,由机器人接管常规的手工任务不应该被忽视。康菲石油公司正在开发将传感器放在顶驱上,进一步控制和校准井下导向系统,降低安全风险、节约成本、效率增益比更换新资产更经济。

现代信息化、智能化技术可以无缝地与生产者基础设施集成,使工业网络设备与油气生产应用相融合,预测和解决多种复杂问题,优化资产结构,有助于将公司运营中的油井成本降到最低。

三、纳米技术、3D打印和谷歌眼镜等颠覆性技术进入油气领域

纳米材料技术。目前在钻井液、完井液及采油生产中得到广泛试验,在钻井中改善流体流变性、滤失性,改善井眼稳定性;采油中用于油层保护、提高原油采收率。超稠油油藏纳米催化剂原位重油改质可使反应门限温度降至300℃,降黏率达到90%,与SAGD、VAPEX相比,具有热利用率高等特点,采收率可达80%。

纳米机器人。油藏纳米机器人可安装在钻头前,取代地质导向,也可用于探测和发现油水界面;也可通过注入水进入油藏,在地下旅行期间分析岩石及所含流体性质,2010年6月沙特阿美石油公司首次成功地完成了现场测试。

Janus石墨烯两亲性纳米薄膜技术。美国休斯敦大学和中国西南石油大学的研究人员共同研究开发了该产品。研究发现:在盐水环境中,纳米流体在油水界面形成强有力的弹性可恢复薄膜,薄膜能够快速地分离油和水,自发地接近油水界面,降低界面张力,进行

段塞状驱油，促使油流向生产井，具有经济和环保双重效益。

纳米表面活性剂。纳米表面活性剂与原油的界面张力大大降低。证实了石油磺酸盐可以降低界面张力。在100℃下培育4个月后，并未观察到界面张力值发生显著变化，证实了纳米表面活性剂的长效性和稳定性。相态实验表明：在没有任何机械混合搅拌情况下，在100℃下，纳米表面活性剂增强了水包油乳液的形成。纳米表面活性剂在高盐度和高温储层中提高石油采收率有很大潜力。

3D打印将成为地球科学及油气科技创新的一种新手段。3D打印技术建立在数字岩石模型早期的进展基础上，3D打印有潜力可以支持多种尺度下的岩石代替物来研究各种物理性质和物理过程。3D打印可作为数值模拟方法的补充和验证，储层3D打印模型可在无论有无井眼情况下制造，用来测试钻井后的油气井产能、完井工具使用和测井仪器响应的影响。3D打印可用于内部监测，传感器可嵌入到大型模型中，这种大型模型有可能实现对已知储层构型的地震响应校准等。

四、三次采油基础研究

混合碱提高碳酸盐岩油藏三元复合驱。把混合碱（NaOH和Na_2CO_3）和添加一种新型共溶剂的亲水性聚合物驱共同使用，该方法在致密岩心（8~35mD）中获得低表面活性剂残留和高的原油采收率。研究中测量表面活性剂残留率较低，生产桶油所需表面活性剂的成本预计大大降低。

碱驱提高油藏波及效率的新机理。埃克森美孚公司根据相态特性实验和微观模型实验结果，提出了碱驱提高油藏扫油效率的新机理，认为如果碱驱过程乳状液在低水油比环境中是水包油的低黏状态，而在高水油比环境中是油包水的高黏状态的话，油藏的驱油效率会大幅度提高。

光明水技术（Brightwater®）。该技术是Nalco公司与几家大型石油公司联合研制的与注入水一起注入到油水井的堵水深部调剖剂，由其合资公司Tiorco进行商业化。浓度大约是1.5%，处理过的注剂注入贼层，当这种处理剂被推到油藏深部时，该聚合物在较高油藏温度条件开始膨胀，一旦完全膨胀，它们会停止移动并阻塞孔隙喉道，因此，将所有后续的注入水转向到该油藏的其他部位。在全球有123个项目在运行。

IBM公司提高采收率的基础研究。该公司采用纳米尺度晶片材料用于模拟提高原油采收率的试验评价，研究人员利用半导体加工技术制造了一个纳米尺度的硅晶片材料多孔介质物理模型，用于研究纳米尺度的流动和提高采收率机理评价。用该晶体物理模型还可对聚合物流体和纳米颗粒等材料的EOR技术进行试验和评价研究。

油藏微生物驱技术。以美国为代表的外源微生物驱（MEOR）技术，通过筛选油层外功能菌，地面发酵后注入油藏提高驱油效率，单井试验超过2000口，平均增产16.8%。以俄罗斯为代表的内源微生物驱（MEOR）技术，通过注入营养液，原位激活本源采油功能菌群提高驱油效率，试验规模覆盖15个油田，平均增产19.3%。国内在本源菌剂自主研发，耐盐耐高温性都取得了长足的进展，长庆绥靖新14区侏罗系延9区块自2016年6月起，部署11注36采微生物驱试验，试验后累增油5470t，当年投入产出比1∶4.81，预测采收率提高2.1%。

五、非常规油气项目及致密油藏提高原油采收率技术

美国从国家层面重视非常规油气资源开发利用。美国能源部成立了非常规资源技术咨询委员会（URTAC），广泛汇集技术专家意见使国家利益最大化，2007年制定了非常规油气开发科技发展规划，约2年进行一次调整规划。美国能源部（DOE）在2018年1月宣布加大对非常规油气提高采收率项目的投资，在页岩油气、水合物等6个方向设计相应项目，共投资3000万美元。

美国EOG资源公司透露，通过注入天然气和二氧化碳来增加储量和产量，2017年试验了100口井，结果表明从鹰滩（Eagle Ford）页岩致密储层可采出30%~70%的石油。马拉松石油公司、岩心公司（Core Lab）、必和必拓（BHP Billiton）等都在不同的页岩区块开展了注入天然气和二氧化碳气体提高原油采收率联合工业项目。

大多数页岩储层的主要驱动机制是溶解气驱。该驱动机制可能的最终采收率是8%~12%，这是非常规储层应用IOR方法的主要原因。将数值模拟方法和室内实验结果放大到了现场尺度，提高原油采收率30%~40%（表4-24）。

表4-24 美国致密油藏提高采收率解决方案

IOR方法类型	IOR方法	适用性	油藏/流体问题	解决方案	挑战性因素
热采	所有方法	否	无需要解决的问题；轻质低黏度原油	—	—
化学剂	表活剂	是	油润湿，高油水界面张力，毛细管力为负值	改变润湿性，降低IFT，提高水湿指数	需进行现场测试
	聚合物	否	油藏非均质性	提高储层波及效率	地层注入能力
	碱	未研究	润湿性	改变润湿性	需进行研究
微生物	表活剂	未研究	油润湿，高油水界面张力，毛细管力为负值	改变润湿性，降低IFT	未研究
	生物聚合物	否	油藏非均质性	会导致孔喉堵塞问题	未研究
注气	天然气吞吐	是	天然能量开采，储层波及效率较低	再加压和原油抽提	先导性试验未取得成功
	天然气气驱	是	天然能量开采，储层波及效率较低	压力保持和原油膨胀	储层波及效率控制
	CO_2吞吐	是	天然能量开采，储层波及效率较低	再加压和原油抽提	先导性试验未取得成功
	CO_2驱	是	天然能量开采，储层波及效率较低	压力保持和原油膨胀	储层波及效率控制
	水气交注	是	天然能量开采，储层波及效率较低	压力保持	需进行现场测试
水	水	是	天然能量开采，储层波及效率较低	压力保持	储层波及效率控制
	低矿化度水	是	毛细管力为负值，储层波及效率较低	通过渗透作用促进水自发渗吸	需进行现场测试

气驱提高致密油藏原油采收率。致密油储层已经成为美国石油产量增长的主力之一，一次采油只能采出3%～7%的致密油。研究和先导试验证实，气驱或注气吞吐方法可以提高致密油储层的采收率。致密地层的低渗透性影响了地层中气体的流动，因此循环注气吞吐的局限性之一是其能影响到的面积有限。当地层渗透率为0.0001～0.01mD时，注气吞吐的效果要好于气驱。只有当地层渗透率大于0.01mD且井距较大时，气驱才是一种较好的方法。

表面活性剂+有机溶剂+氧化剂组成一种新的化学混合物。该混合物的协同效应在鹰滩下部页岩样品中进行了测试。该混合物在裂缝表面与页岩相互作用，并从接触的页岩中提取出30%的初始含油饱和度。混合化学剂也提高了基质页岩的渗透率，由于方解石和油的溶解，达到了25%～100%。混合物将裂缝表面润湿性改变为亲水性，可以作为水力压裂的前置液，作为油井生产后期的处理液，作为一种提高采收率的手段。

纳米颗粒胶体悬浮液提高致密油油藏的采收率。得克萨斯大学研究了一种纳米颗粒胶体悬浮液，通过综合化学驱油模拟验证了表面活性剂基纳米流体用于润湿性改变的有效性，采用复合数值模拟方法研究致密油油藏中界面张力的润湿性变化，提高原油采收率。特别是在致密地层中，润湿性修正的建模依赖于模拟过程中相对渗透率和毛细管压力曲线的位移。润湿性的改变影响了残余相饱和度，进而影响了相对渗透率，随着润湿性向水湿条件的转变，毛细管自吸有利于原油的采出。采用综合模拟敏感性研究和多目标优化方法，利用复杂表面活性剂基纳米流体识别影响致密油油藏采收率的主要参数。提出了适用于多裂缝致密油储层改变岩石润湿性、提高采收率的纳米流体，预计纳米流体在提高石油采收率方面发挥重要作用。

第五章 对国内油气开发的基本判断和认识

第一节 外部环境分析

一、机遇

1. 国家"两个一百年"奋斗目标和能源清洁化、低碳化转型为油气发展提供了广阔空间

党的十九大报告提出了从 2020 年到 21 世纪中叶将我国发展分两个阶段来安排的发展思路。第一个阶段,从 2020 年到 2035 年,基本实现社会主义现代化;第二个阶段,从 2035 年到 21 世纪中叶,在基本实现现代化的基础上,把我国建成富强民主文明和谐美丽的社会主义现代化强国。按照"两步走"的节奏,能源领域需要率先改革,通过转型提高效率,系统构建高质量清洁能源发展体系。对照能源现实基础与新形势下"两步走"战略对能源的要求,中国能源转型将以"去煤与清洁用煤并重、增气、稳油,以及非化石能源大发展"为主要特征。中国经济高质量发展对于能源需求的依赖,以及建设清洁低碳、安全高效现代能源体系要求的耦合作用,决定了未来中长期内中国的油气消费仍将刚性增长。

我国原油需求自 2000 年以来保持平稳增长。2000 年原油表观消费量不足 2.3×10^8t,到 2018 年增加至 6.2×10^8t,年均增长 6.01%。综合考虑经济发展、电动革命和燃油经济性提升等多重因素影响,预计中国的石油需求还将保持一定时期的增长,但增速将放缓,到 2030 年前后将出现石油峰值,峰值规模为 7×10^8t 左右。虽然受交通运输体系优化、能效提升、替代加快等影响,交通用油消费增速将不断下降,但化工轻油基数小、发展潜力大,将成为石油清洁化低碳化应用的重要领域。

我国天然气 2007 年以前基本处于自给自足状态,甚至是天然气净出口国,2007 年之后在天然气利用政策推动下需求逐渐加速,2018 年天然气需求达到 $2800 \times 10^8 m^3$。能源生产与消费革命、大气污染防治和碳排放峰值承诺将持续推动天然气消费。面对资源约束趋紧、环境污染严重、生态系统退化的严峻形势,党的十九大报告进一步指出要加快生态文明体制改革,建设美丽中国,将生态文明上升为千年大计,防治污染纳入决胜全面建成小康社会的三大攻坚战,政府治理大气污染的决心更加坚定。2018 年 12 月,联合国第 24 次气候变化大会通过《巴黎协定》实施细则,全面落实了《巴黎协定》各项条款要求,彰显了全球绿色低碳转型的大势不可逆转,强化了各方推进全球气候治理的政治意愿,对清洁能源的需求将进一步增加。另一方面,国家持续推进能源生产与消费革命,未来 5 年乃至更长时间是中国能源转型的关键时期,可再生能源受技术、成本、储能等多种因素的制

约，难以在短期内大规模使用，天然气作为一种优质、高效、清洁的低碳能源，同时具有资源稳定和开发利用技术成熟的优势，是中长期具有现实竞争力的能源，可与核能及可再生能源等其他低排放能源形成良性互补，是能源供应清洁化的最现实选择。加快天然气产业发展，提高天然气在一次能源消费中的比重，是我国加快建设清洁低碳、安全高效的现代能源体系的必由之路，也是化解环境约束、改善大气质量、实现绿色低碳发展的有效途径，同时对推动节能减排、稳增长惠民生促发展具有重要意义。据中国经济技术研究院《2050年世界与中国能源展望研究》成果（2020年版），在参考情景下，天然气主体地位将更加稳固，天然气需求稳步增长，预计2035年和2050年天然气消费量将分别达到 $6000 \times 10^8 m^3$ 和 $6700 \times 10^8 m^3$ 左右。

2.体制改革落地红利持续释放为油气市场化发展创造条件

近年来，油气上游领域市场化改革探索取得积极进展，但开放程度依然十分有限，超过95%的油气矿业权仍集中在三大国家石油公司，竞争活力不足，而且油气矿业权在矿业企业之间缺乏有效的流转机制，充分竞争、有序发展的勘探开发市场格局远未形成。我国油气体制改革的总体方向是市场化，目标是提升行业的运行效率、保障国家能源安全，围绕市场体系和安全保供体系建设的措施逐步推出，油气行业全产业链扩大开放。一是对于竞争出让油气探矿权、加大油气勘查区块退出，通过深化勘查开采管理体制改革，盘活储量存量，规范勘察开采领域并提升效率。近年来，国家以油气矿权管理为抓手，对陆上不满足投入的油气探矿权实施强制退减，陆上油气矿权面积下降超过 $100 \times 10^4 km^2$，为推进市场主体多元化腾出了空间。二是对于放开油气勘查开采市场，通过降低市场准入门槛，推进上游投资主体多元化。以新疆油气勘查开采试点为突破口放宽国内企业准入，以取消外商投资限制为突破口放宽外资企业准入，为推进油气体制改革释放了市场主体。

2011年，中国将页岩气列为独立矿种，并在同年对国有企业进行首次体制内邀标。2012年9月，国土资源部发布公告，面向社会各类投资主体公开招标出让页岩气探矿权，拉开民营企业进入上游勘探开发领域的序幕。当时，共推出20个招标区块，总面积约 $2 \times 10^4 km^2$，分布在重庆、贵州、湖北、湖南、江西、浙江、安徽、河南八个省（直辖市）。最终，除1个区块流拍外，国有企业竞得17个区块，民营企业竞得2个区块。这是油气行业上游领域改革的破冰之举。

2014年，中央财经领导小组第六次会议提出部署油气勘查开采体制改革，破除体制障碍之后，油气改革力度进一步加大，我国上游区块招标开始由非常规油气转向常规油气。

2015年7月，国土资源部发布新疆石油天然气勘查区块招标公告，公开招标出让6个油气勘查区块，这是我国油气上游领域首次通过招标出让勘查开采权，国有石油企业勘探开发专营局面被打破。

2017年5月，中共中央、国务院印发《关于深化石油天然气体制改革的若干意见》，在部署的重点改革任务中提出"实行勘查区块竞争出让制度和更加严格的区块退出机制，加强安全、环保等资质管理,在保护性开发的前提下,允许符合准入要求并获得资质的市场主体参与常规油气勘查开采"。6月,国家发改委和商务部联合发布的《外商投资产业指导目录(2017年修订)》明确,允许外资投资石油、天然气的勘探、开发和矿井瓦斯利用等采矿业,但又规定石油、天然气(含煤层气,油页岩、油砂、页岩气等除外)的勘探、开发限于合资、合作。2017年7月,国土资源部发布《贵州省正安页岩勘查区块探矿权拍卖公告》。同年12月,国土资源部再次发布公告,对新疆塔里木盆地柯坪西区块等5个石油天然气勘查区块探矿权以挂牌方式公开出让。

2018年9月,国务院印发《关于促进天然气协调稳定发展的若干意见》,提出"严格执行油气勘查区块退出机制,全面实行区块竞争性出让,鼓励以市场化方式转让矿业权,完善矿业权转让、储量及价值评估等规则"。

2019年3月,《国务院关于取消和下放一批行政许可事项的决定》印发,决定取消的行政许可事项目录包含石油天然气(含煤层气)对外合作项目总体开发方案审批,改为备案,国家发展改革委、国家能源局要会同有关部门加强事中事后监管。油气对外合作项目总体开发方案由审批改备案后,油气田总体开发方案仅需按《企业投资项目核准和备案管理办法》要求在网上填报必要信息,项目备案时间和审批相比将有较大幅度缩短,进一步调动油气企业积极性,有利于进一步方便中外油气企业开展合作,有利于进一步扩大开放、积极利用外资。

2019年4月,中共中央办公厅、国务院办公厅印发《关于统筹推进自然资源资产产权制度改革的指导意见》,提出探索研究油气探采合一权利制度,加强探矿权、采矿权授予与相关规划的衔接,有序放开油气勘查开采市场,完善竞争出让方式和程序,制定实施更为严格的区块退出管理办法和更为便捷合理的区块流转管理办法。

2019年6月,国家发展改革委、商务部印发《外商投资准入特别管理措施(负面清单)(2019年版)》《自由贸易试验区外商投资准入特别管理措施(负面清单)(2019年版)》《鼓励外商投资产业目录(2019年版)》,外资准入负面清单进一步缩减,取消外资在石油天然气勘探开发中限于合资、合作的内容,扩大油气行业上游市场开放程度。油企开采中外合作的项目较多,其中鄂尔多斯的致密气开发项目有法国达道尔石油公司参与其中,四川高含硫气田开发项目有雪佛龙公司加盟,四川页岩气开发项目有BP公司、荷兰皇家壳牌集团助阵,渤海海上油田项目则有美国康菲国际石油公司参与。准入限制取消,外资独立勘探开发则成为可能。

2019年12月,国家发展改革委、国家能源局印发《油气开发项目备案及监管暂行办法》,进一步优化国内自营、对外合作石油天然气(含煤层气)开发项目备案流程,服务中外企业,同时加强项目监管。自然资源部发布《关于推进矿产资源管理改革若干事项的意见(试行)》,在中华人民共和国境内注册,净资产不低于3亿元人民币的内外资公司,均有资格按规定取得油气矿业权。根据不同于非油气矿产的勘查开采技术特点,实行油气探采合一制度,油气探矿权人发现可供开采的油气资源,在报告有登记权限的自然资源主管部门后即可开采,并在5年内签订采矿权出让合同,依法办理采矿权登记。

3. 中央批示加大勘探开发力度，并制定"七年行动计划"

2018年，按照中央加大国内油气勘探开发力度的要求，自然资源部、国家能源局联合4大石油公司，制定油气行业增储上产"七年行动计划"，提出到2025年实现石油年均新增探明地质储量（10～15）$\times 10^8$t，年产油量重返2.0×10^8t；天然气年均新增探明地质储量1×10^{12}m³，实现天然气产量快速增长，各石油公司与国家发改委、国家能源局等五部委签定了《大力提升油气勘探开发责任书》。2019年10月11日，中共中央政治局常委、国务院总理、国家能源委员会主任李克强主持召开国家能源委员会会议，研究进一步落实能源安全新战略，在油气资源方面，会议强调要发挥好国内油气资源的作用，加大国内油气勘探开发力度，促进增储上产，提高油气自给能力。

实施"七年行动计划"以来，各石油公司积极行动，取得了一批油气勘探开发成果。渤海油田内凝析气田渤中19-6正式通过自然资源部审定，探明天然气地质储量超千亿立方米，凝析油储量超亿立方米，是渤海湾盆地五十余年的开采历史中最大的天然气发现。鄂尔多斯盆地新增探明地质储量3.58×10^8t，预测地质储量6.93×10^8t，发现了10×10^8t级的庆城大油田；在长宁—威远和太阳区块新增探明页岩气地质储量7409.71×10^8m³，累计探明10610.30×10^8m³，形成了四川盆地万亿立方米页岩气大气区，威荣页岩气田提交探明储量1247×10^8m³；塔里木油田博孜9井试井成功，获高产工业油气流，成为塔里木油田年内在天山南部发现的又一个千亿立方米级大气田，标志着塔里木盆地第二个万亿立方米大气区横空出世。鄂尔多斯盆地北部东胜气田累计探明储量达1239×10^8m³，是近20年来我国先后发现大牛地、苏里格等气田并进入规模开发之后，鄂尔多斯盆地发现的又一储量规模超千亿立方米的大气田。

同时，中国石油、中国石化、中国海油三大石油公司加大了勘探开发的合作力度，陆续签订上游合作框架协议，助力国内油气增储上产。2019年7月初，中国石油与中国石化就塔里木盆地、准噶尔盆地和四川盆地签订联合研究框架协议，涉及双方探矿权81个、总面积约30.58×10^{12}km²。中国石化宣布与中国海油就渤海湾、北部湾、南黄海和苏北盆地签订合作框架协议和联合研究协议，共涉及双方探矿权19个、面积约2.69×10^{12}km²，双方将在三年内通过联合研究、联合勘探、设施共享的方式在不同海域进行合作，在合作框架协议下，同时签署了渤海湾盆地、苏北和南黄海盆地、北部湾盆地联合研究协议。

4. 天然气发展得到国家政策指引和支持

在能源转型、绿色低碳发展的大背景下，国家先后发布若干重要文件指引和支持天然气发展。

2014年4月，国务院办公厅转发国家发展改革委发布《关于保障天然气稳定供应长效机制的若干意见》，要求我国将建立保障天然气稳定供应长效机制，增加天然气供应，到2020年天然气供应能力达到4000×10^8m³，力争达到4200×10^8m³。

2017年7月，国家发展改革委等13个部委联合发布《加快推进天然气利用的意见》，指出逐步将天然气培育成为我国现代清洁能源体系的主体能源之一，到2020年，天然气在一次能源消费结构中的占比力争达到10%左右，地下储气库形成有效工作气量$148×10^8m^3$。到2030年，力争将天然气在一次能源消费中的占比提高到15%左右，地下储气库形成有效工作气量$350×10^8m^3$以上。《加快推进天然气利用的意见》还明确加快推进天然气在城镇燃气、工业燃料、燃气发电、交通运输等领域的利用，并提出一系列保障政策，旨在将天然气培育成为我国现代清洁能源系统的主体能源之一。

2018年9月，国务院印发《关于促进天然气协调稳定发展的若干意见》，在加大国内勘探开发力度方面提出，严格执行油气勘查区块退出机制，全面实行区块竞争性出让，鼓励以市场化方式转让矿业权等举措，力争到2020年底前国内天然气产量达到$2000×10^8m^3$以上，还重点探索建立已探明未动用储量加快动用机制，多措并举盘活储量存量。

天然气价格市场化改革不断推进，先后发布《关于降低非居民用天然气基准门站价格的通知》《关于加强地方天然气管网输配价格监管降低企业用气成本的通知》《关于加强配气价格监管的指导意见》《天然气管道运输价格管理办法（试行）》《天然气管道运输定价成本监审办法（试行）》等。

相关税收政策不断完善，《关于调整天然气进口税收优惠政策有关问题的通知》促进天然气进口力度。为进一步支持非常规气勘探开发，2018年财政部、税务总局联合印发《关于对页岩气减征资源税的通知》，从2018年4月1日起至2021年3月31日，对页岩气资源税（按6%的规定税率）减征30%；2019年6月，财政部发布《关于〈可再生能源发展专项资金管理暂行办法〉的补充通知》，可获得可再生能源发展专项资金支持的非常规天然气有煤层气（煤矿瓦斯）、页岩气、致密气等，按照"多增多补"的原则，对超过上年开采利用量的，按照超额程度给予梯级奖补，对未达上年开采利用量的，则相应扣减奖补资金，同时，对取暖季生产的非常规天然气增量部分，给予超额系数折算，体现"冬增冬补"。

二、挑战

1. 地缘政治变化对我国油气供应安全供给形成挑战，给国内油气勘探开发提出了更高要求

一方面，我国油气进口安全受地缘政治变化影响存在较大风险。

当今世界格局正在发生深刻变化，和平与发展仍是时代主题，但世界多极化、经济全球化在曲折中前行，呈现出一系列新特征：一是民粹主义兴起对国际关系特别是大国关系的影响。二是国际力量对比发生深刻变化，西方强国的相对走弱，新兴市场国家和一大批发展中国家快速发展，中国的"发展中国家"地位屡遭质疑。三是世界组织架构和全球治理机制的深刻调整，世界贸易组织亟需改革，同时，双边贸易协定、区域贸易协定如雨后春笋。四是地缘政治热点此起彼伏，恐怖主义、武装冲突的阴霾挥之不去。尤其是国际地缘政治更加复杂多变，大国博弈加剧，美国将中国明确定义为战略竞争对手，中美贸易谈判前景存在不确定性，同时，美国实现能源独立战略后，通过限制伊朗石油出口、加大南

海所谓的自由航行力度等手段，破坏全球油气生产及运输安全环境，对中国能源供应和通道安全形成挑战。

原油进口方面，2018年中国共从48个国家或地区进口原油，中东、非洲、俄罗斯和南美洲依然是我国原油进口的四大来源区域。中东地区为中国进口石油的主要来源，进口占比44%，在十大原油进口来源国中，中东地区国家就占了5个（沙特阿拉伯、伊拉克、阿曼、伊朗和科威特），对于我国石油供应具有举足轻重的作用。然而，目前中东形势十分复杂，处在一片乱局之中。伊朗核危机风波再起，伊拉克、利比亚爆发战争后国内局势持续动荡，南北苏丹分裂后纠纷不断，阿拉伯世界发生动乱且愈演愈烈，中东乱局对中国石油稳定供应产生了严重威胁。2018年我国进口原油4.62×10^8t，除了从俄罗斯等少数陆上接壤的国家外，近85%的石油进口都是通过海上运输完成，其中，40%以上的原油需要通过霍尔木兹海峡，80%以上原油需要通过马六甲海峡。石油运输环节的安全风险很大。

天然气进口方面，自2009年开始引进管道天然气后，大大增加了我国天然气的进口量。虽然进口来源国越来越多，但天然气供应量十分悬殊。2017年我国进口管道天然气3043×10^4t，其中91.7%来自中亚，土库曼斯坦占80.5%，进口来源过度集中。2017年冬季，中亚"欠气"诱发了我国北方大规模"气荒"。随着供暖煤改气等需求集中释放，我国冬季供气压力将进一步增加。近年来，天然气进口结构出现较大程度变化，LNG进口量所占比例已逐渐超越管道气进口。2018年，我国投产LNG接收站22座，总接收能力每年近7000×10^4t，为我国天然气进口提供了更加多样化的选择，对气荒有所缓解，但仍然不能满足巨大的需求。未来天然气对外依存度不断提升已是不可避免的趋势，势必对保持我国天然气安全供应造成严重的影响。

另一方面，我国国内油气自主供应能力不足，对外依存度不断攀升。

原油方面，"十一五"以来原油产量增长速度明显减缓，一是，主力油田进入开发后期，控制递减难度加大，特别是大庆油田进入递减阶段，年递减200×10^4t左右。二是，近十年探明储量品质明显变差，采收率低、开发成本高。三是，技术创新的速度赶不上资源品质变差的速度，导致单井产量低，成本居高不下，制约了效益生产规模。四是，长庆等规模上产油田已进入了稳产阶段。五是，2014年国际油价断崖式暴跌并持续低迷，导致各种开发矛盾更加突出，使得油田生产雪上加霜，全国原油产量从2016年开始持续下降，2018年降至1.89×10^8t，比2015年的历史峰值2.15×10^8t减少了约2600×10^4t。再加上我国油气消费量快速上涨和地方炼厂放开等因素，石油对外依存度快速上升，2015—2018年从60.5%上升到70.8%。

天然气方面，受资源禀赋影响产量增长速度有限。从资源总量看，我国已发现的天然气资源总体不足，人均资源量非常少，只相当于世界人均的七分之一。从资源勘探开发状况看，一是克拉2、靖边、榆林、崖13-1、普光、涩北等主力大气田已经进入递减阶段，老井总体综合递减率在10%左右，每年有相当比例新建产能用于弥补老井递减，上产能力有限；二是资源劣质化加剧，新增探明储量80%以上属于低渗透和非常规气藏，规模效益开发难度非常大。2008—2018年，国内天然气产量从$803 \times 10^8 m^3$增长

到 $1610×10^8 m^3$，年均增速仅为 7.2%。而国内天然气消费快速增长，2008—2018 年，我国天然气消费量从 $807×10^8 m^3$ 增长到 $2786×10^8 m^3$，年均增速达到 13.2%。其中 2008 年、2010 年、2011 年、2012 年和 2013 年的增长率分别达到 16.1%、20.6%、22.1%、12.5% 和 14.2%，虽然在 2015 年、2016 年受全球经济环境低迷、国际油价大跌影响，国内天然气消费增速已降至 10% 以内，2015 年增长率仅为 4%，2016 年回升到 6.4%，但 2017 年以来我国经济稳中向好，GDP 增幅企稳反弹，在国家系列政策推动下，同时叠加煤炭、原油等替代能源价格底部上行，天然气需求增速触底反弹，2017 年天然气需求迎来爆发，重返快速发展通道，2017 年和 2018 年年均增速超过 17%，年绝对增长量达 $300×10^8 m^3$ 以上。综上所述，国产气供应量有限和天然气消费量的快速增长导致我国天然气对外依存度快速攀高，2018 年达到 44%。

随着油气对外依存度的不断增加和始终存在的油气进口通道风险，为保障国家油气安全，油气行业面临着的压力越来越大。

2. 油价暴跌后对国内加大油气上产带来严峻挑战

自 2014 年中以来，国际油价经历了长达逾一年半的断崖式下跌，从 2014 年上半年的 100 美元 /bbl 左右下跌到 2016 年 1 月的 27.88 美元 /bbl，刷新 12 年新低，其后国际油价在 40~60 美元 /bbl 艰难爬升，并于 2018 年内先涨后跌，年末两个月跌幅高达逾 25 美元 /bbl，上演了"过山车"式行情。

2019 年以来，先后发生了波斯湾附近针对油轮的袭击事件、沙特阿拉伯布盖格和胡赖斯的石油设施遭到了无人机和导弹袭击造成沙特阿拉伯石油减产一半、沙特阿美首次公开募股、"OPEC+"深化石油减产等影响石油市场的重大事件，油价出现了较大幅度波动，国际油价在 2018 年四季度大幅下跌 35% 之后，2019 年一季度油价反弹了 27%，到三季度又回落了约 10%，四季度再次回升 12%，全年平均在 60 美元 / 桶左右。

2020 年初，新冠疫情作为"黑天鹅"事件，诱发了全球石油需求的瞬间冻结，根据 IEA 发布的报告，2020 年世界石油日需求量将下降 $930×10^4 bbl$，约占当前全球日产量的 10% 左右。同时，俄罗斯、沙特阿拉伯和美国三方围绕政治与经济利益展开博弈，"OPEC+"限产谈判破裂直接造成国际油价大幅下跌，WTI 期货 5 月结算价甚至报收于 –37.63 美元 /bbl，石油市场首次出现负油价，尽管之后以沙特阿拉伯和俄罗斯为首的"OPEC+"达成日均减产 $970×10^4 bbl$ 的协议，但相对于全球供给过剩的问题仍是杯水车薪，并且在美国页岩油产量已经占到全球原油产量相当比重的情况下，任何没有美国参与的减产协议均效果有限，但由于美国页岩油企业绝大部分为私企，美国政府对于本国页岩油企业没有调控权，无力干涉其产量，全凭页岩油企业根据市场供求自行决定。因此，市场对减产效果并不看好，预计未来油价低迷态势仍将持续。

国内陆上主要油田生产完全成本大都在 50~60 美元 /bbl，远高于当前油价，因此各石油公司生产经营形势严峻，销售收入减少、整体亏损、现金流紧张，面临巨大的生存压力，纷纷采取了压缩投资成本和调低产量目标的措施，中国石油年初计划投资较 2019 年实际值调减 0.6%，并表示将按自由现金流为正的原则，进行一定程度的动态调整；中国石化初步计划2020年资本支出较2019年实际值调减2.5%，未来将根据市场变化，动态优化调整投资项目；中国海油2020年资本支出计划比年初计划压减10%～15%。这些措施将严重影响国内原油生产今后的发展趋势，实现"七年行动计划"发展目标存在风险。

3. 生态环保限制对油气生产影响较大

党的十八大后，面对能源供需格局新变化、国际能源发展新趋势，习近平总书记从保障国家能源安全的全局高度，提出"四个革命、一个合作"能源安全新战略，中国能源发展战略方向已然明朗，能源革命正在加速推进。清洁低碳方面，我国能源利用带来的资源环境压力依然巨大，我国承诺将在2030年左右实现碳排放达峰，2020年、2030年单位GDP碳排放比2005年分别下降40%～45%、60%～65%，非化石能源占一次能源消费比重在2020年、2030年、2050年分别达到15%、20%、50%左右；安全高效方面，我国能耗水平仍然偏高，我国设立了2020年单位GDP能耗将比2015年下降15%、2030年达到世界平均水平、2050年达到世界先进水平的节能目标，2020年、2030年能源消费总量分别控制在50×10^8t标准煤、60×10^8t标准煤以内，2050年实现能源消费总量基本稳定。十九大报告进一步提出了"加快生态文明体制改革，建设美丽中国"的伟大目标，并把"构建清洁低碳、安全高效的能源体系"作为实现这一目标的重要手段之一。

落实生态文明建设要求，对油气生产提出了更高要求。国内很多油气资源富集区与重要的生态功能区、生态环境敏感脆弱区客观上空间叠置，加之当前法规政策缺乏对环境敏感区内生产建设活动分级管控、分类施策的细化规定，环境敏感区内油气生产建设活动受到限制。"绿色低碳"虽是油气行业的重要发展战略，但在短期内给油气生产造成了很大的影响。

国内油气勘探开发目前受用海、用地、环保等因素的约束，对储量、产量有较大的影响。海上主要是油气勘探开发存在与军事、渔业养护、港口航运、海洋保护等重叠的用海矛盾，陆上油气生产受国家和地方自然保护区、环保敏感区强化生态保护红线的刚性约束面临退出。据统计，受用海、用地及环保等因素制约，影响国内已探明石油地质储量43×10^8t，相关产量2466×10^4t，其中已有产量1134×10^4t，待建产量1332×10^4t；影响探明天然气地质储量14369×10^8m³，产量201×10^8m³，其中已有产量119×10^8m³，待建产量82×10^8m³。

特别是用海矛盾目前已成为制约中国海上油气增储上产的主要瓶颈，用海功能区划重叠的影响主要涉及渤海和南海西部的北部湾地区，近海油气开发空间受到严重挤压，而且有愈演愈烈之势。以渤海油气田为例，渤海油气田是海上增储上产最具潜力地区，年产量占海上油气产量的近2/3，但目前在4.5×10^{12}km²的矿权区范围内，只有23%的面积为非受限区可以自由作业，其余77%的面积均为受限区。其中受限可协调区（军事试验区和码头、锚地、航道）占65%，勘探协调难度大、开发协调难度更大，受限红线区占12%。2015年最高达到6121.8×10^4t油当量之后，受外部用海制约等复杂因素的影响，2015—2017年原油产量分别为4773×10^4t、4537×10^4t、4278×10^4t，虽然2018年以来部分受限项目已经得到协调解决，但2025年受影响产量仍达到660×10^4t。

第二节　对国内油气开发的基本认识

一、考虑中国油气资源基本特点，将国内油气生产定位于基础保障作用

保障能源安全对任何国家都是头等大事，也是长期困扰我国的问题。总的来看，我国能源安全主要是结构性问题，风险主要在油气安全，特别是原油对外依存度已经超过70%，而在复杂的国际形势及大国博弈的背景下，油气进口通道安全面临巨大威胁。因此，作为保证油气供应安全的压舱石，提升国内油气产量是保证供应安全最重要的途径，保持一定规模的国内产量将有利于控制我国油气对外依存度过快攀升。同时，国内三大石油公司拥有员工近200万人，合理规模产量也是保社会稳定、支撑就业和实现国企创收、创效与缴纳巨额税费的基础。

但必须认识到，产量规模必须基于我国油气资源的特点。从资源数量角度看，我国油气田储量、产量与占世界比例并不匹配，石油探明地质储量占世界比例在1.1%左右，却贡献了占世界4%~5%的石油产量，是所有产油国中最大的杠杆系数，各油田基本处于高负荷生产状态；天然气探明储量世界排名第9，天然气产量排名第6，天然气储采比保持在40左右，仅属于中等偏低水平。从资源品质角度看，我国陆相油气藏与国外海相油气藏相比，相变大、油层连续性差、岩性杂、砂体小、储层水动力连通性差、油藏天然能量有限、油层储集空间及其赋存流体的非均质性严重。

受油气资源品位总体不高、地质条件复杂、技术发展滞后于资源劣质化等因素影响，未来国内油气产量增加仍将大大落后于需求增长，油气供不应求且对外依存度保持高位将是常态。因此，从战略上应将国内油气生产定位于基础保障，不过度拔高生产能力，保持国内油气生产在相对合理规模，使其在将油气对外依存度保持在可控水平和紧急状况下保障基础供应中发挥重要作用，并实现油气行业长期稳定发展。

二、充分利用我国体制优势，能够保障油气行业持续发展和应对突发事件

党的十九届四中全会指出，我国国家制度和国家治理体系具有多方面的显著优势，其中之一就是"坚持全国一盘棋，调动各方面积极性，集中力量办大事的显著优势"。当前，面对国内国际的新形势新变化，需要高度重视并充分发挥这一优势。

2018年，国家提出来了中央发出了加大国内勘探开发力度的要求。一方面，国家能源局会同各部委在政策层面为加大勘探开发创造条件：国家发展改革委、自然资源部、生态环境部、财政部、国资委在项目审批、用海审查、环评审批、财政补贴、国资考核等方面，深化"放管服"改革，全力保障勘探开发项目落地实施；另一方面，国有石油公司积极响应中央号召，加大勘探开发投入，制定油气产量上产目标，同时，中国石油、中国石化、中国海油互签协议，加强油气勘探开发领域的合作。

从 2019 年开始，油气勘探开发局面有了新的变化，随着政策落地，各种加大勘探开发力度举措深入开展，勘探开发投入持续回升，预探和风险勘探力度明显加大，新区勘探取得一批重大突破，点多面广，展现可喜形势，新增探明储量大幅回升，保持高位增长，产能建设规模大幅增加，原油产量在 2019 年已开始止跌回升，天然气产量保持较快增长，国内油气保供能力进一步增强。

如果出现进口通道被封锁等较为极端的情况，我国可以进一步发挥体制优势，供应侧通过石油公司加大措施增产工作量、关停井恢复和已探明未开发储量动用等举措，可以在短期内较大幅度增加原油产量，在需求侧通过限制私家车出行、增加公共交通运力，推动居民生活用能替代和炼厂产品结构调整，压缩石油消费，同时，通过动用油气储备、加大煤制油生产等措施，能够保障油气行业应对突发事件。

三、稳油增气是现实目标，具备原油 2×10^8t 稳产、天然气产量倍增的条件

从国内资源状况和勘探开发程度等情况来看，天然气要好于原油，具备持续上产的基础，原油开发可通过多措并举力争较长时间稳产，从而实现"稳油增气"的目标。

我国原油开发具备较长时间稳产的基础。我国原油产量从 2015 年峰值 2.15×10^8t 降至 2018 年的 1.89×10^8t，表面上是受低油价影响的产量调减，深层次的原因还是资源劣质化、开发成本高等矛盾在低油价下集中暴发。但原油产量仍具备可重回 2×10^8t 并保持较长期稳产的条件：一是积极做好新区勘探，储量增长可以长期保持已有规模；二是做好老油田提高采收率，可有效减缓产量递减；三是积极做好已探明未动用储量大规模动用，通过政策扶持和工程技术与管理创新，把上产的储量基础做大。在对储量品质、增长趋势和老油田递减形势分析基础上，综合资源潜力、重点油区生产等情况分析，原油产量保持 $(1.9\sim2)\times10^8t$ 持续稳产较为现实。如果再考虑石油需求在 2035 年左右达到 7×10^8t 左右峰值然后开始下降的趋势，原油产量保持 2×10^8t 规模可使对外依存度峰值控制在 72% 左右，再通过加大石油进口多元化、加强储备等保障措施，能够保障石油供应安全。因此，实现原油 2×10^8t 持续稳产可作为国内原油生产的战略发展目标。

我国天然气开发具备加快发展的基础。首先，我国常规天然气和非常规气可采资源探明率分别为 11.8%、5.98%，探明率低，总体处于勘探早中期，未来有大发现的可能。通过加大塔里木、鄂尔多斯、四川和海域天然气勘探投入，具备持续年增 $(6000\sim8000)\times10^8m^3$ 探明储量潜力。其次，天然气储采比总体较高，具有较大的上产潜力，常规气储采比保持在 40 左右，非常规气储采比在 45 以上，将成为未来上产的增长极。另外，我国天然气管道、储气库、LNG 接收站基础设施逐步完善，为加快天然气发展提供了良好的地面条件。因此，通过强化常规气老区、新区稳产上产，加快非常规天然气快速增长，可以实现天然气产量的持续增长，第一步到 2025 年实现产量 $2200\times10^8m^3$，第二步到 2035 年实现产量 $2700\times10^8m^3$ 左右，同比 2015 年实现天然气产量倍增，天然气油当量达到 2.2×10^8t，实现对原油产量的接替。

四、不断实现新的战略领域接替是油气持续发展的关键

油气上游属于资源开采性产业,由于资源约束性和生产中产量递减的特点,要保持较长时期的稳产上产必须依靠新增储量的接替,油区可以通过油田区块的接替实现,而一个国家则需要通过区域(盆地)的接替实现可持续发展。

我国石油工业的持续发展也是在盆地和区域的接替中不断发展壮大。20世纪50—70年代勘探"战略东移",我国石油勘探重心由酒泉盆地、准噶尔盆地西北缘等西部盆地转到松辽盆地,并发现大庆油田,奠定了石油生产大国根基,20世纪70年代勘探由松辽盆地转移至渤海湾盆地,经过区域勘探,先后发现胜利、辽河、大港、华北和中原油田,发现了我国石油资源最丰富的渤海湾盆地,在20世纪70—90年代近30年时间成为我国新增探明储量主体,东部油田的规模开发支撑全国原油产量快速上产,1978年原油产量超过1×10^8t,进入世界产油大国行列。

20世纪80年代末至90年代初,注水开发的东部老油田大都进入高含水和特高含水期,新增储量难以弥补产量的逐年递减,而当时西部地区的石油资源探明率还不到10%,特别是新疆三大盆地资源量丰富,是尚未进入充分勘探开发的主要战略接替地区。党和国家在"八五"规划中明确要求加快西部油气资源开发,提出了"稳定东部、发展西部"的战略方针,使西部油气资源大开发进入了一个新的时期,通过之后20多年在塔里木、鄂尔多斯、四川等中西部盆地持续勘探开发,长庆、塔里木、吐哈、新疆、四川油气区实现了快速发展。同时,海域贯彻合作和自营并举方针,在南海东部海域建成了中国最大的海上高产油田群,随着南海西部、渤海海域等油气田的开发,海域油气产量持续增长。陆上西部和海域油气田的成功开发实现了我国油气产量的接替,保障了全国产量持续增长。

目前,东部成熟盆地石油勘探进入中后期,大发现的可能性降低,鄂尔多斯盆地是近年储量增长主体,但未来战略接替盆地不明朗,从石油资源情况看,塔里木盆地、准噶尔盆地和南海中南部具备成为战略接替的可能,但各自都有自身的严峻挑战,战略接替区面临方向选择。资源战略接替领域准备不足是原油生产持续发展面临的最大挑战,有资源禀赋的原因也有体制机制的因素,明确油气战略接替领域并集中力量进行突破是当务之急。

五、重大油气开发理论技术的有效支撑是实现目标的重要保障

油气行业是技术密集型产业,其生产过程涉及的科技领域宽、专业多、专业化程度高,勘探开发技术进步是推动油气行业发展的最重要因素。70年来我国不但成功地开发了各类油气藏,而且创立了陆相油田开发理论与技术,注水开发砂岩油田、低渗透或特低渗透—致密油田、中深层稠油开发和化学驱油理论技术都步入了世界先进行列或领先水平,为我国石油行业发展提供了技术保障。

1949—1960年:技术从零起步,实现从无到有的突破。虽然玉门、冷湖、克拉玛依、独山子、延长等油田已投入开发或开发多年,多是在原苏联帮助下完成开发设计的。我国基本没有独立开发油田的实践与经验,该阶段的主要特点是学习油田开发理论、方法,积极摸索、总结、积累油田开发经验,为进一步开发好各类油田做准备。

1961—1980年：自主研发，打破封锁实现技术升级。大庆油田的成功开发确立了我国在国际石油开发中的地位，是我国砂岩油田开发史上的一个里程碑，也是油田开发技术的第一次辉煌。油田地质上提出了油砂体概念，创出了"旋回对比，分级控制"的小层对比方法，是我国油田地质技术的一个重大转折，而利用"一定沉积相形成的油层具有一定的结构特征"这一原理，通过细分相带认识油砂体各部位的油层性质，为大庆油田建立分层开采理论提供了地质依据。萨尔图油田开发设计，提出了早期内部注水保持油层压力分层开采的油田开发技术，标志着我国的油田开发设计已从学习探索走向了独立自主研究阶段。渤海湾断块油田的开发使我国油田的水驱开发技术又向前迈进了一大步，更加丰富了陆相油田开发理论与技术，该阶段的油藏描述与评价、渗流机理研究、开发设计等技术达到或超过了当时的世界水平。

1981—1990年：引进技术，消化吸收再创新实现技术换代。油田开发理论与技术又有很大的提升，最令世人瞩目的是"长期高产稳产的注水开发技术"研究与应用达到了世界领先水平，保证了大庆油田实现年产 $5000 \times 10^4 t$ 的10年稳产。孤东油田总体开发方案充分体现了开发设计技术的突出进步，在解决油稠、地饱压差小、油层出砂、储层非均质严重、海油陆采等一系列开发技术难题方面，探索出一套适合油田实际的系列开发技术和模式。特别是从系统工程角度出发，研究提出了油田开发总体设计最优控制法，在油田开发方案设计领域开创了新途径，在国内外居于领先地位。研发的古潜山碳酸盐岩油田开采技术使任丘油田平均年产油量达到 $1000 \times 10^4 t$ 以上，总体开发达到世界先进水平。地质研究上，对拒马河曲流点坝砂体进行槽探调查，是一件具有历史意义的地质考察。建立的曲流河点坝砂体"半连通体"模式，为数学地质模型研究的发展奠定了基础，标志着我国的储层描述技术研究具有比较扎实的理论与实践基础。在气田开发技术、煤成气开发技术和提高采收率技术研究上也都取得了积极的进步或总体上达到了国际先进水平。"七五"期间，对美国引进的VIP黑油模型的软件进行了全面解剖和深入的消化应用，为编制大庆油田"八五"规划提供了全面的依据，为油田注采系统调整提供了理论基础。数值模拟研究及应用达到了20世纪80年代世界先进水平。

1991—2000年：自主创新，追求卓越，多项技术达到世界先进水平。提出了高含水期油田开发"稳油控水""结构调整"的新概念及开发新模式，丰富了我国油田开发的理论与方法。稳油控水技术使大庆油田连续20年保持年产原油 $5000 \times 10^4 t$ 以上的稳产，这在世界同类油田开发中是前所未有的，这是油田开发技术的第二次辉煌。聚合物驱油技术工业性试验成功及推广应用为高含水油田开发提供了新技术，标志着我国化学驱油技术达到了世界先进水平。中国注水开发油田提高原油采收率潜力评价及发展战略研究肯定了我国砂岩油田三次采油以化学驱为主的攻关方向。三元复合驱采油试验得出了具有战略意义的结论：大庆油田适合开展三元复合驱采油。聚合物驱、三元复合驱采油技术为我国砂岩油田高含水后期的开发奠定了技术基础。该阶段油藏描述、油藏数值模拟技术、聚驱提高采收率技术均获得极大成功。

2001—2019年：自研技术硕果累累，实现了部分技术处于世界领跑地位。砂岩油田高含水后期注水开发稳产技术继续发展，创新主要体现在油藏精细描述与剩余油精细描述技术使油田实现了稳产目标，实践表明两项技术均处于国际领先地位。复合驱油技术又取得了一系列重大突破和创新成果，已成为支撑特高含水期持续稳产的新一代技术，并取得了巨大经济和社会效益。研究、发展了低渗透、特低渗透（致密）油田开发技术、复杂碳酸盐岩油田开发技术、稠油开采技术、致密气田开发技术、煤层气开发技术和化学驱提高采收率技术，已经达到或超过了同类技术的世界水平。长庆低渗透、特低渗透油田开发技术实现了油气 5000×10^4 t 油当量，中深层稠油热采技术跃居国际领先，形成了碳酸盐岩油气田开发技术体系，在层状碳酸盐岩油气田储层成因机理与注水开发技术等方面实现了创新和跨越，分别达到国际领先与国际先进水平。苏里格气田属于典型的低渗透、低压、低丰度气田，气藏埋藏深，气田经济有效开发难度极大，研究创新的 8 项大型复杂气田开发技术，实现了苏里格规模经济有效开发。

可以看到，我国油气田开发走过的历程就是一部科技创新史，科技创新在油气田开发的各个阶段都起到了至关重要的作用。目前，油气勘探开发对象日益复杂，面对特低渗透—超低渗透、碳酸盐岩、致密油气等低品位和非常规资源规模效益开发，以及高开发程度的已开发油气田深度挖潜的需求，更需要充分发挥科技创新的重要支撑作用。

第六章 油气开发发展战略

第一节 指导思想

以习近平新时代中国特色社会主义思想为指导，贯彻落实国家能源安全新战略，围绕大力提升勘探开发力度，坚持高质量开发油气资源，瞄准重大接替领域，强化科技创新引领，深化体制机制改革，实现国内油气资源的有序接替和充分利用，增强国内油气基础供应能力，为国民经济和社会发展提供安全可靠的油气资源，为保障国家能源安全作出新贡献。

第二节 发展战略

一、资源统筹

资源引领：油气开发紧跟勘探领域发展，遵循油气勘探开发生产和理论技术发展基本规律，研判探明储量发现及可采储量增长趋势，以剩余资源量和剩余可采储量为约束，科学制定油气开发发展目标。

层次接替：按照资源的落实程度和开发技术成熟度，将持续提高老油气田采收率作为重要基础，将加快动用低品位难开发储量作为关键支撑，将积极推进非常规资源开发作为突破方向，将规模开发深海资源作为战略接替，实现资源的层次接替和油气持续发展。

区域协调：按照"深化东部、发展西部，立足近海、加快深水"的总体布局，突出发展新疆地区、海域、四川盆地、鄂尔多斯盆地等地区，巩固松辽、渤海湾等地区，在各区域持续发展的基础上实现全国油气生产的总体协调接替。

二、创新驱动

技术创新：针对油气开发生产面临的重大理论挑战，着力解决关键技术瓶颈问题，按照推广、攻关、储备技术三个层次，突出原始创新，加快技术转化，为油气生产做好技术支撑。

理念创新：树立成本是核心竞争力理念，坚持低成本开发，围绕增加经济可采储量、效益产量，深化勘探开发一体化，创新新区建产模式和老油气田整体调整思路，提高储产转化效率，推进储产量规模、效益平衡，实现高质量发展。

机制体制创新：持续推进石油企业内部矿权流转和勘探开发合作模式，逐步打破内部关联交易定价模式，推进市场化模式，国家层面健全法规，加强监管，有序开放油气上游市场。

第三节 战略目标

实现国内原油产量 2×10^8 t 长期稳产和天然气持续上产，开发技术实现跨越式创新发展，增强国内油气基础供应能力，保障国家油气安全。

原油长期稳产：2022 年全国原油产量回升到 2×10^8 t，并持续稳产到 2035 年，陆上石油保持 $(1.5\sim1.55)\times10^8$ t/a，海上原油产量持续增长，2035 年达到 $(4500\sim5000)\times10^4$ t/a。2050 年全国原油产量保持在 $(1.8\sim2)\times10^8$ t。

天然气持续上产：天然气产量 2035 年增加到 $(2300\sim3000)\times10^8$ m³/a，常规天然气产量达到 $(1300\sim1450)\times10^8$ m³/a，非常规天然气产量达到 $(1000\sim1550)\times10^8$ m³/a。全国天然气实现"倍增发展"，天然气达到 2×10^8 t 油当量，与原油各占半壁江山。

油气开发技术：形成新一代油气开发技术体系，实现油气技术跨越式创新发展，提高油气科技原始创新能力，大力提升我国油气技术核心竞争力，全面提升国内油气生产能力。

第四节 战略布局和发展路线图

一、原油生产

1. 新老区布局

实现新老区协调发展：努力发挥老油田的压舱石作用和新油田增储上产的主力军作用。到 2025 年老区、新区原油产量分别保持在 13200×10^4 t 和 6800×10^4 t，分别占比 66% 和 34%，到 2035 年老区、新区原油产量分别保持在 9600×10^4 t 和 10400×10^4 t，分别占比 48% 和 52%。其中，已开发油田努力减缓老井递减，加大提高采收率力度，到 2025 年原油产量保持在 13200×10^4 t 以上，其中老井 10100×10^4 t、提高采收率 3100×10^4 t 以上；到 2035 年原油产量保持在 9600×10^4 t 以上，其中老井 4800×10^4 t、提高采收率 4800×10^4 t 以上。已探明未开发油田加快评价建产，到 2025 年原油产量达到 1800×10^4 t 以上，到 2035 年原油产量达到 2700×10^4 t 以上。新探明油田加快储量有效动用，到 2025 年原油产量达到 4900×10^4 t 以上，到 2035 年原油产量达到 7600×10^4 t 以上（图 6-1）。

一是深度挖掘已开发储量潜力，努力减缓油田递减并大幅提高采收率，到 2035 年老井递减率控制在 6.5% 以内，采收率提高 4~5 个百分点。已开发油田储量规模大、品位相对较好，但总体采收率不到 30%，各类油藏采收率在 18%~39% 之间，仍有通过技术大幅度提高的潜力。一方面通过精细开发，水驱油藏精细注采调整、热采稠油油藏精细调整和转换开发方式、碳酸盐岩油藏改善开发效果，减缓老油田递减；另一方面，通过规模推广"二次开发＋三次采油"开发模式和转换开发方式，大幅度提高采收率。2019—2035 年，预计新增可采储量 13.7×10^8 t 以上。其中，"十三五"后两年，老井递减率控制在 10% 左右，提高采收率年均新增可采储量 8300×10^4 t；"十四五"期间，老井递减率控制在 8%~9.5% 之间，提高采收率年均新增可采储量 8100×10^4 t；"十五五"期间，老井递

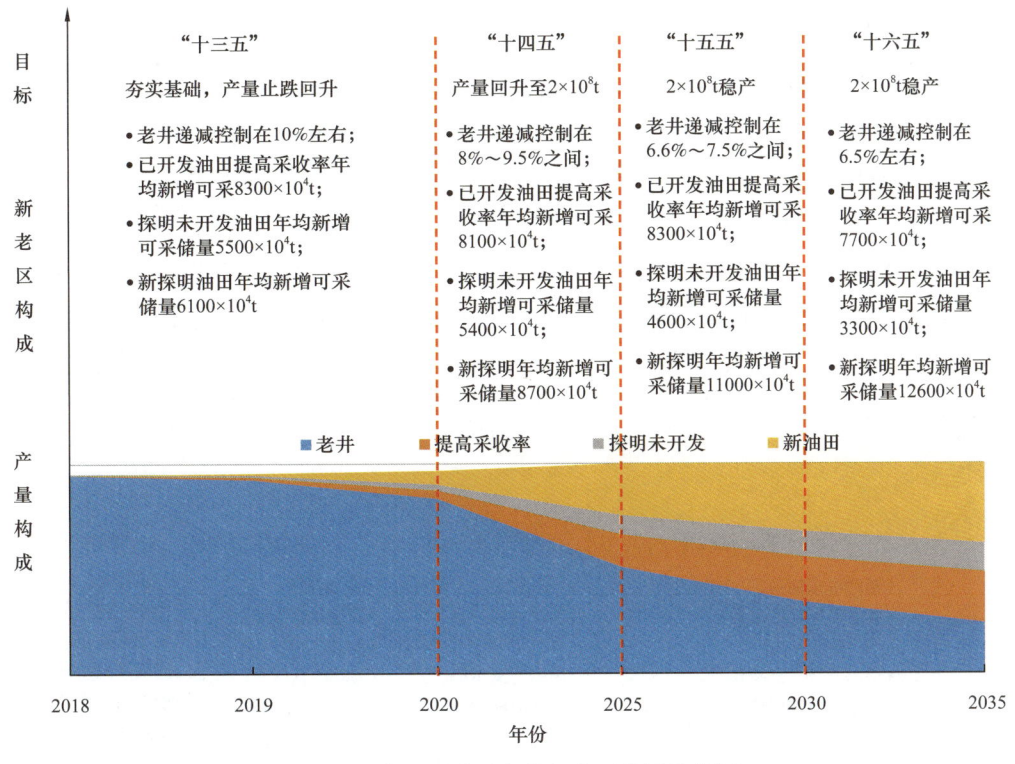

图 6-1 全国原油开发分新老区发展路线图

减率控制在 6.6%～7.5% 之间，提高采收率年均新增可采储量 8300×10^4t；"十六五"期间，老井递减率控制在 6.5% 以内，提高采收率年均新增可采储量 7700×10^4t。

二是加快已探明未开发储量动用，努力提高新探明储量的动用率，到 2035 年储量动用率达到 54% 以上。探明未开发油田 92×10^8t 储量中，有 45% 的落实储量、15% 的待落实储量。落实储量中 60% 以上是常规技术能开发的，40% 是开发难度大和效益差的。一方面需要加大技术攻关，突破开发瓶颈技术；另一方面需要创新开发模式、管理和体制机制，加大政策支持，实现有效动用。2019—2035 年，预计动用地质储量 50×10^8t，储量动用率 54.4%，新增可采储量 7.7×10^8t，采收率 15.4%。其中，"十三五"后两年，年均新增可采储量 5500×10^4t；"十四五"期间，年均新增可采储量 5400×10^4t；"十五五"期间，年均新增可采储量 4600×10^4t；"十六五"期间，年均新增可采储量 3300×10^4t。

三是加大新油田勘探，夯实资源基础，加快储量评价和建产，实现有效开发，到 2035 年累计 203×10^8t 探明储量可供评价建产，储量动用率达到 55% 以上，采收率达到 15% 以上。按照探明储量油藏类型构成趋势预测，新探明储量中，超低渗油藏、致密/页岩油等低品位油藏和非常规油藏比例越来越大，开发技术难度加大，开发效益变差。以提高单井产量和采收率为技术攻关重点，努力降本增效，加大储量动用规模，实现有效开发。2019—2035 年，预计动用地质储量 112.8×10^8t，储量动用率 55.5%，新增可采储量 17.4×10^8t，采收率 15.4%。其中，"十三五"后两年，年均新增可采储量 6100×10^4t；"十四五"期间，年均新增可采储量 8700×10^4t；"十五五"期间，年均新增可采储量 11000×10^4t；"十六五"期间，年均新增可采储量 12600×10^4t。

2. 区域布局

努力减缓陆上东部油田产量递减。到 2025 年陆上东部原油产量达到 7600×10^4t 以上，2035 年产量保持在 7000×10^4t 以上规模。以松辽盆地、渤海湾盆地为重点，深化精细勘探开发，积极发展先进采油技术，努力增储挖潜，提高原油采收率。松辽盆地强化长垣水驱综合挖潜，努力保持三采储量动用规模，加快探明未开发储量动用，2025 年原油产量达到 2900×10^4t 以上，2035 年产量保持在 2400×10^4t 以上；渤海湾盆地陆上加快"二三结合"开发、稠油转换方式和探明未开发储量动用，加大济阳陆上、苏北、歧口滩海、页岩油等规模产能建设，2025 年原油产量达到 4400×10^4t 左右，2035 年保持在 4300×10^4t 以上（图 6-2、图 6-3）。

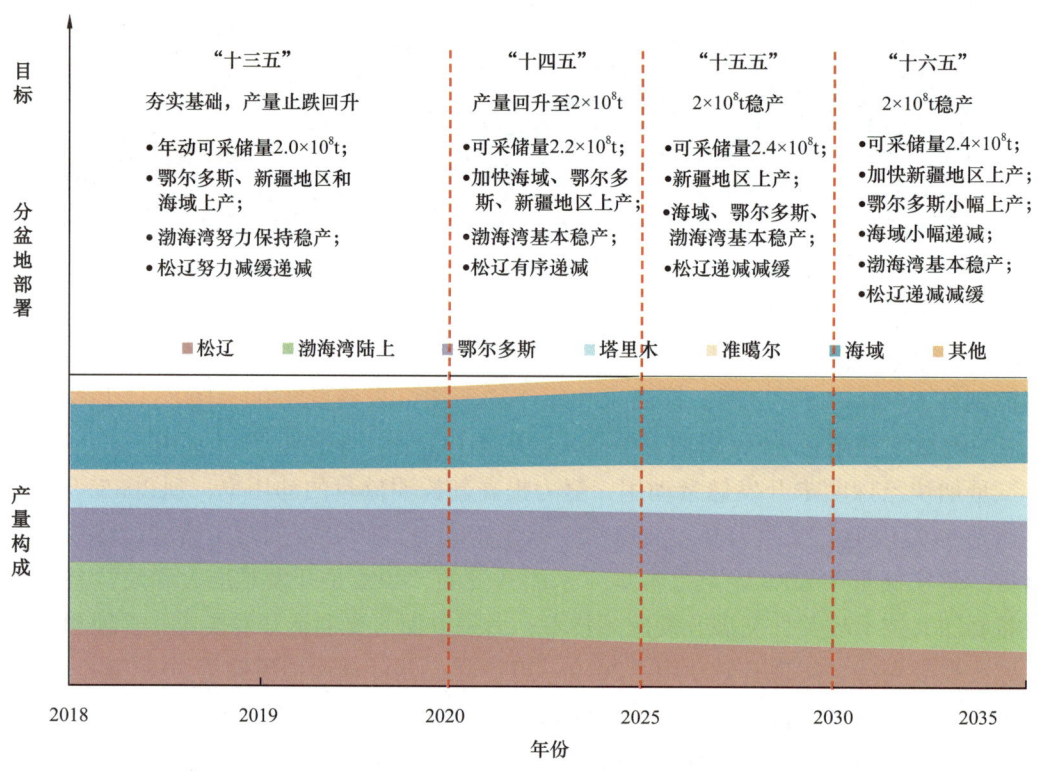

图 6-2　全国原油开发分盆地发展路线图

实现陆上西部增储上产。到 2025 年陆上西部原油产量达到 7600×10^4t 左右，占据陆上原油生产的半壁江山，到 2035 年原油产量保持在 8500×10^4t 左右规模。以鄂尔多斯、准噶尔和塔里木盆地为重点，加大油气资源勘探开发力度，推广应用先进技术，努力探明更多优质储量，加大老油田提高采收率和新区产能建设规模，提高石油产量。鄂尔多斯盆地加大老油田精细注采调整和注气转换开发方式，推进致密油规模效益开发，2025 年原油产量达到 4000×10^4t 左右，2035 年原油产量达到 4100×10^4t 以上；准噶尔和塔里木盆地，加大稀油老区"二三结合"开发规模和稠油转换方式、减耗提效实现稳产，加大玛湖、吉木萨尔、哈拉哈塘、顺北、塔河等规模产建工程，2025 年原油产量达到 3000×10^4t 以上，2035 年原油产量达到 3700×10^4t 以上。

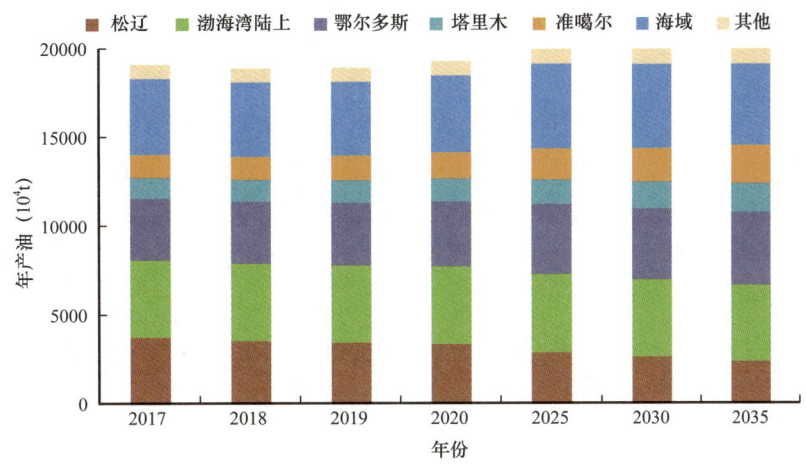

图 6-3 全国原油产量分盆地构成

加快海洋石油开发。到 2025 年海域原油产量达到 4800×10^4t 左右，2035 年产量保持在 4600×10^4t 规模。坚持做强渤海、拓展南海、加快东海的区域定位；按照以近养远、远近结合，自主开发与对外合作并举的方针，加强渤海、东海和南海等海域近海油气勘探开发，加强南海深水勘探开发形势跟踪分析，积极推进深海对外招标和合作，尽快突破深海采油技术和装备自主制造能力，大力提升海洋原油产量。其中，渤海海域紧紧围绕"提高采收率"与"提高储量动用"两大方向开展工作部署，以"稳定老油田、加快新油田、突破低边稠"方针为遵循，积极协调解决用海重叠问题，力争石油产量规模由当前的 2750×10^4t 左右上产至 2025 年的 3500×10^4t 以上，并努力实现长期稳产；南海海域立足南海北部海域，加强在生产油田扩边增储和挖潜，并加快新油田建产；同时，落实国家海洋强国战略，适时拓展至南海中南部石油资源开发领域，力争石油产量规模由当前的 1500×10^4t 左右上产至 2025 年的 1800×10^4t 以上，并努力实现长期稳产。

根据国内各大的盆地的资源基础、勘探开发程度的差异性，各重点盆地的勘探开发工作部署安排如下：

1）陆上

（1）松辽盆地。

勘探立足中浅层石油，加强齐家—古龙、长垣—三肇、朝长—双城等地区的精细勘探，加大扶余油气、致密油的规模效益开发，积极探索页岩油勘探，力争实现储量有序接替。

开发持续推进扶余、葡萄花油层精细勘探，拓展致密油勘探，优选页岩油原位改质有利区。持续加强精细水驱、加快三类储量转化学驱和聚合物驱后储量进一步提高采收率攻关，加强特低渗、致密油藏地质研究和二氧化碳驱等有效开发技术试验和推广，努力减缓油田产量递减并提高开发效益。

（2）渤海湾盆地。

勘探立足陆上富油气凹陷，强化济阳、歧口—沧东、饶阳、辽河西部等 12 个凹陷的精细评价，积极开展歧口、廊固、辽河东部凹陷的预探与评价，加大致密油、滩海风险勘探。

开发立足陆上富油凹陷精细勘探。复杂断块油田以细分开发层系、完善注采关系为主，加强水驱精细注采调整；加快试验并推广适宜的三采技术，改善稠油蒸汽吞吐开发效果，加快转换稠油开发方式；加强复杂、低品位油藏有效开发配套技术攻关试验，规模动用探明未开发储量。

（3）鄂尔多斯盆地。

勘探立足姬塬、陇东、华庆、陕北四大富油区多层系集中勘探，积极拓展长7致密油、中生界油型气等新类型勘探，加大三边、盐池、环西—彭阳、页岩油等外围新区新领域的甩开预探。

已开发油田立足水驱，深化精细油藏描述和剩余油研究，做好精细注采和加密调整，进一步提高水驱采收率；攻关气驱、化学驱等三次采油技术，探索进一步提高采收率新途径。新油田以技术和管理创新为驱动力，攻关、完善、配套和推广水平井+体积压裂、工厂化作业等技术，大幅降低建设成本，提高开发效果，实现超低渗等低品位油藏的经济有效开发。

（4）准噶尔、塔里木盆地。

集中勘探玛湖砾岩大油区、吉木萨尔致密油两个规模储量区，深化准西北、腹部中浅层、阜东—北三台的精细勘探，实现年均新增探明地质储量 2.3×10^8 t。通过积极开展塔北、塔中奥陶系、库车南斜坡、顺北的精细勘探，加强库车北部、塔中—塔北碎屑岩、塔西南山前的预探，积极开展满西、塔中—塔北蓬莱坝组等新区新领域勘探。

已开发油田立足水驱，深化克拉玛依砾岩和砂岩、塔里木砂岩等油藏的精细油藏描述和剩余油研究，在精细注采的基础上，采用"二次开发+三次采油"的开发模式，进一步提高采收率；完善配套新疆超稠油、塔里木和塔河碳酸盐岩油藏开发技术，进一步提高采收率和开发效益。新油田围绕超稠油、碳酸盐岩、深层特低渗、致密/页岩油等复杂油藏，攻关大幅降低投资和成本的开发技术，创新管理模式，实现规模效益开发。

2）海域

（1）渤海海域。

紧紧围绕"提高采收率"与"提高储量动用"两大方向开展工作部署，以"稳定老油田、加快新油田、突破低边稠"方针为遵循，并积极协调解决用海重叠问题，力争石油产量规模由当前的 2750×10^4 t 左右上产至2025年的 $(3500\sim3750)\times10^4$ t，并努力实现长期稳产。

稳定老油田方面，发展并完善"双高"油田强化水驱持续提高采收率技术，创新形成集地质油藏、钻采工程为一体的强化水驱及增产挖潜技术体系；开展技术攻关、矿场试验与应用研究，突破化学驱采出液处理、精细化学驱、自适应微胶驱、稠油活化水驱等关键技术。

加快新油田方面，加强前期项目技术管理创新与协调，积极研究落实"两个20%"

（钻完井和工程建设周期缩短20%）的要求，确保按期投产；不断深入开展新项目地质油藏研究，深入开展钻前优化、随钻精细调整，确保新项目达到或超过预期效果；攻克中深层优质储层的发育相带及预测方法，建立适用于中深层复杂油气藏精细描述及高效开发技术体系，推进中深层储量经济高效开发。

突破低边稠方面，集中攻关制约海上热采经济性、有效性、安全性的关键技术，形成具有渤海特色的海上稠油热采有效开发技术体系；深化低渗油藏气驱提高采收率机理研究，开展气驱提高采收率方案设计及矿场试验，初步形成渤海低渗油藏气驱开发技术；开展技术攻关、矿场试验与应用研究，形成渤海边际油田开发钻完井配套技术体系。

（2）南海海域。

立足南海北部海域，加强在生产油田扩边增储和挖潜，并加快新油田建产；同时，落实国家海洋强国战略，适时拓展至南海中南部石油资源开发领域；力争石油产量规模由当前的 1500×10^4 t 左右上产至2025年的 $(1800\sim2000)\times10^4$ t，并努力实现长期稳产。

针对在生产油田，积极推动调整挖潜，实施滚动评价及调整井领眼评价，扩边增储。一是加大地质油藏研究力度，做好调整井井位储备，保证调整效果；二是积极开展新工艺措施应用及推广，保障注水油田的高效开发；三是加大滚动评价力度，争取实现更多的扩边储量，尤其是加强设施周边滚动评价，力争快速建产；四是考虑现有设施周边储量一体化动用。

针对新油田，积极推动，保障快速建产。一是在建油田，做好ODP实施跟踪，保障方案实施效果，提前考虑后续油田潜力挖潜井；二是在评价油田，密切跟踪前期研究成果，确保按照计划推进，积极解决项目存在的问题，如经济性等，并兼顾加快拟建设施周边储量动用。

针对深远海领域，何时可以进入实质性开发阶段存在极大的不确定性。

（3）东海海域。

东海海域以天然气开发为主，目前石油产量主要来自平湖油田、残雪油田和气田凝析油，随着两个主要油田进入递减阶段及更多气田投产，预计未来东海海域石油产量规模将稳定在 35×10^4 t 左右。

3. 油藏类型布局

以提高单井产量和采收率为技术攻关重点，努力降本增效，实现有效开发，保障低渗透砂岩、致密／页岩油和特殊岩性油藏上产；以提高采收率为技术攻关重点，努力减缓中高渗砂岩和稠油油藏递减；加大用海矛盾解决和提高采收率技术应用实现海域上产（图6-4）。

1）陆上

（1）中高渗透砂岩：加强无效水循环治理技术攻关，实现水驱降本增效。发展"二三结合"关键配套技术，推进老油田开发模式转型。加快三次采油技术攻关与试验，形成适宜的化学驱配套技术。重点是松辽盆地加大长垣水驱精细开采，努力加大储量投入和扩大三元驱规模保持三采产量规模，攻关聚驱后提高采收率技术；其他盆地加强水驱精细挖潜和三元驱、二元驱等三采技术的适用性研究，加快"二三结合"规模推广，努力减缓产量递减。到 2025 年原油产量保持在 6500×10⁴t 左右，2035 年原油产量保持在 5000×10⁴t 以上。

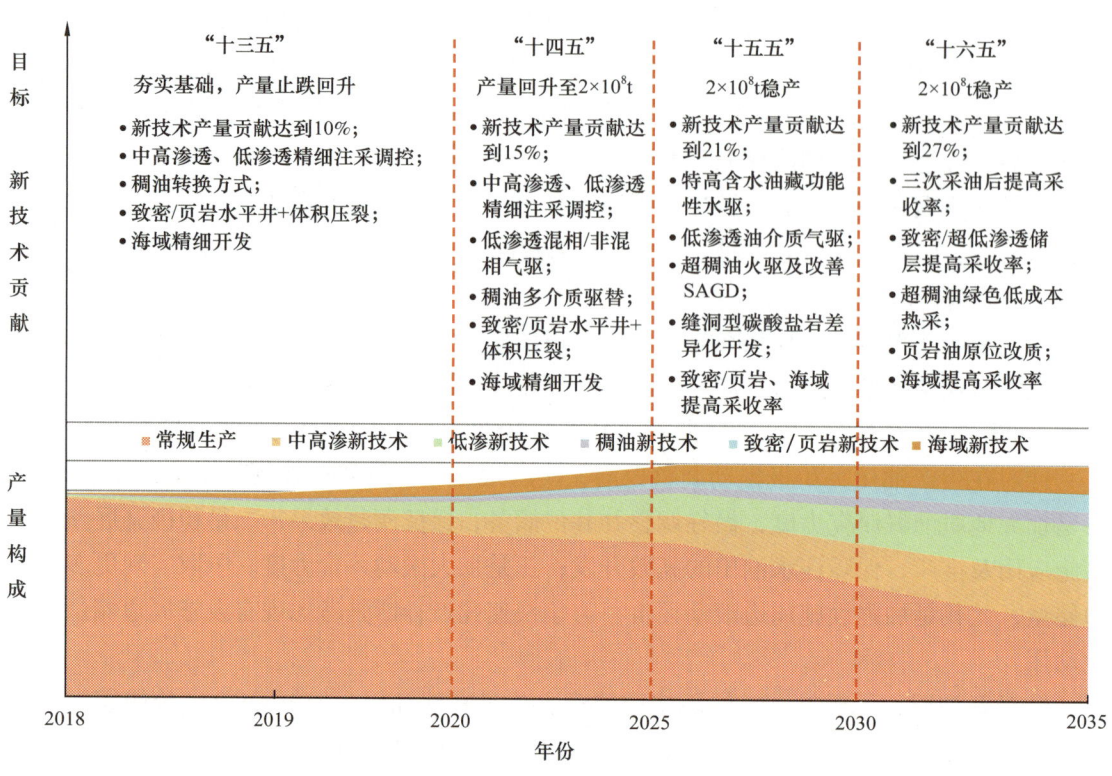

图 6-4　全国原油开发分油藏发展路线图

（2）低渗透砂岩：推进低/特渗透高含水油田开发调整，构建稳油控水开发新模式。攻关提高单井产量关键技术，探索低品位资源效益开发。攻关气介质驱油技术，探索提高采收率接替技术。以鄂尔多斯盆地和松辽盆地为代表，持续通过精细注采、综合调整等改善水驱开发效果，加大注气等三采技术现场应用，加快"二三结合"规模推广，到 2025 年原油产量达到 5000×10⁴t 以上，2035 年原油产量达到 5700×10⁴t 左右。

（3）稠油：加大常规蒸汽吞吐转换开发方式，努力改善蒸汽驱开发效果，创新以多介质蒸汽驱、立体井网 SAGD/VHSD、高温火驱为主的新一代热采技术。重点是松辽盆地和准噶尔盆地的稠油油田，加快蒸汽吞吐转换开发方式，通过多介质驱、水平井辅助等方式改善蒸汽驱效果，加大 SAGD/VHSD 应用规模，有序推进高温火驱。到 2025 年原油产量达到 1500×10⁴t 以上，2035 年原油产量达到 1400×10⁴t 以上。

（4）特殊岩性：重点针对塔里木盆地的缝洞型碳酸盐岩油藏，发展高精度储层、缝洞识别评价关键技术，提高缝洞识别精度和储量落实程度，持续攻关复合注水和注气等补充能量提高采收率技术。到 2025 年原油产量达到 1200×10⁴t 以上，2035 年原油产量达到 1500×10⁴t 以上。

（5）致密/页岩油：重点针对鄂尔多斯、准噶尔和松辽等盆地的页岩油和致密油，发展以大数据、高精度为核心的"甜点区"预测与评价关键技术、水平井体积压裂和井网优化技术、注气补充能量提高采收率技术。到2025年原油产量达到 600×10^4t 左右，2035年原油产量达到 1200×10^4t 以上。

2）海域

（1）海相天然水驱开发油田。

海相天然水驱开发油田主力层具有边底水能量充足、单井产液能力旺盛、开发过程中边底水易突进等特点，特高含水期剩余油描述及挖潜难度大；非主力层具有层薄低阻、油柱高度小等特点，难以精确识别和表征。目前海相天然水驱油田整体上已进入高含水后期，需要深入总结典型多层油藏、大中型油藏及小型油藏开发模式及策略，充分利用水平井高产、控水的优势，继续通过层间接替、滚动增储、立体挖潜、大幅提液与产液结构调整相结合等手段进一步提升水驱采收率。

（2）陆相注水开发油田。

陆相沉积油田具有天然的复杂性，应着力在加强地质油藏研究的基础上，从战略高度有效增加井槽资源，加大加密调整力度，并有序扩大化学驱规模，推进协同增效，形成战略接替技术体系。储层沉积条件与井网控制程度状况是有效实施优化注水和化学驱增油的首要因素，因此，加密调整是培育健康高效油藏的本质需要，通过高效加密调整提高水驱控制程度，通过注采井网优化提高油藏生产能力，通过有效提液释放油藏生产能力，进而有序扩大化学驱规模，达到加密调整与化学驱协同增效的目的。与此同时，需要整体规划引领高效调整，有效增加井槽资源，但调整潜力的大小取决于工程及钻完井等成本控制水平，因此本质降本是必由之路，必须研究建立协调发展长效机制，提升协调发展境界，进而探索市场化模式，实现与外部市场有效对接。

（3）"边低稠"油田。

陆地"边低稠"油田开发技术相对成熟，但由于海上油田开发成本较陆地油田高出6倍以上，因此，不能照搬陆地开发技术和模式是海上"边低稠"油田开发面临的共同问题。针对稠油、低渗、低油柱等油藏，需要深刻认识到仅靠技术创新难以实现本质突破，亟需引入市场机制、创新商务模式，进而不断优化方案，并突破技术、工艺适应性瓶颈，实现经济有效开发。目前难动用探明石油地质储量规模在 8×10^8t 左右，基本为"低边稠"储量，通过技术和管理创新，如能有效新增动用25%，将新增建成石油产能 200×10^4t（图6-5）。

二、天然气生产

1. 区域布局

实施加快西部、发展海域、拓展东部的天然气发展战略，坚持常非并举、深浅并举，推进天然气产量持续较快增长，形成西气东输、海气登陆、东部就近消费的天然气开发格局。全国各盆地天然气发展路线如图6-6所示。

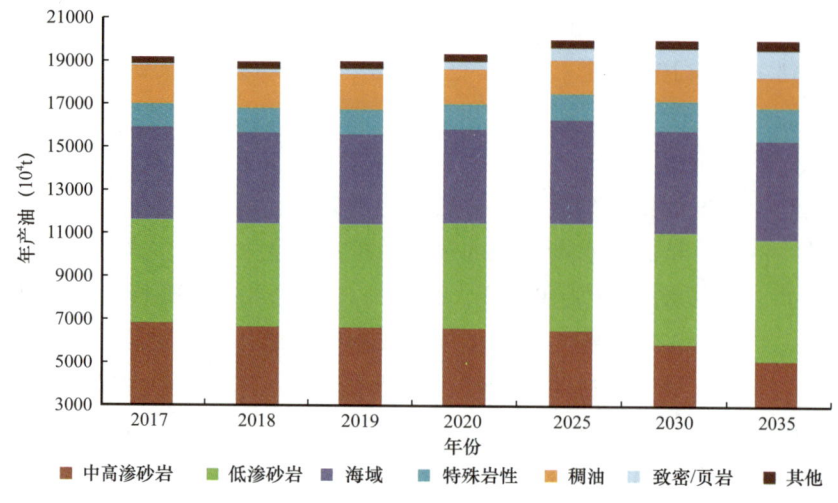

图 6-5 分陆上油藏类型与海域全国原油产量构成

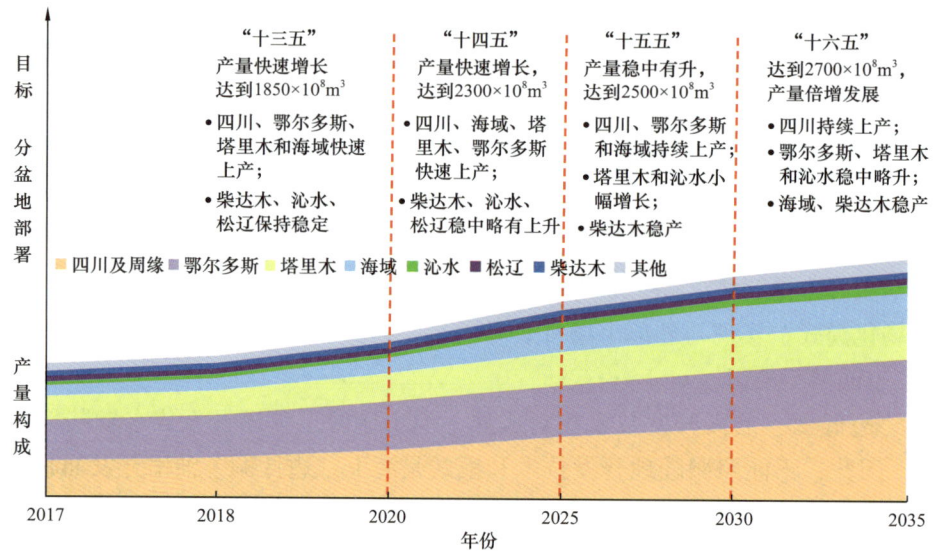

图 6-6 全国天然气分盆地发展路线图

加快陆上西部天然气增储上产。西部是我国油气工业的主要增储上产区，到 2025 年陆上西部天然气产量达到 $1760\times10^8m^3$ 左右，占据陆上天然气产量的 88%，到 2035 年天然气产量达到 $2120\times10^8m^3$。以四川、鄂尔多斯、塔里木盆地、柴达木和准噶尔盆地为重点，加大资源勘探开发力度，推广应用先进技术，努力探明更多优质储量，加大气田提高采收率和新区产能建设规模，提高天然气产量上产进程。鄂尔多斯盆地重点加大致密气低效储量的动用，加大盆地中低煤阶煤层气动用，推进致密气规模效益开发，煤层气产量增长，2025 年天然气产量达到 $570\times10^8m^3$ 左右，2035 年产量达到 $640\times10^8m^3$ 以上；四川盆地是近期天然气增储上产的重要地区，加大深层高压气藏、高含硫气藏储量动用，加快深层页岩气规模效益建产，2025 年天然气产量达到 $690\times10^8m^3$ 左右，2035 年产量达到 $940\times10^8m^3$ 以上。塔里木盆地加快克拉苏深层气藏勘探开发一体化进程，实现克拉 2、迪那等老气田稳产、延缓递减，2025 年天然气产量达到 $380\times10^8m^3$ 左右，2035 年产量达到 $400\times10^8m^3$ 以上。

实现陆上东部天然气产量稳中有升。深化东部老区滚动勘探,力求在新层系和新领域获得重大发现,到2025年陆上东部天然气产量达到$170×10^8m^3$以上,2035年产量上升到$230×10^8m^3$。以沁水盆地、松辽盆地、渤海湾盆地为重点,沁水盆地重点加大煤层气资源动用,加快中高煤阶800m以浅煤层气开发,2025年天然气产量达到$60×10^8m^3$,2035年达到$90×10^8m^3$。松辽盆地、渤海湾盆地中深层火山岩气藏是勘探开发的主要目标区,气藏隐蔽性强,加强深层气成藏地质规律研究,加强储层预测,指导油气勘探;深层天然气资源勘探程度低,勘探潜力大,加快徐深、长岭等深层火山岩气藏探明未开发储量动用,2025年天然气产量达到$70×10^8m^3$以上并保持稳产。渤海湾盆地陆上加强歧口等气田开发,2025年天然气产量达到$50×10^8m^3$左右,2035年达到$70×10^8m^3$。

大力发展海上天然气开发。到2025年海域天然气产量达到$270×10^8m^3$,2035年产量达到$350×10^8m^3$。按照"做强渤海、拓展南海、加快东海"的战略部署,立足渤海、珠江口、琼东南盆地天然气勘探,加大东海、莺歌海盆地天然气勘探力度,强化珠江口、琼东南盆地深水区、南海中南部的风险勘探,尽快突破深海技术和装备自主制造能力,大力提升海洋天然气产量。其中渤海海域,力争天然气产量规模由当前的$25×10^8m^3$上产至2035年的$(40\sim50)×10^8m^3$。南海海域立足南海北部海域,加强现有气田的扩边增储和挖潜,并加快新气田建产;同时,落实国家海洋强国战略,适时拓展至南海中南部天然气资源开发领域;力争天然气产量规模由当前的$100×10^8m^3$上产至2025年的$270×10^8m^3$以上,并努力实现长期稳产。

根据国内各大盆地资源基础、勘探开发程度的差异性(图6-7),各重点盆地的勘探开发工作部署安排如下:

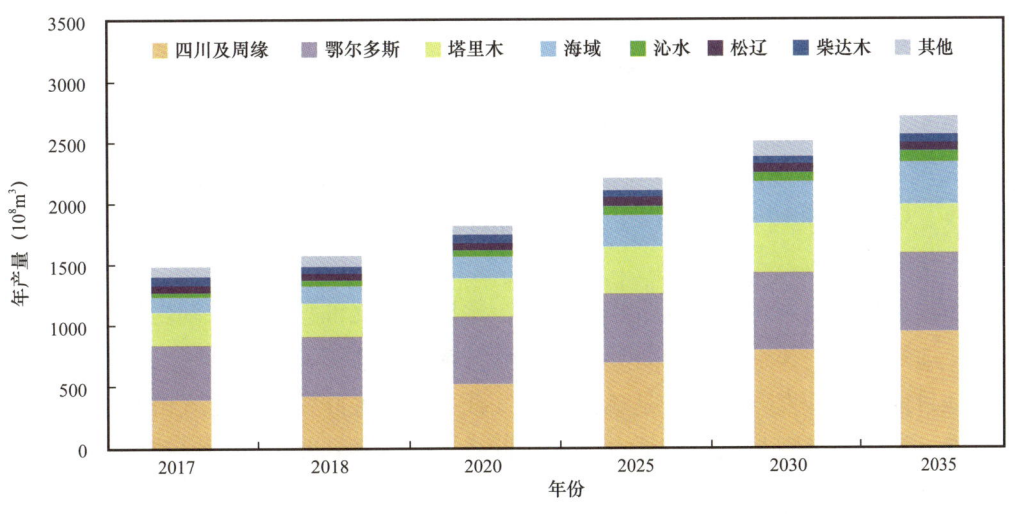

图6-7 全国天然气产量分盆地构成

1)陆上

(1)四川盆地。

常规天然气勘探深化川中震旦系—寒武系勘探,强化二叠系、三叠系礁滩、栖霞组—茅口组的集中勘探,探索须家河组致密气规模效益动用,加大盆地下古生界—震旦系、川

- 135 -

西雷口坡组及火山岩风险勘探；页岩气勘探立足蜀南、渝东南海相页岩气勘探，加大四川陆相与海陆过渡相页岩气探索。

四川盆地目前已开发气藏主要有碳酸盐岩气藏、深层高压气藏、低渗—致密气藏、高含硫气藏和页岩气藏。力保老区龙王庙组气藏和普光、元坝等气田稳产，延缓川东老区石炭系、川西中浅层气藏产量递减；2025年前常规天然气以盆地台缘礁滩、震旦系、高含硫和川西中浅层等产能建设为开发重点，页岩气4000m以浅资源开发技术完全成熟，2025年天然气产量大幅提升；2025年后大力加快4000m深层页岩气开发技术配套，产量大幅提升。

（2）鄂尔多斯盆地。

立足盆地上古生界大区域精细勘探，加强苏里格及其外围和神木—米脂致密气勘探，积极预探下古生界古隆起东侧和盐下准备，强化盆地东南部和盆地西南部上古生界天然气区域风险勘探；加大鄂尔多斯盆地陆相与海陆过渡相页岩气探索，鄂尔多斯盆地东部煤层气勘探。

天然气开发以碳酸盐岩和低渗—致密气为主，力保靖边和榆林气田稳产，集中建设苏里格、盆地东部、大牛地等产建项目，确保气田上产、稳产。立足鄂尔多斯盆地东部已探明煤层气储量，实现效益开发，产量快速提升。

（3）塔里木盆地。

天然气勘探立足库车大北—克拉苏构造带，加强塔北—塔中多类型勘探，预探库车坳陷秋里塔格构造带，积极准备塔西南等新区新领域，强化盆地寒武系区域风险勘探，油气勘探突出"三大阵地战"，做好库车坳陷预探和评价，加强塔北—塔中碳酸盐岩缝洞体系评价技术攻关和勘探开发一体化，落实规模储量，积极准备塔西南等新区新领域。

塔里木盆地目前已开发气藏主要有碳酸盐岩气藏、深层高压气藏和低渗—致密气藏。以库车地区滚动开发、塔中富集区优选为重点，加强老气田精细管理，确保克拉2、迪那气田、英买力气田群等已开发老气田稳产，努力减缓递减；前期评价与产能建设紧密结合，以克拉苏构造带深层、塔中、塔西南等复杂气藏产能建设为开发重点，集中建设克深、博孜、塔西南等 $10\times10^8m^3$ 以上产建项目，确保新区新领域产量快速增长。

（4）柴达木盆地。

天然气勘探立足阿尔金山前带集中勘探，预探柴西北油型气、三湖生物气、柴北缘深大构造，加强深层、祁连山前冲断带、三湖南斜坡风险勘探。

盆地目前投入开发气藏主要是疏松砂岩气藏，天然气开发以涩北气田群稳产和延缓递减为重点，加快新区阿尔金山前从古近—新近系、侏罗系到基岩的勘探和前期评价，2020年产量达到 $60\times10^8m^3$ 以上并保持稳中有升。

（5）松辽盆地。

盆地近期勘探围绕徐家围子、长岭、英台等断陷深层，中远期继续探索英台、长岭、莺山、古龙、德惠、林甸等断陷深层，以致密砂砾岩气为重点，加强精细预探，落实可动用储量。

盆地开发抓好长岭稳产，加快德惠、伏龙泉、王府等潜力区效益开发。加强徐深8、徐深9等区块地质再认识，做好综合调整，确保已开发区块稳产。加快徐深1扩边和汪深1等区块的储量评价和产能建设，实现新区上产。

（6）渤海湾盆地。

勘探加强中浅层精细勘探，积极寻找小型、微型圈闭和矮潜山，推进中深层规模勘探，加大非常规油气藏勘探，力求取得新突破。

以已开发老区为重点，深度挖潜，减缓递减，提高采收率。同时加强未动用储量评价力度，进一步实施滚动扩边，通过新井增加产能弥补老井产量递减，努力确保周边市场安全稳定供气。

2）海域

（1）渤海海域。

渤海海域以原油开发为主，目前天然气产量主要来自锦州20-2气田、锦州25-1S油田的气顶气和油田溶解气，随着渤中19-6油气田的发现，渤海海域在中深层的勘探工作拉开了序幕，需要加快中深层复杂油气田勘探开发技术攻关，实现经济高效开发，预计未来渤海海域天然气产量规模将在目前$25\times10^8m^3$的基础上上产至$(40\sim50)\times10^8m^3$。

（2）南海海域。

立足南海北部海域，积极推进荔湾、东方、乐东、大崖城和陵水17-2中央峡谷带共五个气区建设，实现天然气产量再上新台阶；考虑粤港澳大湾区清洁能源需求，将南海海域天然气开发与国家战略深度融合，在目前$100\times10^8m^3$产量规模基础上，力争2025年、2035年逐步建成$200\times10^8m^3$、$300\times10^8m^3$天然气生产基地。

同时，落实国家海洋强国战略，结合深远海"富气少油"的特点，不断拓展南海中南部天然气资源开发领域；深远海领域，何时可以进入实质性开发阶段存在极大的不确定性。

（3）东海海域。

坚持以"立足西湖、开拓钓北、扩大丽水"和"集群勘探、区域开发"为指导思想，经济有效建设东海大气区，推进我国"海洋强国"和"屯海戍疆"战略的实施。

针对在生产气田，需要加大综合治理力度。东海海域在生产气田面临中强水驱、低渗透等多方面挑战，治水、增产难度极大，2025年将递减至$6\times10^8m^3$左右。

针对新气田，多为低渗、近致密储层，面临技术、经济双重挑战；同时，目前国家对东海勘探开发作业采取"一事一报"的管理办法，严重制约着勘探开发进程；应着力加快宁波22-1气田、平北黄岩油气田群开发建设，做好宁波17-1气田的开发地质油藏研究工作；积极推动近致密气开发技术攻关，努力建成$50\times10^8m^3$级天然气生产基地。

2. 气藏类型布局

2025年前，扩大常规气、巩固致密气、拓展页岩气，确保致密气和页岩气规模上产，2025年全国天然气产量达到$2200\times10^8m^3$（图6-8）。2025—2035年巩固常规气，扩大页岩气，拓展煤层气，确保致密气稳产、页岩气、煤层气上产，2035年全国天然气产量达到$2700\times10^8m^3$。天然气发展路线如图6-9所示。

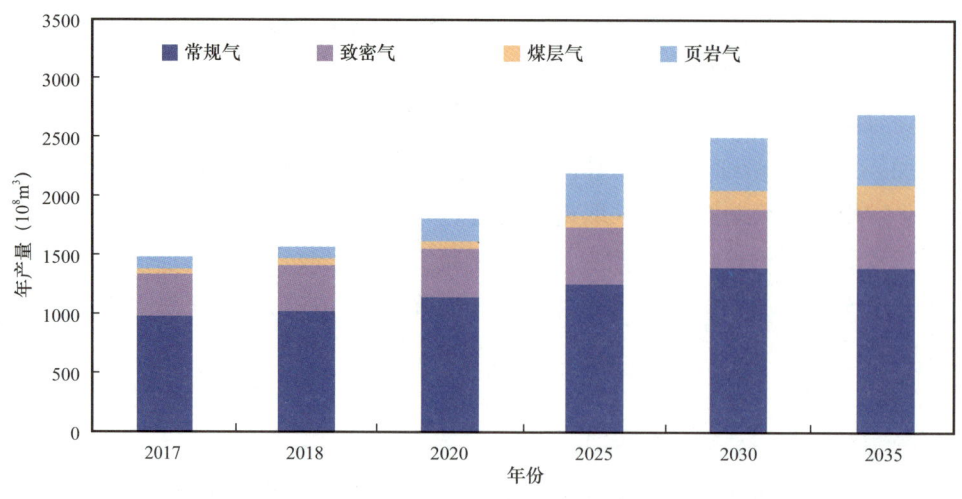

图 6-8 全国分气藏类型天然气产量构成

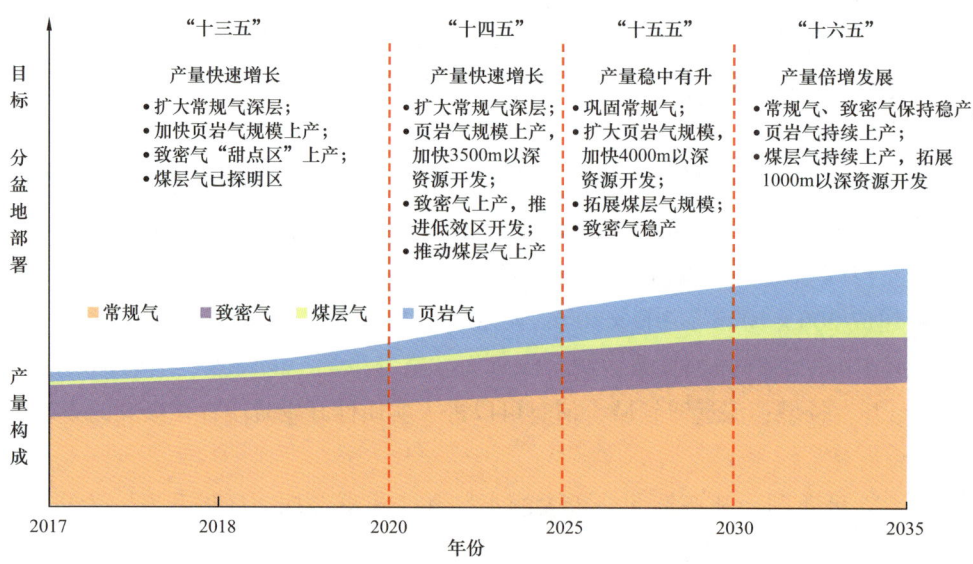

图 6-9 全国不同类型资源天然气发展路线图

1）陆上

常规气：2018 年底，常规天然气年产量 $956 \times 10^8 m^3$，建成了鄂尔多斯、四川和塔里木三个 $200 \times 10^8 m^3$ 以上和柴达木、珠江口、松辽、莺—琼等 5 个年产 $20 \times 10^8 m^3$ 以上的生产基地。目前已形成面向深层复杂山地地震资料叠前深度偏移技术系列、碳酸盐岩气藏精细解释技术系列、以提高深层地质目标成像效果为目标的高精度三维地震勘探技术、提高深层钻井成功率和缩短建井周期的主体钻探技术。未来进一步发展深层气藏快速钻完井技术、水平井压裂改造技术、火山岩气藏勘探开发技术，通过强化常规气老区稳产，加强新区前期评价与产能建设，保持产量稳定增长，力争 2025 年产量达到 $1250 \times 10^8 m^3$，2035 年产量达到 $1400 \times 10^8 m^3$。

首先，针对常规气老区动用程度低的气藏开展精细描述，寻找剩余气分布，实施井网调整和转层补孔，提高储量动用率；推广气井分类管理，有针对性地开展排水采气、高低压分输、增压开采等进攻性措施，努力将老井年综合递减率控制在10%左右，老区采收率由目前41%提高到2030年的50%；其次，加快新区产能建设步伐，2020年前以四川盆地高含硫与震旦系、塔里木盆地深层为开发重点，2020—2035年重点强化四川台缘礁滩、克拉苏构造深层、海域等大气田的前期评价和重点产能建设工程；加强深层钻井提速、油层保护欠平衡钻井技术研究及推广，开展三维资料采集、处理、解释一体化技术攻关，深入研究和推进缝洞雕刻、烃类检测技术在井位部署中的应用。

致密气：加快建设 $500\times10^8m^3$ 上产工程。2018年我国致密气年产量达 $381\times10^8m^3$，已形成鄂尔多斯上古生界和川中须家河组两大低渗—致密砂岩气区。近二十年已创新形成致密砂岩气田规模有效勘探开发"甜点"预测、快速钻完井和压裂改造等技术。未来发展以大数据、高精度为核心的随钻"甜点"预测与评价关键技术、集成储层表征技术、水平井体积压裂和井网优化技术、无水压裂技术，针对老区苏里格、大牛地、川中须家河组和川西侏罗系等气田（藏），采用加密调整、井间接替的开发模式进一步提高采收率，预计采收率可由目前的17%提高到2030年的30%。不断加大苏里格、大牛地、川中须家河等现实领域的勘探；加大鄂尔多斯盆地西南与东南部、四川盆地西南部须家河组、塔里木盆地库车东部、吐哈盆地南部等接替领域甩开预探和风险勘探力度；加大苏里格水平井应用力度，推广直井分层压裂和水平井分段压裂，实现降本增效和规模开发；努力提高须家河气藏单井产量，推进规模效益开发。"十三五"期间，在鄂尔多斯、四川、塔里木、松辽等盆地全面实现致密气大规模开发利用。力争2025年致密气产量在2018年基础上增长 $120\times10^8m^3$，达到 $500\times10^8m^3$ 并稳产20年。

页岩气：推进川渝地区页岩气 $600\times10^8m^3$ 上产工程。2018年我国在川渝地区累计建成页岩气产能 $150\times10^8m^3$，年产气 $109\times10^8m^3$。当前，川渝地区页岩气从资源量、配套技术来看具备加快发展的条件和快速形成规模产量的能力。未来以川渝地区海相为重点，2020年前充分动用3500m以浅页岩气资源，加快重庆涪陵、四川长宁—威远、云南昭通等国家级示范区产能建设，推广应用水平井、"工厂化"作业模式，年均钻井300口，力争2020年页岩气产量在目前基础上增加 $100\times10^8m^3$，达到 $200\times10^8m^3$ 以上。2021—2035年发展形成中国南方海相页岩气地质勘探理论和3500m以深资源页岩气勘探开发技术2项核心配套技术，形成页岩气"甜点区"预测与评价技术、长水平段水平井钻完井、增产改造和工厂化作业4项主体技术；同时，在环保、地面审批、管道建设和补贴政策等有利推动下，年均钻井500口左右，实现川渝地区产量大幅增长；力争2025年产量达到 $350\times10^8m^3$，2035年达到 $600\times10^8m^3$。

煤层气：推进 $200\times10^8m^3$ 上产工程。2018年我国煤层气年产气 $51\times10^8m^3$，已建成沁水和鄂东两个煤层气产业基地；基本形成了800m以浅中高煤阶开发配套技术，煤层气开发进入规模发展阶段。未来立足沁水盆地、鄂东已开发地区，加强综合地质精细研究、羽状水平井、U型井钻井及"变排量、大液量、适中砂比"活性水压裂工艺等适用技术持续攻关和规模化应用，提高单井产量，实现规模效益开发；加快新区蜀南、准噶尔、二连、准噶尔等盆地煤层气勘探评价，争取形成有序接替的煤层气有利目标区，扩大资源后备阵地。"十三五"期间，依托沁水盆地和鄂尔多斯盆地东缘，加快产业示范区建设，煤层气产量在目前基础上增加 $10×10^8m^3$ 以上，2020 年达到 $60×10^8m^3$；2020 年后，力争突破深部煤层气及低煤阶煤层气地面开发配套技术，2025 年产量达到 $100×10^8m^3$，2035 年产量翻番，达到 $200×10^8m^3$。

2）海域

目前海上气田以浅水、常规气田为主，根据"十三五"以来在建、在评价气田情况，气田类型变得更加复杂，主要包括深水—超深水、高温高压、中深层、低渗透—近致密等，甚至会出现各种因素的叠加，这些类型的气田开发均存在一定程度的技术瓶颈，需要开展深入的技术攻关，提高气田经济动用程度和采收率。应着力推动以下三个方面的工作：一是针对不同类型气田面临的技术挑战，开展"卡脖子"技术攻关，尤其是加快高温高压、超深水及低孔低渗等钻完井技术及深水工程装备技术储备；二是深刻认识到海上油气开发成本远高于陆地油田，深入推进管理与商务创新，切实降低开发成本；三是积极探索扩大对外合作的新模式，加快新区新领域天然气开发进程。

三、油气开发技术

陆上原油开发技术、陆上天然气开发技术、海域原油开发技术、海域天然气开发技术发展路线如图 6-10 至图 6-13 所示。

1."十四五"（2021—2025 年）

陆上石油开发：攻克高温高盐油藏化学驱提高采收率、空气泡沫驱、缝洞型碳酸盐岩单井吞吐等关键技术。

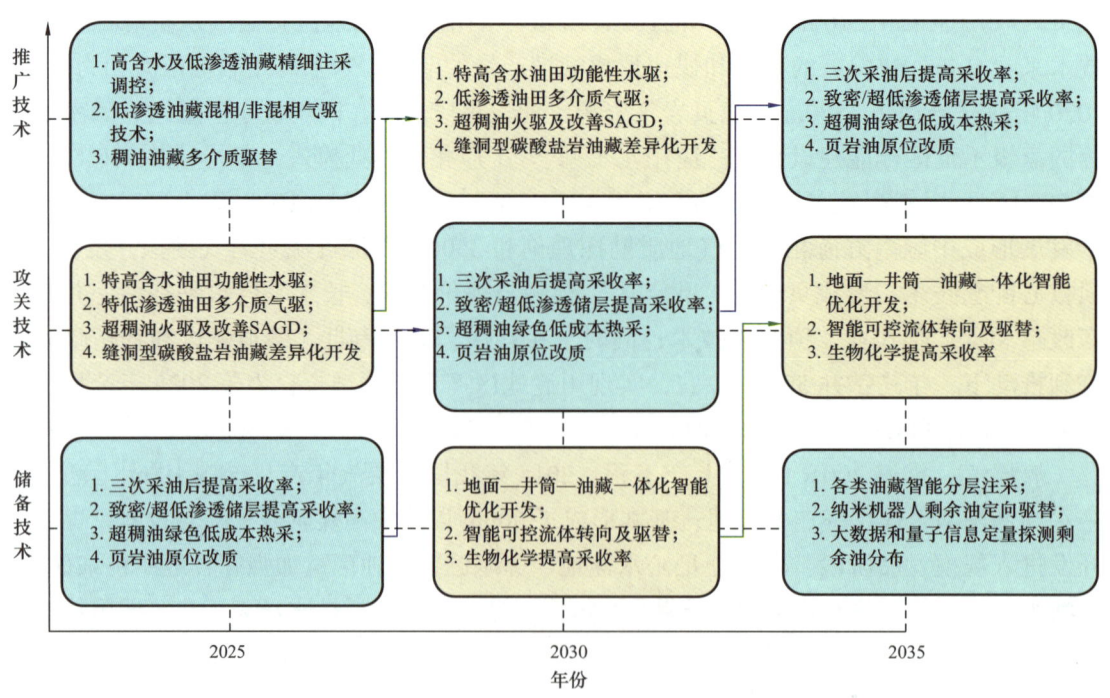

图 6-10 陆上原油开发技术发展路线图

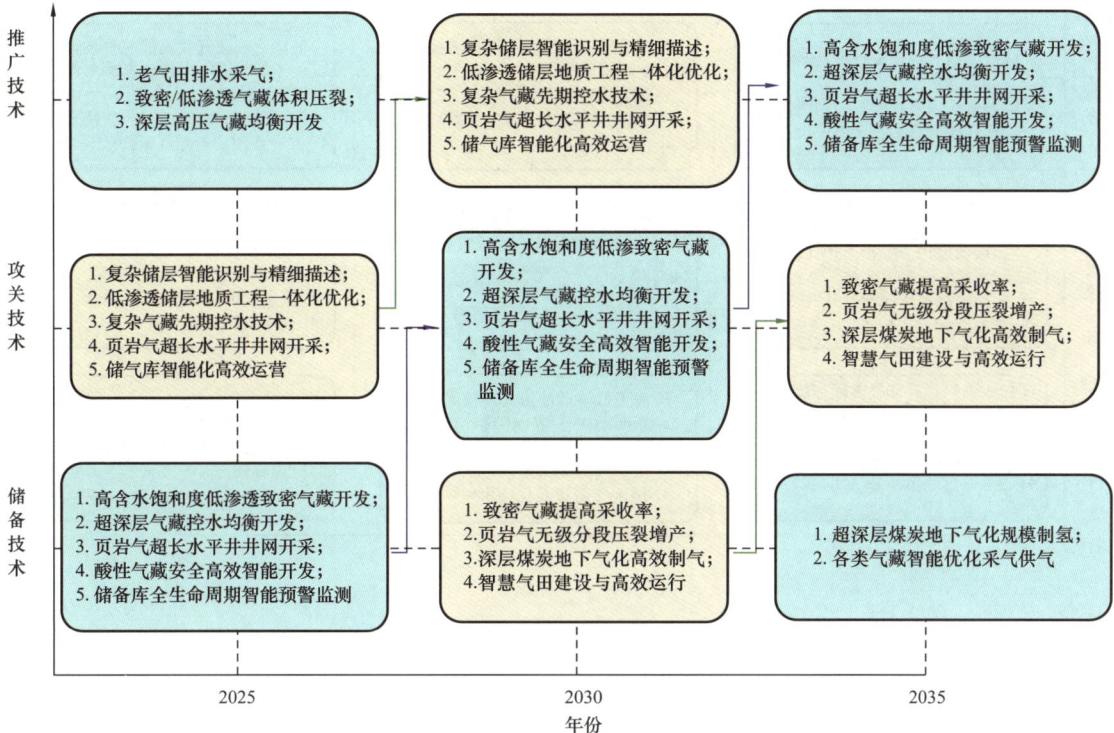

图 6-11 陆上天然气开发技术发展路线图

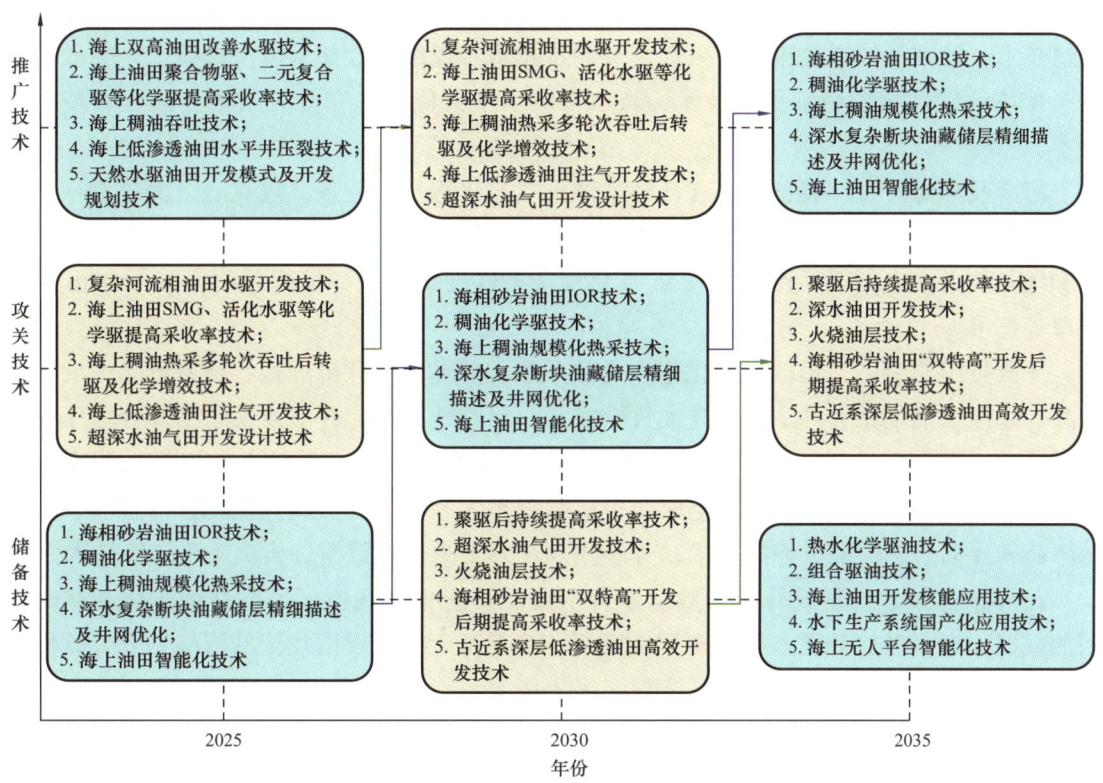

图 6-12 海域原油开发技术路线图

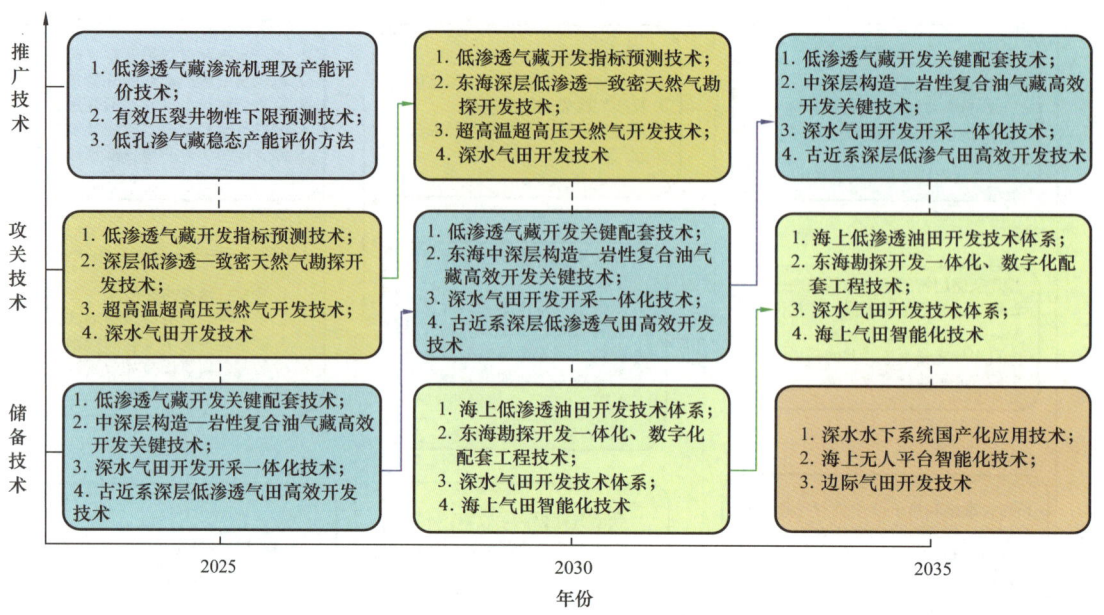

图 6-13 海域天然气开发技术路线图

常规气勘探与开发：攻克差异化井网加密技术等关键技术，建设低渗—致密气藏提高采收率大型物理模拟实验装置。

非常规油气开发：开展非常规油气开发理论与方法研究，攻关非常规油气"甜点"地质—地球物理可视化预测技术、中低煤阶煤层气钻完井分层分段压裂技术、致密气藏精细描述技术、致密油储层及流体可采性定量评价技术、煤层高效抽采等关键技术，突破"甜点"地质—地球物理精细预测技术、长水平段水平井优快钻完井无限级分段压裂技术等技术。

海洋及深海开发与装备：完善浅海采油采气与工程技术装备，攻克海上深层勘探、海上稠油化学驱、旋转导向和复杂井深水建井等关键技术；形成深水导管架、半潜式生产平台和随钻测井装备等重大装备，突破海上复杂条件准均衡驱替提高采收率和 1500m 水下井口等技术。

工程技术与装备：形成智能化超大道数采集、随钻地层评价成像、致密低品位油气钻完井、超深层油气钻完井、非常规油气钻完井、复杂地层钻完井液及长水平段分段压裂等关键技术；研制低功耗低成本节点仪器、230℃/170MPa 高温高压测井仪、高造斜率旋转导向系统、自动化钻机、大功率电驱压裂机组等重大装备；突破高性能测井传感器、高造斜率旋转导向、恶性漏失控制技术、分层注入及人工举升大数据分析决策系统等技术。

跨界融合技术：形成开发大数据融合平台、智能化大规模多尺度盆地演化和实时协同油气藏建模、勘探开发方案优选智能模拟；攻克基于实时模拟优化的智能钻完井软件系统、地下地上一体化油气生产大系统智能优化技术。

2."十五五"（2026—2030 年）

陆上石油开发：攻克聚驱后及化学驱后多介质复合驱、多介质气驱、微生物和高效

SAGD 及火驱调控等关键技术。

常规气开发：攻克深层/超深层优快钻完井技术、复杂储层预测与高效布井技术等关键技术，超深层复杂介质气水两相渗流物理模拟实验装置，突破高产水气藏控水开发技术。

非常规油气开发：初步形成非常规油气开发理论与方法，创新形成多薄层直井管滑套连续分层压裂技术、储层注 CO_2 增能开发技术、煤系地层多气共采工艺技术、电加热页岩油原位改质技术等关键技术，突破电加热页岩油原位改质技术。

海洋及深海开发与装备：初步形成深海采油采气与工程技术装备，攻克水下生产系统、渤海复杂油田提高采收率技术、超高温高压钻完井和巨厚盐膏层钻完井、深水油气田勘探开发和低渗油气田改造等关键技术，形成钻井隔水管、水下封井装置、深水钻机 3 项重大装备，突破热—化学复合增效技术和单点系泊系统制造技术技术。

工程技术与装备：形成智能化协同软件平台、自动化钻完井技术、连续管钻完井、智能钻完井液、高效节能人工举升、井下取心与原位测量、大数据智能化处理解释、集约控制分采等关键技术，研制 260℃/210MPa 超高温高压测井仪、自动化钻机、小尺寸随钻测量系统、自动化连续管作业机等重大装备，突破全波形反演、光电混合缆高速传输、超高温井下仪器与工具、智能钻完井液材料等技术。

跨界融合技术：形成由经济模型驱动的一体化优化油气生产经营系统，攻克数字孪生关键技术、勘探开发智能云网上一体化智能优化技术。

3."十六五"（2031—2035 年）

陆上石油开发：攻克智能注采、生物化学驱等关键技术，突破纳米智能驱油体系技术。

常规气开发：攻克低渗—致密气藏提高采收率、多层系多类型气藏立体勘探开发技术、复杂气藏防控排系统化排水采气技术关键技术，智能化排水采气装置，多类型气藏地下—井筒—地面一体化智能开发数值模拟软件，突破超深层煤地下气化技术。

非常规油气开发：完善非常规油气开发理论与方法，创新超长水平井+多层多井混合井网开发、生物化学提高采收率、基于大数据和量子信息探测的油气藏精细描述和剩余油分布定量描述、太阳能聚热开采中低成熟度页岩油技术、低浓度煤层气资源高效利用技术等。

海洋及深海开发与装备：形成深海采油采气与工程技术装备，形成深水钻完井及修井水下装备、水下生产系统控制设备，突破天然气水合物工厂化安全经济开采输送技术。

工程技术与装备：形成全波勘探、多源多尺度信息的油藏成像、工程地质一体化钻完井决策诊断、特殊地下资源利用钻完井、自适应油藏智能波及控制等关键技术，研制 300℃/240MPa 特高温高压测井仪、智能钻机、智能连续管钻机、智能测控与导向系统、智能化固井与钻井液装备、智能化压裂装备等重大装备，突破智能钻完井液技术、钻井智能诊断与决策平台、自适应油藏智能波及控制技术。

跨界融合技术：全面实现油气行业传统流程的升级优化和组织再造；攻克生产经营管

控自愈技术、油气工业 APP 技术、光催化水解制氢、二氧化碳加氢制甲烷多途径制氢用氢技术，形成风能—太阳能联合发电制氢储能技术系列，突破光催化水解制氢、二氧化碳加氢制甲烷卡脖子技术。

第五节　保障措施和政策建议

一、保障措施

1. 加大勘探投入，确保储量持续有效接替

强化风险勘探意识，向风险要效益。近年探明油气储量虽仍保持高位，但钻探目标越来越复杂，未来勘探难度势必越来越大，需进一步加大风险勘探力度，在新盆地、新地区、新层系、新类型寻找新的领域和目标，为后续持续发展准备接替战场。建立稳定的勘探投资增长机制，通过持续稳定的投资增长，支撑老盆地精细勘探和开拓新盆地勘探。进一步加强在油气勘探、开发、建产规律认识的前提下，超前准备接替资源，保持储量和产量合理匹配。

2. 持续强化勘探开发科技攻关，实现油田有效开发

坚持"创新是引领发展的第一动力"，加大科技投入，加强部门间、企业间的横向科技协作，鼓励科技创新和模式创新，走科技创新保障油气安全之路。

瞄准西部新区、海域深水、非常规油气、成熟区提高采收率四大领域，以油气持续规模增储和资源高效开发为重点，按照理论认识与效率提升、提高采收率和钻完井装备技术三大科技发展方向，聚焦油气现实增储领域瓶颈问题、未来重大接替领域准备、复杂油气藏开采、大幅提高采收率和关键工程技术装备研发，为国内石油稳产和天然气上产提供持续的科技动力支持。

创新成藏理论与开发技术，推动西部地区油气战略接替区建设。针对西部叠合盆地，油气藏类型多、埋深大、地表地下条件复杂等难题，以及油气富集规律不清、目标识别不准、超深井钻井不快、规模效益开发不易等现实问题，重点探索叠合盆地油气成藏地质理论和富集规律、复杂地表区深层—超深层地震成像及勘探目标高精度识别技术、极端地下条件下复杂油气藏开发机理与关键技术工艺、深层—超深层优快钻完井技术。

深化成熟区精细勘探和提高采收率技术攻关，助力老油田持续稳产。针对高勘探程度区剩余资源分布和"双特高"老油田剩余油高度分散、巨量无效水循环难题，重点开展基于大数据和认知理论的剩余资源空间分布预测评价技术、井下油水分离同井注采技术、中高渗透油藏聚驱后提高采收率技术、低渗透油藏气驱提高采收率技术、全油藏驱替提高采收率技术。

持续攻关深水勘探开发关键技术和重大装备研发，推动深水成为现实领域。集中攻关海域深水油气富集规律与有利区评价优选技术、水下生产技术、深水钻完井技术工艺与装

备、海洋油气开发事故快速处理技术及装备、海上油气田开发远程全自动控制及系统智能检测技术等。

攻关深层页岩气优快钻井和水平井分段压裂等关键技术，在目前4200m深层突破的基础上，开展提速提效攻关，降低工程成本；组织开展4500m深层页岩气攻关，力争突破新的深度；攻关盆外复杂构造带常压页岩气低成本钻井、水平井分段压裂技术；攻关陆相、海陆过渡相复杂岩性的页岩与薄互层致密岩性的钻井、压裂技术。

加快致密油规模效益开发技术攻关。攻关"甜点"评价与优选技术，提高水平井储层钻遇率和油层钻遇率；攻关优快钻完井技术，实现"一个钻头、一趟钻"完成水平段，确保井筒完整性和分段压裂有效性，大幅降低钻完井成本；攻关适用的体积压裂工艺技术，提高单井产量；攻关补充地层能量方式和工艺、重复压裂等提高采收率技术。超前储备页岩油地下改质激励和大规模开发关键技术，准备石油战略接替领域，重点加强页岩油富集和改质机理研究、页岩油地下高效转化和开采工艺、页岩油地下高效轻质化核心技术和装备的自主研发。

持续推进勘探开发关键配套技术研发，提升勘探开发效率，推动低品位和难动用资源规模效益动用。重点研发宽频带、宽方位、高覆盖地球物理勘探技术和装备，实时测量、评价、导向一体化智能随钻测井技术，钻完井工程智能化一体化技术与装备；重点打造复杂山地高精度三维地震技术、深井和长水平段水平井钻完井技术、压裂等大幅度增产技术，加快深井钻井提速，大井丛平台式建产和体积改造，直井/水平井体积改造、有效注水，二元驱、注气重力驱等技术攻关。

3. 深化石油生产企业体制机制改革

机制增效。继续推进石油公司内部矿权流转，引导内部资金投向资源丰富但投入不足的地区，继续加大"共享资源、共担风险"的勘探开发合作模式，推进低品位、非常规油气勘探开发；解决国有石油公司内部的钻探公司和其他专业服务公司之间的业务重叠和同业竞争问题，对钻探公司和专业服务公司进行拆分、重组；在质量可靠、效率优先的原则下，深化钻井、测井和地震采集等油服业务工程和基础建设工程的项目总承包制，全面市场化机制下运作，大力推行业务招标制；发挥工程技术服务一体化优势，推动工程技术服务和价格市场化，建立服务价格与实现油价联动机制，低油价时风险共担，高油价下效益共享，努力盘活未动用储量，实现增产增效；加大开放市场力度，适时引入外部市场资源，探索市场化模式，引入竞争机制，实现本质降本；针对海上"边低稠"储量，探索开放基金投资、风险投资、众筹、租赁等投资机制的新合作开发商务模式；加快混合所有制改革，探索混改在推动海上功能区划重叠问题解决方面的作用。

管理增效。石油公司持续在管理变革、质量变革、效率变革、动力变革上下功夫，全员、全过程、全方位深入推进实施开源节流、降本增效。从机构管理上，推进瘦身健体、精简机构、压缩层级；从考核上，加大工效挂钩力度，实行增效增资，完善激励约束机制；从实施途径和目标上，坚持效益优先，以管理创新和技术进步为驱动，以实施降低完全成本为主线，提高全要素生产率；持续深化简政放权、扩大下属生产企业的经营自主权改革。坚持责权对等，以市场化为方向，优化资源配置，对改革油田企业赋予储量产量指标自主确定、下放勘探开发方案审批权、工程技术服务和价格市场化等支持政策，激发企业发展动力和活力。

二、国家政策建议

1. 继续推进油气上游市场有序放开

完善矿权流转制度。建议根据油气勘探开发高投入、高技术、高风险特点，制订相应的准入条件，变高价中标为高资质中标；政府按区块油气资源潜力条件分级分类收取合理矿费。

推进退出区块的流转。推行探矿权有偿获得，提高矿业权使用费标准，理顺资源收益关系。通过提高探矿权获得和持有成本，加大区块退出力度，为其他投资者提供机会。同时，允许企业在满足法定条件下转让矿业权或股份，活跃矿权市场流转。

建设储量交易平台，以探明未动用储量动用为突破口，试点并推动难动用储量上市交易，盘活存量资源，鼓励社会多方力量参与低品位和非常规油气资源开发，进一步吸引有技术实力的国际大公司开展合作。

对进入油气上游勘探开发领域的投资主体，必须加强在工作量投入、资源利用效率、承担应急保供责任等方面的要求和监管。

2. 建立国家层面的油气勘探开发相关协调机制

加快并完善建立油气勘探开发相关系协调机制，处理好油气勘探开发与其他矿种、环保、军事区、矿权纠纷、居民不合理诉求及审批周期过长等矛盾和问题，在确保国家安全、环保的前提下，保障各方利益，促进油气勘探开发，具体建议如下。

国家层面协调土地、安全、环保等方面的行政审批。针对基本农田用地、环境保护区、生态红线区与油气采矿权部分重叠和环保政策限制等问题，由中央主管部委建立统一的程序、标准，进一步规范各级政府的土地、安全、环保行政审批行为，对重点油气增储上产项目予以重点支持，在合法、合规的框架内，简化、加快审批程序，对划入自然环保区内的各类油气井、未动用储量，在环保优先、绿色开发、和谐共赢的模式下，适当给予政策性松绑，促进有效开发动用。

建立国家部委、地方政府间的海洋保护协调机制，统筹解决当前海洋功能区划叠合问题。在划定海域功能区划时充分考虑各类资源开发的兼容性，通过制定和落实共享开发的相关制度，建立功能区划叠合海域的协调机制，根据国家规划和环境需求动态调整海域功能区划，或者设立特定的作业时间窗口，分级分类实施多重开发和保护，建立市场化、多元化的生态补偿机制，实现"在保护中开发，在开发中更好地保护"，达成和谐用海、绿色发展，并充分保障海洋资源的高效开发和利用。

加大对敏感海域勘探开发的支持。东海、南海由于地缘政治影响油气生产和勘探开发工作的开展，建议推动国家对东海的油气勘探开发，做好整体规划部署，加大勘探力度，并将南海中南部油气勘探开发规划纳入国家海洋强国建设的总体布局，加大外交支持力度。

建立煤炭与煤层气协调开发机制，重点解决煤炭与煤层气开发矿权重叠问题。按采空区抽采、开采区边抽边采、预采区联动抽和地面开采四个阶段统筹规划煤炭开采与煤层气开发，实现两种资源协调有序开发利用，发挥煤炭企业与煤层气生产企业的优势，实现两产业间的良性互动，保障煤矿安全生产。

3. 制定激励油公司增储上产的相关政策

国家石油公司均为上市公司，除了承担国家石油保供的责任外，还受到市场的约束和监管。建议制定激励措施，鼓励石油公司增储上产。

设立国家风险勘探基金。从石油税收中每年拿出30亿～50亿资金设立风险勘探基金，政府主导开展新区风险勘探，政府通过购买服务方式依托油公司实施风险目标准备与钻探，取得战略发现后，通过市场招标方式出让，出让资金转入风险基金，形成长效机制。

制定基础产量之上的增产激励政策。以原油产量 2×10^8 t 为目标，国家核定效益产量作为考核对象，剩余低效无效产量，从政策上予以支持，可以采用免税、奖励、不计入考核等多项措施，以激励油公司勘探开发积极性。

优化油气企业的国资考核体系。对于石油公司风险勘探投入不计入经营考核，鼓励对投入巨大、风险巨大的新盆地进行勘探；优化对石油央企以短期经营利润为主的考核指标体系，突出对科技创新、管理创新、降本增效、增储上产等方面的激励和考核导向。对于油价下跌、储量资产减值等特殊情况带来的企业账面亏损，考虑单独考核及追责，避免企业为弥补账面亏损压减投资甚至"拆东墙、补西墙"，影响可持续发展。

4. 给予尾矿、难采储量、非常规资源开发的财税支持政策

为使尾矿、难采储量、非常规资源继续在油气生产中发挥作用，建议给予财税支持政策。

给予油气尾矿财税支持政策。国内主力油气田已进入开发中后期，部分已经进入尾矿范畴，石油尾矿探明地质储量约占全国累计探明地质储量的31%、产量的32.3%，天然气尾矿约占全国累计探明地质储量的17.5%、产量的6.7%。建议进一步对石油尾矿进行梳理和界定，通过政策支持，进一步延长尾矿的开发时间和提高开发效益。一是对于石油尾矿经济分类中Ⅱ类、Ⅲ类、Ⅳ类的石油尾矿取消收取石油特别收益金、免征销项税；同时借鉴国家西部大开发优惠政策，对Ⅱ类、Ⅲ类、Ⅳ类的油气尾矿所得税率给予优惠，将所得税率由25%降至10%～15%之间。二是继续实行所得税返还20%政策，用于设立专项资金支持尾矿开发。三是扩大准予税前扣除的项目，调整企业向商业保险机构投保各类补充保险、坏账损失、广告费和业务招待费、借款费用和租金支出、资产折旧或摊销、工资薪金支出、公益、救济性的捐赠等税前扣除的范围；允许加速折旧（摊销）；允许在应税所得中扣除资源耗竭补贴；允许采用投资提值回收作为应税所得额扣除；允许扣除一定比

例的总收入（即折耗减免）计算应税所得；允许用其他应税利润来补偿油气尾矿的亏损。四是对于油气尾矿经济分类中Ⅱ类、Ⅲ类、Ⅳ类的尾矿全部免征资源税；油气尾矿经济分类中Ⅰ类的尾矿资源税降低到2%～3%，可取消减征，减轻油气企业开采劣等资源负担的税费。五是国家或地方政府鼓励投资银行对尾矿的开发实行信贷优惠，并降低各种税费，包括生产性税费，如土地使用税、车船使用费等。

优化非常规气补贴政策。2019年财政部出台的致密气、页岩气补贴政策，一是自2019年起，页岩气不再按定额标准进行补贴，二是要求以2017年底产量为存量，后续新井产量在弥补递减后，产生的纯增量才能得到补贴。致密气单井产量低、稳产期短，递减快，尤其是水平井初期递减率高达20%～30%，新井产量大部分用于弥补递减，能享受补贴的纯增量气量有限。页岩气开发的区块基本都是深层、常压、陆相页岩气，气井产量低，效益开发难度越来越大。建议：国家按照每年新建产能对应的产量，对企业进行补贴；对页岩气相关优惠政策期限延长，并针对地质条件、气藏埋深等具体情况实行差异化补偿，适当提高深层、常压、陆相页岩气补贴标准，研究我国页岩气不同埋深资源开发补贴政策，体现"难采多补"的原则，推动页岩气产业可持续健康发展。

取消石油特别收益金。随着主力油田进入开发中后期，资源劣质化加剧，油田开发几乎不存在特别收益。继续征收特别收益金势必影响这些资源的经济评价和开发动用。建议取消石油特别收益金，提高对上游投资的积极性。

制定合理的国家、地方政府的税收比例关系。借鉴国际上通行的油气资源开发利益分配结构，逐步建立税、矿权收益和投资收益三位一体的油气资源收益分配格局，税按照不同税种由地方政府和中央政府统一征收，矿权收益由油气矿权和地权的统一所有者获得，投资收益由投资方获得。使地方政府获得资源开采合理分成，既能支持地方经济发展，又能使油公司获得地方政府支持。

第七章　油气上游发展若干问题的思考

近年来全球经济处于低速发展状态，对石油需求拉动乏力，石油市场总体呈现供大于求的状态，进入 2020 年以来，新冠肺炎病毒蔓延速度和范围超预期，全球原油市场需求更加疲软，而维也纳联盟协议意外流产成为油价暴跌的直接导火索，国际油价从 1 月初的 60 美元/桶以上跌至最低 20 美元/桶左右，WTI 期货 5 月结算价报收于每桶 –37.63 美元/桶，石油市场首次出现负油价。暴跌的油价严重影响了石油公司的生产经营，美国页岩油气公司出现了破产的情况，国内油公司纷纷采取控投资、压成本及提质增效措施，并下调了生产目标，预计将对今后国内油气发展趋势产生较大影响。此次新冠疫情和日益频繁的油价剧烈波动给国内石油公司生产经营和国家油气安全都敲响了警钟，也引起对油气上游发展一些问题的思考。

第一节　从低油价下美国非常规油的困境看我国扩展勘探开发领域的重要性

美国页岩气开发获得成功以后，其成功模式在致密油的勘探开发实现了复制，使致密油产量快速增长，扭转了美国原油产量持续下降的趋势，从 2008 年的 $3.02 \times 10^8 t$ 上升到 2018 年的 $6.69 \times 10^8 t$，其中非常规油产量达到 $3.7 \times 10^8 t$，占比 55%，展示了非常规资源勘探开发的巨大现实潜力，也引起了其他产油国的高度重视，并竞相模仿其非常规油气开发模式。致密油产量快速增长的重要推动因素是非常规储层钻井与压裂技术的快速发展，水平井加体积压裂技术及工厂化平台作业模式得到了广泛应用。但近年来，逐渐出现了针对致密油开发的一些质疑，主要是其需要大量钻井、持续投资、大量融资的模式，逐渐暴露出现金流紧张、利润下降等问题，特别是在油价处于低位的情况下。虽然美国的致密油行业成功地应对了 2014—2016 年的油价暴跌，但在 2020 年初新冠疫情和 OPEC+ 谈判破裂叠加造成的超低油价形势下，致密油开发面临着更加严峻的局面，值得深思。

一、致密油开发采用一次采油，产量递减快，需要大量钻井、投资接替以维持产量规模，会带来资金问题，目前超低油价下劣势尽显

石油勘探开发具有高投资、高风险的特点。常规油田，特别是整装构造大油田可以通过多次井网加密、注水、注化学剂等二次和三次采油方式，保持较长时间的稳产期并延长整个生产周期，保证了投资效益。与常规油相比，致密油开发具有自己的特点：需要初期大规模压裂，造成开发投资大大增加，单井投资中的压裂费用约占 60%；采用一次采油，造成采收率极低，通常低于 10%，而常规油田可达到 20%~30%；初期产量较高，但递

减率很大，致密油井第一年递减可高达30%~40%，而常规油田一般在10%左右。由于这样的开发特点，致密油田上产需要持续的井间接替才能实现，对新钻井和投资需求大，经济风险大大高于常规油田。

因此，不断大幅度降低成本是致密油成功的关键之一，而在这方面，美国致密油的表现令人印象深刻，特别是在2015—2016年的油价暴跌期间，通过技术和管理双驱动，采取投资向优质盆地倾斜、围绕已证实的高产富集区工作、不断提高单井平均产能、利用老平台老井、推迟投产可能的低效井、优化开发生产制度、推动新的合作模式等举措，实现了成本大幅降低，大大增加了其生产竞争力。但是，致密油自身资源品质和开发特点决定了其成本不可能持续降低，目前，美国6大页岩油产区的平均成本为46.6美元/桶，成本最低的产区完全成本也达到为32.4美元/桶。因此，在目前20~30美元/桶的油价下，致密油开发面临严峻的经济效益挑战。

另一方面，相比于成本和利润，页岩油企业更大的软肋还在于现金流和负债程度。与常规油田建成投产后续投入有限不同，页岩油需要不断新增投资、钻新井才能维持产能规模，从近年的生产历史看，美国致密油企业自由现金流长期为负，每年需要外部融资高达上百亿美元，本质上是通过烧钱的方式和常规油田竞争，受益于美国长期量化宽松政策，致密油企业获得了通过低成本股权和债券融资的外部条件。2014年时，沙特阿拉伯就曾发动过以把美国致密油挤出市场为目标的价格战，2016年初油价最低曾达到过26美元/桶左右，但当时资本市场还只将其视为极端情况，仍有大量资本涌入该行业抄底，同时，俄罗斯与沙特阿拉伯组成OPEC+的联合减产使国际油价回升，美国致密油企业通过自身大幅降低成本和油价回升的机遇幸运地渡过了难关。

但2020年以来，国际油价再次暴跌，石油市场甚至首次出现负油价，预计短期内油价难有起色。同时，未来几年将是页岩油公司债务到期的集中偿还期，国际信用评级机构穆迪统计，北美地区的油气公司在未来4年将面临2000亿美元的到期债务，其中仅2020年的到期额就高达400亿美元，虽然部分页岩油公司将其2020年产量做了套期保值，但随着大批债务陆续到期，如果超低油价继续持续下去，致密油企业的债务困境将进一步加剧。4月，怀廷石油公司WhitingPetroleum宣布已申请破产保护，成为美国第一家申请破产保护的大型页岩生产商。能源咨询公司雷斯塔能源RystadEnergy数据显示，油价在20美元左右时，美国将有533家石油生产商在2021年底前申请破产，即便价格回升至30美元，也会有200多家破产。根据目前披露的数据，截至5月底，美国已有17家相对小型的页岩油气生产商申报破产，总计负债达到了140亿美元左右。雷斯塔能源预测称，到2020年底，预计将有另外73家中小型企业宣告破产。《金融时报》援引多位分析师的话称，如果全球油价恢复速度不及预期，页岩油生产商将难以在高负债的情况下产生稳健的现金流，到明年年底美国页岩油领域可能有250家企业濒临破产。

二、我国不断增加的非常规以及采用非常规方式开发的类非常规资源，应避免步美国致密油后尘

我国的致密油开发还处于起步阶段，2018年底累计探明地质储量3.77×10^8t，仅占全

国已探明石油地质储量的1%,2019年产量在200×10⁴t左右。近年通过长水平段和大规模压裂提高单井产量、控制钻井和压裂成本的措施,投资成本实现了一定下降,但不同地区完全成本仍在(60～70)美元/桶,同样面临着开发效益问题。即使不考虑开发的经济性问题,我国致密油资源相对常规油资源也是有限的,地质资源量只有全国常规资源1/20,预计峰值年产量可达到(1200～2000)×10⁴t。因此,未来致密油仅能作为常规石油的补充,难以像美国那样成为产量主体。

但同时,我国目前还有大量常规采用水平井+体积压裂这种非常规方式开发的油田,如近年作为增储上产主力的鄂尔多斯盆地的超低渗透油田、新疆玛湖砾岩油田等(图7-1)。据统计,中国石油近年新增探明储量中非常规+超低渗储量占80%以上,新区采用非常规方式开发的产能比例已达到50%以上,并呈不断增加的趋势,这些储量的开发同样具有单井投资大、采收率低、初期递减大、经济性差等问题。

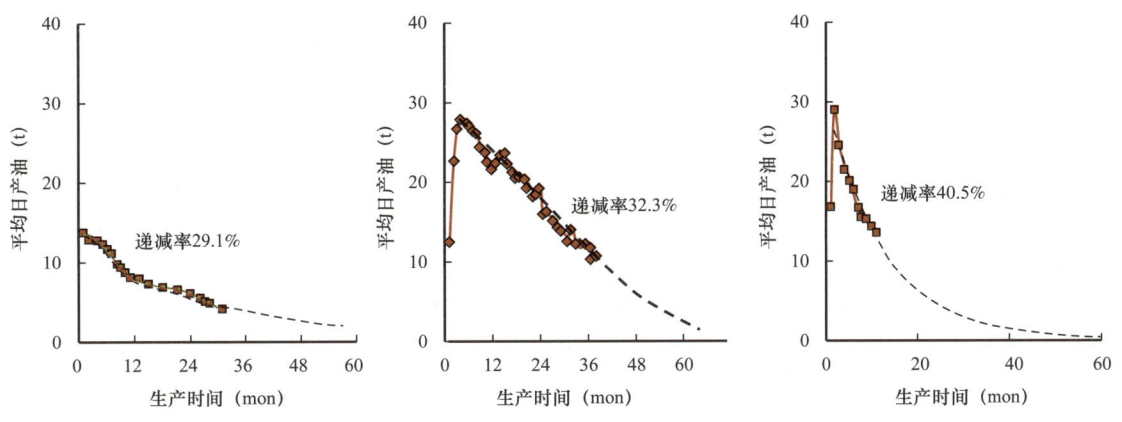

图7-1 鄂尔多斯致密油、新疆玛湖、新疆吉木萨尔致密油典型水平井产量变化图

随着近年新增探明储量品位劣质化趋势加剧,未来探明储量仍将以超低渗等低品位+非常规为主。我国油田开发如果继续像美国致密油开发一样,采用一次开发、持续大量新井接替的模式,是难以为继的,而且我国无论是资源条件还是工程技术,均与美国有较大差距,开发经济性的问题将更加严峻,高额投资不但造成完全成本不断增加,而且将严重影响石油公司的现金流。

对照常规油田的开发模式,采用非常规开发方式的油田必须尽快进行补充能量和全生命周期提高采收率的研究和技术攻关。目前,美国进行了化学驱、注低矿化度水、混相注气等室内试验和数值模拟研究,开展了注水、注天然气、注CO_2的先导性试验,但不同IOR方法的微观尺度研究(室内实验)结论和现场尺度研究(先导性试验)结论之间存在较大差异,效果还难以判断,还需要进一步的研究。因此,在新技术应用使开发效果和效益大幅度提高之前,大量非常规方式开发储量的投入动用,将使我国石油行业可持续发展面临严峻挑战。

要从根本上改变这样的被动局面,还是需要从源头做起,通过加强高效勘探,为石油行业发展提供更多经济有效的储量资源。

三、破解体制机制束缚，鼓励勘探领域扩展，为石油行业发展提供更多经济有效的储量资源

我国的石油资源比较丰富，但资源品位不高，勘探难度大。根据中国石油第四次资源评价结果，我国石油资源量 1206×10^8 t，2018年底累计探明 393.2×10^8 t，总体处于勘探中期，剩余资源量 813×10^8 t。但是，近年新增石油探明储量的品位不断下降，勘探对象呈现"薄、低、深、难"等特点，特低—超低渗透油田、小型—特小型油田成为增储主体，勘探特点与勘探所处阶段并不相符，同时，各主要油气盆地之间勘探程度不均衡性严重，新增探明储量以老油田的新块、新层和扩边为主，近5年占比达到71%，而新油田储量占比低，甩开勘探力度不够；陆上东部重点含油盆地勘探进入中后期，近年来鄂尔多斯盆地成为储量增长主体，但未来战略接替盆地不明朗。

这反映了国内石油勘探存在两方面的深层次问题：一是石油公司将勘探开发重点放到重点盆地，新盆地拓展严重不足。例如，石油公司退出羌塘盆地，海域勘探集中在近海。二是政府对新盆地和远海深水的投入和支持鼓励严重不足，导致新盆地勘探无任何突破，战略接替难以形成。

形成这两方面问题的原因，主要是在石油工业体制机制转型过程中，企业和国家两个层面责任存在脱节。1998年以前，中国石油天然气总公司负责全国陆上石油勘探，国家与公司的发展是一体的，发展着眼于战略接替，甘于冒巨大风险开展新盆地、新区的勘探。例如，塔里木盆地勘探在20世纪80年代和90年代完全属于新盆地拓展，石油部能够调集各方力量，在地表条件差、社会依托非常薄弱的区域，冒较大风险开展盆地大剖面采集和塔北、塔中地区风险勘探，为目前塔里木油田的拓展奠定基础。但1998年以后，根据改革要求，实现政企分开，企业要做的是实现国有资产的保值增值和效益发展要求，面对严格的考核指标，为保证投资效益和较好的生产经营指标，石油企业对于投入巨大、风险巨大的新盆地勘探投入逐步减少，将勘探开发集中在成熟盆地或风险较小的大盆地是发展必然；同时，在体制机制转变过程中，政府工作重心没有进行及时地补位，或补位不够，导致国家层面对风险勘探重视不够，战略选区准备和投入力量不足。虽有自然资源部地质调查局，但力量相对有限，仅能以野外踏勘为主，相比石油公司的力量差距较大。未来要实现石油工业良性和可持续发展，持续的勘探新发现是基础，而关键就在于政府和企业各司其职，加大新区、新盆地拓展力度

当前，我国石油勘探领域大致可以分为三个部分：一是陆上东部老区；二是陆上中西部和近海重点盆地；三是新盆地和远海深水。东部成熟老区勘探程度高，勘探工作以扩边、扩层为主；陆上中西部和近海重点盆地的勘探潜力在于新区、新领域、新层位，这两个领域是石油公司关注的重点，而新盆地和远海深水勘探风险大，石油企业介入意愿不足。

因此建议，企业立足陆上东部、中西部和近海重点盆地，加大勘探开发工作力度，着重开拓重点盆地内的新区、新领域，实现石油储产量的规模增长；而国家层面的工作重心应是强化新盆地和远海深水等领域，拓展新的发展空间，准备真正意义上的战略接替。具体实施方面，一是政府可通过政策引导，如对于石油公司风险勘探投入不计入经营考核

等，鼓励企业强化新盆地和远海深水石油勘探；二是国家可以通过购买服务的方式，由国家出资，通过竞标或委托勘探的方式，开展新区、新盆地勘探，取得成果以有偿形式转让，回笼风险投资资金。

第二节 对低油价下油田限产的思考和认识

油价暴跌造成石油公司收入减少、现金流紧张，再次面临生产经营巨大压力和是否限产的艰难选择。在这样的形势下，石油公司需要明确追求的主要目标、面临的关键矛盾、不同选择的得失，才能做出相对平衡的决策。

一、油田限产工作的回顾

在中国石油油田开发历史中，由于国际经济形势和油价形势，进行过三次大规模的原油限产工作，回顾和总结这几次的限产工作的做法和经验，将对油田生产工作今后应对油价波动提供借鉴。

1. 1998 年限产

由于 1997 年东南亚金融风波引起的亚洲经济危机和 OPEC 组织相继提高原油产量等国际环境的影响，造成了国际市场油品供大于求的局面，导致原油价格大幅度下降，最高跌幅达到 63%，油价一度跌至 10 美元/桶以下，给石油开采企业再来了巨大的经济损失，也使得一直低于国际市场价格的国内原油价格变得高于国际油价，巨大的差额利润使走私油品大量涌入，扰乱了国内原油的正常生产与销售秩序。因此，中国石油在 1998 年被迫采取关井限产措施。

2. 2009 年限产

2007 年始于美国的金融危机使全球经济陷入危机，需求萎缩，油价急速下跌，最高跌幅达到 73%。国内经济发展速度放缓，市场低迷，成品油销售不畅，原油和成品油库存快速上升，效益大幅下滑，2008 年 12 月，中国石油为积极应对复杂的生产经营形势，对 7 个主要油田实施了关井限产。2009 年由于产运销形势更趋严峻，3 月开始对原油生产及产能建设计划做出重大调整，对 10 个油田公司实施限产，主要采用三种方式：关停低产低效井或调整井的工作制度，减少老井产量；降低无效和低效油水井措施工作量，减少措施增油量；压缩产能建设规模，减少新井产量。但 5 月油价开始回升，随即对其中 4 个西部油田实施复产，复产以恢复关停井产量为主，并适当增加部分措施工作量。

3. 2016 年限产

2014 年下半年起，由于油气市场供需基本面由偏紧转为宽松、美元升值、OPEC 降价保份额等因素影响，国际油价再次暴跌，最高跌幅 75%，2016 年一季度国际油价平均只有 28 美元/桶，中国石油上游业务出现整体亏损，形势异常严峻，因此对 2016 年原油产量、产能、投资计划进行调整，大幅度压减投资和成本费用，停止成本高于当期油价的措施作业，调减和缓建低油价下未达到效益标准的原油产能，有序关停或减量运行无边际效益、运行成本高于油价的低效井或区块。

二、油田限产工作的总结

1. 限产工作的手段和措施

如上所述，实施油田限产最主要的方式一是减少存量生产能力，即关停生产井。就关停井而言，在1998年限产时，是关高产井还是关低产井还存在争议，并且在实际操作中关停了一批高产井，造成亏损增加。但随后就进行了效益产量计算方法研究和油井效益普查，并逐渐发展为已开发油田效益产量评价工作。在中国石油后来的关井限产中，关停井均以效益评价结果为依据，对低效无效井和区块进行关停。在三次限产实践中，油井开井率均较上年减少3个百分点左右，关停井成为限产的重要措施。但是，关停在产生产井对生产影响大、复产时间长、费用高，从实际操作看，部分高含水关停井地下油水分布状况发生变化，开井后长期出水，需要增加卡堵水等措施；有些注水井开井后难以有效注水或注不进水，地层压力明显下降；稠油井关井后地层热量损失，部分地区稠油井关停半年后若恢复注汽，第1轮基本出水，第2轮才出少量油，实际运行更加复杂。因此，在实际操作中也多采取间开等减量运行的方式。

油田限产的另一方式是通过减少新增投入减少增量产量，即压减操作成本减少措施增产量和压减产能投资减少新井产量。相对于关停在产生产井，压减新的工作量和投资成本对油田生产组织影响小，提高现金流等效益指标效果明显，也是油田限产的重要手段。在限产实际操作中，措施工作量分别较上年减少8%~20%，新建产能工作量较上年减少10%~18%，措施增产量和新井产量的减少占限产总量的60%~70%。

2. 限产工作对生产指标的影响

限产工作使相关生产指标发生了明显变化，对比2009年、2016年部分指标与上年同比的变化可以看出，两次限产关停井比例基本相同，2009年时压减措施工作量更多，而2016年更多压减了新建产能工作量（表7-1）。

与关停井有关的指标：2009年、2016年两次限产中，油井开井率下降基本相当，均是比正常年份开井下降3~4个百分点，但2016年延续了近几年加强精细注水工作的效果、自然递减持续下降的态势，且老井单井日产油量同比有所提高。

与措施有关的指标：与2009年限产相比，2016年措施工作量同比降幅较小，为7.6%，而2009年达到20%。但两次限产中，年措施增油量同比降幅均大于措施工作量降幅，措施有效率同比基本持平甚至有所下降，单井次措施年增油量同比也有下降。

与新建产能有关的指标：2016年限产中，产能同比降幅达到18.7%，大大高于2009年的10.5%。两次限产中，新井产能贡献率、新井单井日产油量均同比下降较大，新井年产量同比降幅也大大高于新建产能的降幅。

表 7-1　限产相关生产指标与上年相比差值和变化幅度（%）

	2009	2016
油井开井率	−3.77	−3.26
老井自然产量	−1.47	−3.60
老井自然递减率	1.27	−0.33
老井单井日产	−4.37	0.48
措施井次	−20.05	−7.59
措施年增油量	−26.36	−10.63
措施有效率	0.05	−0.61
单井次措施年增油量	−7.96	−2.44
新建产能	−10.5	−18.66
新井产量	−26.70	−29.74
产能贡献率	−18.10	−13.62
新井单井日产	−21.40	−10.71

注：油井开井率、老井自然递减率、措施有效率为与上年相比差值；其他指标为与上年相比变化幅度

应该说，限产措施使很多油区实现了开发指标的提高，但受很多其他因素及部分油区形势变化影响，仅从公司总体的相关指标变化看，限产工作对开发指标的正向拉动作用不明显，但通过限产及压减成本、费用的方式，使投资成本支出较大幅度下降（2016年开发直接投资同比减少23%），对改善效益状况意义重大。

三、油田限产实践的认识和思考

1. 从战略选择上，实施限产要慎重

原油产量是油田公司收入和利润的唯一来源，产量是效益的载体和发展的保证，没有产量就没有效益，没有产量规模就没有效益规模。同时，从限产实践看，限产会对油田开发产生重大影响，限产的油田公司多数都不能恢复到限产前的水平。因此，大规模实施限产的决策要慎重。

2. 不能认为可以简单地通过减产来减掉无效益产量

在低油价下，由于收入大幅度下降造成现金流紧张、利润下降，而油田限产的实质是通过压减投资、成本来达到减少支出、改善效益的主要目的，投入的减少必然造成产量下降，而压减投资、成本的对象首先是低油价下达不到效益标准的那部分已开发油田产量和产能、措施工作量。因此，从逻辑关系上说，不是限产造成投资成本的压减，而是为减少支出压减投资成本造成了产量的降低。

同时，在目前固定成本占经营支出近 60% 的情况下，如果没有各种降低成本费用措施的支撑，单纯的降产只能使效益状况更加恶化。而且，尽管限产本身可以减少一部分支出，但包括硬性的削减成本费用在内的各种降本增效措施也起到了关键作用。从 2016 年某油田的实例可看到，该油田全年实现降本增效 3.42 亿元，其中，原油减产增效 0.19 亿元，油气运行成本减少 1.63 亿元，其他业务利润减亏 1.55 亿元，非生产性支出减少 0.05 亿元。之前的相关研究也有相似的结论。因此，不能夸大限产对提升效益的作用，成本的下降、控亏目标的实现不是仅通过降低产量规模就可以做到的。

3. 明确限产所要达到的主要目标，考虑限产方式对生产产生的不同影响，把增量工作量和投资作为限控的主要方向

在低油价下，由于收入大幅下降造成现金流紧张、利润下降，相对而言，现金流的紧张会对公司生产运行的影响更加严重，而压减新增投资对缓解现金流紧张的作用更加立竿见影。而且，压减增量的增产措施和产能工作量对生产影响相对较小，可考虑把压减增量的增产措施和产能工作量投入作为必须限产时的主要手段，特别是压减新建产能投资和非生产性投资。同时，在具体操作中，一是，对于化学、蒸汽驱等需要保持连续性工作量的产能建设项目，应该予以投资保证；二是，要加强针对产能项目的方案优化和优选评价，提高产能的实施效果，确保能够提升开发效果和开发效益，真正实现减产提效；三是，各油区由于资源条件、人员队伍、生产历史等方面的差别在投资效益上有较大差别，要综合考虑产能投资总体规模和各油区基本需求。

对于在产生产井而言，从生产角度来看，关停井对油田生产的影响很难控制，地下油水状况复杂，关停生产井对周围油水井的影响难以预测，且关停井复产难度大，估算复产的产量只能达到之前的 60% 左右。而且从经济角度看，关停井仅能减少该井的部分直接生产成本，提升效益的效果不是很明显，按 1998 年效益普查的无效井最低运行费和公司原油成本框算，在当时的管理体制和油价水平下，如果采取关井措施减亏额只有无效井总亏损额的 20% 左右。因此，对在产井谨慎关停，保持生产规模。进一步优化在产井的生产运行，多应用低成本的注采调控、维护性措施等手段，稳定老井生产规模。对在产低效、无效井，进行综合分析，优先考虑改变工作制度、开采方式或经营方式，对确实单井产量很低、含水率非常高、耗电量大的无效益井才考虑关停。

此外，要进一步强化降本增效各项措施。上游业务近年坚持低成本发展不动摇，优化投资结构，强化预算管控，严控运行成本，持续压缩非生产性支出，成本费用得到有效控制。目前低油价下，上游业务要进一步实行效益倒逼，强化各项措施的推进和落实，并与工程建设、工程技术等企业一起行动，大力实施开源节流降本增效，为保持稳定的经营状况保驾护航。

4. 要采取更主动的措施应对油价波动

从 1998—1999 年、2008—2009 年、2015—2016 年到 2020 年，油价大幅波动的周期从 10 年降低到 7 年、4 年，在世界局势日趋复杂的形势下，今后石油公司将会不断面临类似的油价急剧变化的情况，不能总是被动地应对油价变化，而更要注重采取主动性的措施积极应对油价波动。

一是要大力实施技术创新，面对新探明储量主要以低渗透、稠油、特殊岩性、致密油为主和主力老油田已进入特高含水阶段的客观现实，要探索应用低品位资源有效开发和已开发老油田大幅度提高采收率的新技术、新模式，积极应对开发对象的劣质化，从根本上解决投资成本快速增加、生产效益下降的问题。

二是实施管理创新，建立科学的生产运行和管理机制，固化降本增效实践证明行之有效的措施和机制，逐步建立起投资、成本、产量、效益与油价的联动机制。

三加强应对包括自然灾害、国际油价变化、外部油气断供等紧急情况下的应急管理和系统调控能力建设，建立包括原油价格预测、应急预案准备、原油产业链动态优化、储备应急调控、油田生产数字化和智能化等工作在内的应急管理和调控体系，增强公司主动抵御风险的能力。

第三节 构建油气上游新发展格局

新冠疫情是第二次世界大战以来人类面临的最大冲击，加速了冷战以来美国霸权主导的世界格局的终结，加速了自由主义世界秩序和以西方为中心的世界格局的衰弱，国际格局与国际秩序的裂变时期已经到来。在国际秩序达到新的平衡之前，我国发展的外部环境日益复杂严峻，不稳定性不确定性增大。中央提出构建以国内大循环为主体、国内国际双循环相互促进的"双循环"新发展格局，保障国家经济安全、拓宽经济发展空间，提升经济发展的自主性、可持续性，增强韧性，保持我国经济平稳健康发展。在"双循环"过程中，可能出现结构性滞涨、需求不足、产能过剩和粮食安全、能源安全等问题，我国的能源安全风险集中体现在油气领域，需要积极谋划构建我国油气发展的"双循环"格局。

一、大变局下油气发展面临的外部形势

国际油气博弈和疫情加剧油气安全风险。近年来国际油气市场供应过剩始终没有缓解，2020年初突如其来的新冠疫情又导致油气需求骤降，供需面缺口持续走宽。沙特阿拉伯、俄罗斯和美国三大产油国围绕"减产"展开的多轮博弈造成国际油价史诗级暴跌，油气市场关系愈发政治化，地缘政治不稳定性增加。新冠疫情的全球化、长期化使人员流动、跨境商贸活动受阻，世界经济深度衰退、国际油价低位震荡运行，风险因素将进一步增加，未来油气需求不确定性加大，将加剧未来市场波动，油价波动的频率和幅度也将比以前更高。同时，新冠疫情进一步暴露了在紧急状态下产业链全球化的隐患和风险，致使已有抬头之势的逆全球化趋势进一步加深，油气供应安全更加引起重视。

中美博弈大势难改。奥巴马在其第二任期里已经开始把中国视为潜在竞争对手，并主导了美国的"重返亚太"战略，经过特朗普执政四年的渲染，将中国视为地缘竞争对手也已成为美国精英阶层的共识，拜登大概率将继承这个共识，中美博弈将长期持续。随着美国能源独立的稳步推进和全球战略重心东移，为遏制中国崛起，美国在中东已由秩序维护

者向秩序旁观者或搅局者转变。2020年上半年在以俄罗斯、沙特阿拉伯为首的OPEC+最终达成一份有利于美国的减产协议后，世界石油市场格局进入以美国、俄罗斯、沙特阿拉伯主导的"泛OPEC+"时代，美国在全球石油市场的控制力和话语权不断加大，有能力影响全球石油生产、供应及贸易，给我国石油安全供应造成潜在重大风险。

二、油气安全是长期困扰我国的问题，战时存在进口封锁的风险，非战时同样存在风险

有观点认为，我国国产原油不足，完全可以在国际市场购买通过进口解决。特别是受资源禀赋制约，我国油田开采成本较高，因此，购买低成本的海外原油更加合理。但是，我国原油进口存在明显的风险点。

一是石油进口对中东依赖程度高，且未来难以改变。中东、非洲、俄罗斯和南美洲是我国原油进口的四大来源区域，其中，中东地区进口占比40%以上，对于我国石油供应具有举足轻重的作用。近年来，我国努力推进石油进口多元化，在石油净进口量大幅增长的情况下，对中东地区的依赖程度始终控制在50%以下。但与美国、欧盟相比，中国对中东地区石油的依赖最大。由于中东地区石油出口规模占到世界的一半左右，其他地区石油的区域流动特征明显，流向中国的石油总量有限，不能满足中国石油需求。因此，随着石油进口规模的持续扩大，我国从中东进口石油的规模不会减少，预计对中东地区石油的依赖将保持在40%~60%之间。但是，中东地区各种矛盾错综复杂，动乱不断且越演越烈，地缘政治风险大。特别是近年来，随着美国能源独立的稳步推进和全球战略重心东移，为遏制中国崛起，美国在中东存在由秩序维护者向秩序旁观者或搅局者转变的可能，给中国石油安全供应带来潜在重大风险。

二是中国对海上通道控制能力不足。我国的石油进口，除了从俄罗斯等少数陆上接壤的国家外，80%以上需要经过马六甲海峡，38%经过霍尔木兹海峡，对主要海上石油运输咽喉要道的过度依赖，造成石油运输环节的安全风险很大。而中国军事现代化过程中长期坚持积极防御战略，军事影响力弱，特别是对海上重要航道的掌控能力薄弱。

因此，如果出现针对我国石油进口的制裁或海上运输通道的封锁，我国石油进口存在中断的风险。

在和平时期，总体上石油进口是能够保障的，但是近年来黑天鹅事件频发，已经对石油进口产生重大影响。目前还没有原油进口中断的真实事例，但可以把2017年的"气荒"作为非战争情况下进口中断作为一个实例。2017年底，原本年运量$550\times10^8m^3$的中亚管道在冬季高峰运量可达$1.3\times10^8m^3/d$，但12月份时供应只有$8900\times10^4m^3/d$，缩减了约$4000\times10^4m^3/d$。缩减原因是，进入冬季以来，中亚国家遭遇寒冷天气，产气的土库曼斯坦和沿途用气的乌兹别克斯坦、哈萨克斯坦等国为保本国居民福利用气，违约减量截流，全国出现大面积"气荒"，造成的影响非常大。

2020年新冠疫情以来，我国面临的国际环境可能更加恶劣，因此，油气安全上升到新的政治高度。自2018年中美贸易战爆发以来，我国高度依赖海外油气进口所带来的能源安全隐患就愈发凸显，针对油气对外依存度持续攀升的问题，中央提出大力提升国内油

气勘探开发力度，国家能源局推进全行业范围的增储上产行动，反映出国家层面对油气安全的关注。2020年以来随着外部形势的变化，4月，中央政治局会议提出包括保能源安全的"六保"工作，国家能源局发布的《能源法》征求意见稿中重点强调了能源安全问题；6月，国家发展和改革委员会、国家能源局专门发布《能源安全保障工作的指导意见》，一系列信号表明保障能源安全将是未来一段时期内国家能源战略的重要考量因素，特别是我国能源安全软肋的油气供应安全已上升到新的政治高度。

三、保证国内基础供应，抓好应急措施，谋划大国博弈，构建我国油气"双循环"发展格局

1. 打造内循环

油气领域内循环的本质和目标是不被"卡脖子"。国内很多行业的痛点在于内需不足、产能过剩，而我国油气有庞大的国内需求托底。因此，需求侧须在加强油气节约利用、提高能效方面做工作，供给侧须增强油气勘探开发、油气储备和应急保障能力，弥补部分可能中断的进口供应，做到供应上不被"卡脖子"；应继续加强油气勘探开发技术与装备的攻关升级，做到技术上不被"卡脖子"；加强拓展新领域，推进革命性新技术研发，做到战略接替上不被"卡脖子"。

坚定国内稳油增气目标，增强国内油气生产能力。国内油气资源是保障油气安全的基础，坚持"国内为主"的方针，不仅是指数量的多少，更是指战略地位的高低。国内原油 2×10^8 t 生产能力是我国石油工业的压舱石，必须千方百计予以保证，发展天然气资源基础丰富、历史机遇难得，持续上产不容松懈。进一步加大勘探开发力度，应以持续提高老油气田采收率作为重要基础；加快动用低品位难开发储量作为关键支撑，积极推进致密/页岩油气等非常规资源开发作为突破方向；规模开发深海资源作为战略接替，实现资源的层次接替，增强油气生产能力。国家层面持续推动以市场化为方向的油气体制机制改革，建立包括土地、安全、环保、用海等与油气勘探开发相关的协调机制，制定针对尾矿、难采储量、非常规资源开发的财税支持政策，进一步加大对油气行业的支持力度。

加强油气储备和应急保障能力建设，夯实能源安全基础。考虑到国际油气市场宽松、国内生产能力与需求差距巨大等实际情况，国内油气生产理念宜从"保供应"向"保应急"转变，保持国内油气基本生产规模，加大油气储备、应急增产能力和原油替代建设，梯次保障应急油气供应。储备能力方面，在《政府工作报告》《能源法》征求意见稿等文件中，反复强调提升能源储备能力，凸显了国家对能源储备的高度重视。在可预见的未来，我国仍将是油气进口大国，大规模增加油气储备是承受油气市场波动、减少被动、应对突发事件的必要措施。应建立国家统一的决策机制、市场化的运作机制，研究设立专门储备基金，加快油气储备设施建设。抓住低油价时机，加紧充实国家石油储备，加快推动建立国家天然气储备，切实增强防范风险的实力。应急保障能力方面，我国油气资源虽禀赋较差，但总量较为丰富，是应急增产的物质基础。应充分利用举国体制的优势，加强国家顶层设计，提前做好储量资源储备、产能储备、技术储备、装备储备、工程队伍储备

等，提高应急增产的实施能力。

拓展油气新领域，做好战略接替储备。加大和加快新领域、新技术的攻关和突破，特别是推进煤制油气技术和中—低成熟度页岩油原位转化技术应用。从我国能源基础和能源安全角度看，煤制油气是自主可控的后备能源生产方式之一，加大煤炭气化技术、煤制油技术的开发和推行力度，提升我国洁净煤技术及其应用水平，有助于解决我国油气不足的问题。我国中—低成熟度页岩油资源丰富，技术可采资源量是常规石油可采资源总量的3倍以上，运用水平井电加热轻质化技术，可以将页岩油在地下原位改质转化为轻质油，具有广阔的发展前景。同时，油气上游企业可结合产业技术特点和各自优势，积极参与能源转型，稳步发展太阳能、风能、氢能、地热等可再生能源，推进多能融合、协调发展，为国家长期能源安全做好战略储备。

2. 打造外循环

全球化是世界发展大势所趋，构建内循环绝不是闭关锁国。各国油气资源禀赋差异决定了跨国贸易存在的必然性，依托国家工业能力和消费需求构建起的油气产业链也不会因人的意志而转移。因此，积极推进外循环，开展高质量的国际油气合作，实现开放条件下的油气安全是必须坚持的方向。

坚定开放理念，加强"一带一路"油气合作。2020年5月，《关于新时代推进西部大开发形成新格局的指导意见》印发，其中提到"扩展国家发展的战略回旋空间""增强防范化解各类风险能力""东西双向开放协同并进"，指出新一轮西部大开发是"统筹国内国际两个大局作出的重大决策部署"。我国既是陆地大国，也是海洋大国，在美中对抗加剧的情况下，通过西部大开发，不断加强与"一带一路"沿线国家的经贸合作辐射能力，是具有长远发展意义的战略选择。在丝绸之路经济带内，俄罗斯—中亚—中东地区主要国家油气资源丰富，并与我国建立了较稳固的油气合作基础，是我国获得油气最现实的选择。可优先发展中亚和里海地区，该地区油气资源丰富，国家政局稳定，与我国关系友好，更重要的是与我国大陆相连，可以通过管网安全运回国内。我国油气企业可以凭借在勘探、开采方面拥有的先进技术工艺，积极开展上游油气资源勘探开发合作。中东地区油气地质条件优越，油气资源潜力丰富，一些国家如阿拉伯联合酋长国、卡塔尔等，政局稳定、合作环境较好，仍然具有广阔的油气合作空间。

谋划大国博弈，打造能源利益共同体。从全球来看，我国油气进口量世界第一，受地缘政治影响大，进口难度就更大。从地缘政治角度考虑，要稳定我国的油气进口，一是谋划与美国的长期博弈。与美国相比，我国在军事、经济、科技等主要国家实力方面仍处于劣势，但在当前全球化态势下，我国的经济利益、安全利益，包括石油的商业利益，已同亚太地区，甚至其他大洲捆绑在一起，世界更加依赖我国的产品供给和市场，包括与石油有关的成品油、石油化工原材料供应和巨大的汽车市场等，对我国的制裁和封锁会产生"杀敌一千、自损八百"式的博弈结果。二是应加强与产油国的"合纵连横"。目前，世界主要产油国为了各自利益存在诸多分歧，而中国与多数石油生产国保持了良好的政治和贸易关系，围绕一系列重大战略合作机遇，包括中俄"冰上丝绸之路"共建、中沙全面战略伙伴关系、伊中 25 年全面合作计划等，通过在不同国家间寻找战略共识和利益共同点，可为我国实现油气进口长期安全创造条件。

第四节　对我国天然气对外依存度安全上限的认识

一、我国天然气对外依存度已突破 40%，并将继续攀升，主要受资源、经济和政策因素影响

1. 我国近十年天然气对外依存度快速增长，未来还将大幅上升

2006 年 6 月我国深圳大鹏第一座 LNG 接收站建成投产，2010 年引进中亚管道气，LNG 和管道气进口双双推动我国天然气进口量快速增长，2018 年我国共进口天然气 $1254\times10^8m^3$，其中 LNG $734\times10^8m^3$、管道气 $520\times10^8m^3$。2006—2018 年间，除 2015 年进口增速仅为 3.3% 之外，其他年份都保持了两位数以上的增长，2010 年增速高达 127.3%。

伴随进口气规模快速增长，我国天然气对外依存度不断攀升，尤其是 2009—2013 年，天然气对外依存度增速最快，2013 年突破 30%，2014 年和 2015 年基本稳定，2016 年起又快速上升，2018 年达 44%；近十年年均增速达 34.4%。对全国天然气供需趋势研判结果，未来我国天然气对外依存度还将大幅增加，预计 2025 年在 44%~60% 之间，2035 年在 48%~66% 之间。

2. 天然气对外依存度受资源禀赋、经济增速与国家政策等因素的影响

一是天然气资源品位低、主力气田进入递减，规模效益上产压力大，天然气产量增长有限。二是国民经济高速增长、城市化进程加快和居民收入不断提高，推升我国天然气消费在城燃、工业等领域增长较快。三是国家相继出台《打赢蓝天保卫战三年行动计划》《北方地区冬季取暖规划（2017—2021）》、国家放开进口 LNG 资源的限制等系列政策，我国天然气消费量呈爆发式增加，进口气量快速增加。四是天然气终端价格长期不到位，导致工业用气消费非理性增长。以上因素共同影响，使得我国天然气消费量与国产气供应量之间的剪刀差愈来愈大，进口气量不断增长，导致我国天然气对外依存度快速攀升。

二、我国天然气对外依存度过高，其安全供应风险比石油更为严峻，将成为新形势下影响我国能源安全的又一"导火索"

天然气对外依存度过高，其隐藏的安全风险比石油更严重。首先石油已形成全球性统一市场和标杆价格体系，天然气尚未形成，天然气供需还带有明显地域性；其次是天然气消费的峰谷差非常明显，不应只考虑年均对外依存度问题，更重要的是考虑高峰期的对外依存度问题；最后是我国气候与管道气资源进口国相似，用气高峰期易重叠，导致进口气波动大。因此，天然气安全供应风险比石油要突出。

天然气进口量愈大，受他国掌控的风险愈大。随着我国天然气大量进口，其战略属性不断增强，对供应安全的要求越来越高。中国作为发展中的天然气消费大国，在没有定价主导权的情况下，若一半以上的需求依靠进口是非常不安全的。一旦国际天然气市场和进口环节有任何的风吹草动，都可能引起国内市场的连锁反应。因此，将我国天然气对外依存度控制在一定水平线下是非常必要的。

天然气对外依存度过快增长将加剧我国能源安全供应风险。石油的高依存度已经给国际上"中国能源威胁论"话题提供了借口，天然气对外依存度的快速攀升无疑是火上浇油。在全球多级分化明显、地缘政治日趋紧张、以美国为首的西方势力对我国政策日趋强硬的背景下，天然气供应的巨大缺口对我国能源安全造成极大挑战，并可能带来经济、外交、军事等系列连锁反应。在我国原油对外依存度已超过70%的情况下，天然气依存度过高将成为新形势下影响我国能源安全的又一"导火索"。

三、坚持底线思维，牢牢将安全平稳供气的主动权掌握在自己手里，建议将我国天然气对外依存度安全上限控制在50%以内，是十分必要的、也是可行的

1. 发达国家通常根据资源和经济条件选择适宜本国的对外依存度区间

世界各国都是根据自身的资源条件和经济条件，主要选择了进口依赖型、进口主导型、国内主导型和完全自主型4种资源保障类型。日本、韩国等国为进口依赖型，对外依存度超90%以上，国内天然气资源贫乏，基本依靠进口；德国和意大利等国为进口主导型，对外依存度在60%~90%之间，以进口为主，国产天然气作为补充；美国、英国为国内主导型，对外依存度在40%以内，以自产为主，辅以进口；俄罗斯、挪威、加拿大和卡塔尔等国为完全自主型，全部依靠自产，这些国家资源非常雄厚，不仅自给有余，还可以大量出口。

2. 一个国家的资源保障类型和对外依存度是动态变化的

资源保障类型随着国内资源的开采和国内天然气需求的增加将发生转变。如美国在20世纪80年代中期为完全自主型；90年代以来，天然气对外依存度开始增长，2005年达到最高18%，转变为国内主导型；2007年后页岩气革命取得成功，2017年能源完全自主，并转为天然气出口国（图7-2）。因此，应认识到，天然气对外依存度是动态的、相对的，具有明显的阶段性特征。当然，合理的天然气对外依存度需要考虑因素众多，如资源禀赋、消费规模、经济水平、地缘政治、军事外交等。

从美国天然气对外依存度变化来看，净进口气量始终保持在全国总消费量的10%~18%之间。尽管美国进口气几乎来自加拿大，政治和经济风险都相当小，但美国对开拓墨西哥和南美能源市场保持了相当的审慎，对可能存在的政策和经济风险给予了足够的重视。

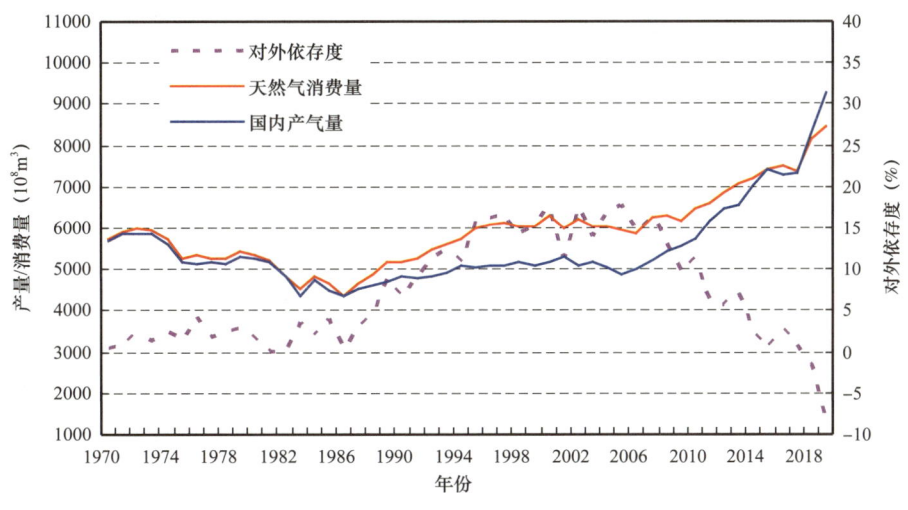

图 7-2 美国 1970—2018 年天然气对外依存度变化

3. 将我国天然气对外依存度安全上限控制在 50% 以内

1）我国是全球能源消费和经济总量大国，应该控制一次能源消费总量和设置天然气对外依存度天花板

从一次能源消费量和经济总量看，中美两国是全球绝对的能源消费和经济大国，但与美国相比，中国单位 GDP 能耗较高，能源消费总量为全球第一。中国正处于重工业化阶段，工业化最早也要到 2030 年完成，这意味着未来我国的经济发展还要在很大程度上依赖于能源，特别是油气。英美实现工业化以消耗本国煤炭为主；法国、德国、瑞典、俄罗斯、日本等国在工业化过程中，能源的需求要么依靠本国资源，要么依靠进口。我国显然不能完全照搬欧美等发达国家工业化的老路子，必须对一次能源消费总量予以约束，提高能源效率，控制能源消费总量天花板。

美国已成为世界第一大石油天然气生产国和最重要的出口国，正在实现能源独立，已逐渐摆脱对中东和外部的石油高度依赖。中国的天然气对外依存度太高将影响经济社会的可持续发展，不但要花费巨额外汇购买，而且要求从外交、经济甚至军事等诸多方面更多地介入国际事务，这无疑会挤占国内经济建设和改善民生的宝贵资源。中美两国能源形势背向发展，将进一步拉大中美两国的综合国力差距。因此，要千方百计增加国内天然气供应能力，有效抑制对外依存度的过快增长，将对外依存度控制在一定水平。

2）我国作为全球年天然气消费量超 $2000 \times 10^8 m^3$ 中唯一高度依赖进口的国家，对外依存度不宜过高

在 2018 年全球天然气消费量超过 $2000 \times 10^8 m^3$ 的国家中，美国、俄罗斯和伊朗都是天然气净出口国，只有中国需要大量净进口。俄罗斯和美国都在天然气领域使用过地缘政治手段。俄罗斯多次威胁给乌克兰断气，美国则在近期开展贸易战时，无论对中国还是欧洲，均要挟大幅增加美国 LNG 进口作为筹码。中国是美国最主要的竞争对手，也是重点打压对象，对美国 LNG 资源依赖程度提高，可能带来的地缘政治风险愈大。

3）类比美国和日本，建议我国进口气量不宜超过全球总贸易量的 20%，可将我国天然气对外依存度控制在 50% 以内

美国在页岩气革命成功之前，为满足国内需求也曾大量进口天然气，2000 年进口气量占当年全球天然气总贸易量的比例达到峰值，为 20.5%，之后逐渐降低。日本是全球第五大消费国，尽管是纯进口，进口气贸易量占全球总贸易量的比例未超过 15%，2018 年占比也仅在 9% 左右（图 7-3）。我国 2018 年进口气量占全球总贸易量的 9.8%。类比美国，考虑天然气进口量占比不超过全球总贸易量的 20%，根据目前增长趋势，未来全球天然气贸易量预计 2035 年约在 $1.6 \times 10^{12} m^3$ 左右，我国天然气进口量应控制在 $3200 \times 10^8 m^3$ 以内。即使按我国 2035 年天然气最高需求量 $6700 \times 10^8 m^3$ 测算，我国天然气对外依存度约 48%。

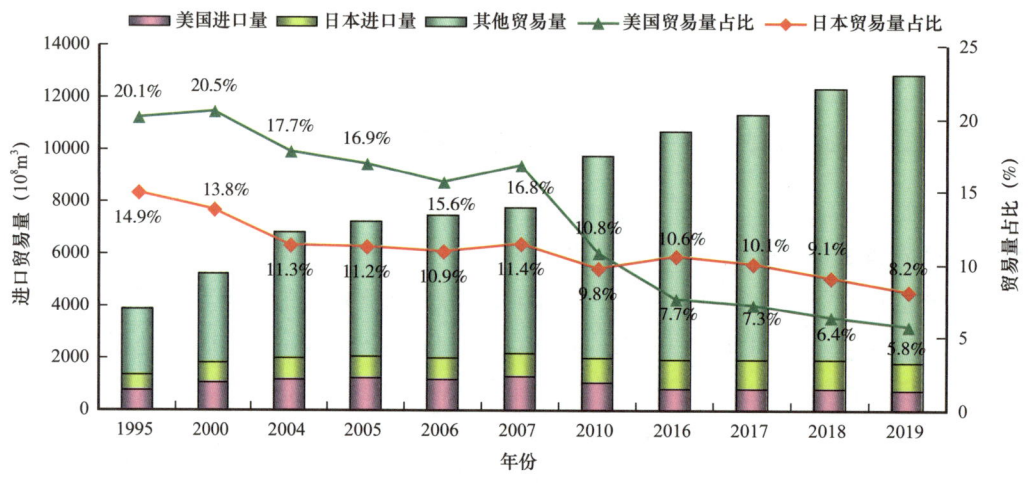

图 7-3　美国和日本 1995—2018 年天然气进口量及占全球贸易量比值（据 BP，2018）

综上分析，我国是经济大国和天然气消费大国，天然气对外依存度过高将影响供应安全和经济安全，必须树立底线思维，应千方百计抑制当前对外依存度过快上涨的趋势，绝不能再步原油的后尘，将安全平稳供气的主动权牢牢掌握在自己手里，将我国天然气对外依存度控制在 50% 的安全合理范围以内。

参 考 文 献

包木太,范晓宁,曹秋芳,等.2006.稠油降黏开采技术研究进展[J].油田化学,23(3):284-292.

曹仁义,周焱斌,熊琪,等.2015.低渗透油藏平面波及系数评价及改善潜力[J].油气地质与采收率,22(1):74-77.

曹振义,刘鹏程,赵广民,等.2016.低渗透油藏水平井注CO_2井网优化与影响因素[J].现代地质,30(2):382-387.

常诚,舒先林.2007.中国海洋油气发展的战略分析[J].石油化工技术经济,23(2):1-6.

车长波,潘继平,唐晓川.2004.关于我国油气资源发展战略的思考[J].中国矿业,13(2):9-12.

陈洪德,钟怡江,许效松,等.2014.中国西部三大盆地海相碳酸盐岩台地边缘类型及特征[J].岩石学报,30(3):609-621.

陈辉.2011.非均质油藏特高含水开发期空气泡沫驱实验研究[J].山东大学学报:工学版,41(1):120-125.

陈元千,胡建国,张栋杰.1996.Logistic模型的推导及自回归方法[J].新疆石油地质,17(2):150-155.

陈元千,胡建国.1995.预测油气田产量和可采储量的Weibull模型[J].新疆石油地质,16(3):250-255.

陈元千,胡建国.1996.对翁氏模型原建模的回顾及新的推导[J].中国海上油气(地质),10(5):317-324.

陈元千,李从瑞.1998.广义预测模型的建立与应用[J].石油勘探与开发,25(4):38-41.

陈元千,陶自强.1997.高含水期水驱曲线的推导及上翘问题的分析[J].断块油气田,4(3):19-24.

陈元千,王惠芝.2004.丙型水驱曲线的扩展推导及其在埕北油田的应用[J].中国海上油气,16(6):33-35.

陈元千,王小林,姚尚林,等.2009.加密井提高注水开发油田采收率的评价方法[J].新疆石油地质,30(6):705-709.

陈元千,袁自学.1997.对数正态分布(Log-Normal-Distribution)预测模型的建立和应用[J].石油学报,18(2):84-88.

陈元千,邹存友.2010.对谢尔卡切夫公式的推导及拓展[J].断块油气田,17(6):729-732.

陈元千.1995.对纳扎洛夫确定可采储量经验公式的理论推导及应用[J].石油勘探与开发,22(3):63-68+128-129.

陈元千.1996.广义翁氏预测模型的推导与应用[J].天然气工业,16(2):22-26.

陈月明.1996.注蒸汽热力采油[M].东营:石油大学出版社.

陈振亚，于洪敏，张帆，等．2012．明15块空气泡沫驱低温氧化反应动力学模型及影响因素分析［J］．科学技术与工程，20（18）：4363-4368．

陈志海，戴勇，郎兆新．2005．缝洞性碳酸盐岩油藏储渗模式及其开采特征［J］．石油勘探与开发，32（3）：101-105．

戴金星，夏新宇，卫延召．2001．中国天然气资源及前景分析——兼论"西气东输"的储量保证［J］．石油与天然气地质，22（1）：128．

丁云宏，陈作，曾斌，等．2002．渗透率各向异性的低渗透油藏开发井网研究［J］．石油学报，23（2）：64-67．

杜殿发，崔景云，吕爱民．2010．稠油热裂解改质行为［J］．中国石油大学学报：自然科学版，34（4），99-101．

方艳君，张继风．2017．大庆油田"十三五"原油开发战略［J］．大庆石油地质与开发，36（2）：60-63．

方义生，刘合年，罗凯．2006．关于气井产能、气田稳产特征和气区开采潜力的探讨［J］．石油勘探与开发，（4）：399-405．

方义生，徐树宝，李士伦．2005．乌连戈伊气田开发实践和经验［J］．天然气工业，（6）：90-93+177-178+140．

冯敏，赵春明，康凯，等．2011．不同含水阶段调整井产能预测方法［J］．石油地质与工程，25（3）：65-67+7．

公衍芬，杨文斌，谭树东．2012．南海油气资源综述及开发战略设想［J］．海洋地质与第四纪地质，32（5）：137-147．

郭彦如，付金华，魏新善，等．2014．鄂尔多斯盆地奥陶系碳酸盐岩成藏特征与模式［J］．石油勘探与开发，41（4）：393-403．

韩大匡．2010．中国油气田开发现状、面临的挑战和技术发展方向［J］．中国工程科学，12（5）：51-57．

韩学强．2011．俄罗斯油气资源勘探开发发展战略［J］．环球石油，（6）：47-55．

胡建国，陈元千，张盛宗．1995．预测油气田产量和可采储量的新模型［J］．石油学报，16（1）：79-86．

胡文瑞，翟光明，李景明．2010．中国非常规油气的潜力和发展［J］．中国工程科学，（5）：25-29．

胡文瑞．2008．中国石油非常规油气业务发展与展望［J］．天然气工业，（7）：5-7．

黄全华，王富平，尹琅，等．2012．低渗气藏气井产能与动态储量计算方法［M］．北京：石油工业出版社．

贾振远，郝石生．1989．碳酸盐岩油气形成和分布［M］．北京：石油工业出版社．

焦方正．2006．塔河油气田开发研究文集［M］．北京：石油工业出版社．

康凯，冯敏，苏彦春，等．2011．疏松砂岩油藏水淹阶段调整井产量预测方法与应用［J］．吐哈油气，16（3）：268-271+275．

康竹林，傅诚德，崔淑芬，等．2000．中国大中型气田概论［M］．北京：石油工业出版社．

李东旭,咸厚发,马硕鹏,等.2003.中国天然气工业持续快速发展的对策[J].新疆石油地质,(5):470-472.

李建军,范力,郝洪峰,等.2011.油田开发精益化增效管理[J].石油科技论坛,30(3):41-45+70.

李俊键,丁美爱,姜汉桥,等.2008.化学驱合理井网密度的计算方法——以正方形井网为例[J].油气地质与采收率,15(3):96-99.

李士伦,王鸣华,何江川,等.2004.气田与凝析气田开发[M].北京:石油工业出版社.

连琏,孙清,陈宏民.2006.海洋油气资源开发技术发展战略研究[J].资源与环境,16(1):66-70.

廖作才,张继春,李振银.2008.新疆油田稠油开采技术应用综述[J].化学工程装备,(8):72-76.

刘斌,易维容,梁生朗.2007.辽河油田二次开发经济评价方法与指标体系探讨[J].特种油气藏,14(6):29-31+96.

刘朝全,姜学峰.2019.2018年国内外油气行业发展报告[M].北京:石油工业出版社.

刘敬强,邹存友,普明闯,等.2011.油田开发中后期加密潜力的计算方法[J].断块油气田,18(4):498-501.

刘可可,侯加根,雷甜,等.2013.密井网区河道砂体井网控制程度认识——大庆萨尔图油田中区西部[J].石油天然气学报,35(2):36-40+5.

刘立力.2004.中国石油发展战略研究[J].石油大学学报(社会科学版),20(1):1-6.

刘小丽,田磊,杨光,等.2015.实施五大战略,推动油气生产革命[J].国际石油经济,23(12):10-15.

陆家亮,赵素平,孙玉平,等.2018.中国天然气产量峰值研究及建议[J].天然气工业,38(1):1-9.

陆争光.2016.中国页岩气产业发展现状及对策建议[J].国际石油经济,24(4):48-53.

罗诗薇,陈海龙.2007.致密砂岩气藏[J].国外油田工程,(2):31-36.

Marie—Francoise Chabrelie.2007.2010—2015年世界天然气供需展望[J].国际石油经济,(6):15-19+78-79.

邱中建,赵文智,胡素云,等.2011.我国油气中长期发展趋势与战略选择[J].中国工程科学,(6):75-80.

石成方,吴晓慧.2019.喇、萨、杏油田开发模式及其演变趋势[J].大庆石油地质与开发,38(5):45-50.

石兰香,李秀峦,刘荣军,等.2015.夹层对SAGD开发效果影响研究[J].特种油气藏,22(5):133-136+157-158.

宋艺,仇鑫华.2014.实物期权方法在海外海上油气资产并购决策中的应用[J].中国海上油气,26(4):46-49.

宋跃华.2009.杜84块SAGD先导试验成本发生规律研究[J].特种油气藏,16(s1).

宋兆杰,李治平,赖枫鹏,等.2013.高含水期油田水驱特征曲线关系式的理论推导[J].石油勘探与开发，40（2）：201-208.

唐玮，冯金德. 2016. 油田生产经营应对低油价的思考及建议［J］. 石油科技论坛，（2）：33-36.

王青，王建君，汪平，等. 2012. 海外油气勘探资产技术经济评价思路与方法［J］. 石油学报，33（4）：640-646.

翁文波. 1984. 预测论基础［M］. 北京：石油工业出版社.

徐红. 2006. 降低油气开发成本的战略性思考［J］. 化工管理，（10）：20-22.

徐婷，杨震，周体尧，等. 2016. 中美二氧化碳捕集和驱油发展状况分析［J］. 国际石油经济，24（4）：12-16.

许坤，郑冬冬，林爽. 2019. 促进中国油气勘探开发对策探讨［J］. 石油科技论坛，38（6）：6-14.

杨海霞. 2013. 后石油时代的中国战略——专访中国石化石油勘探开发研究院教授张抗［J］. 中国投资，（12）：22-24.

袁自学，陈元千. 1996. 预测油气田产量和可采储量的瑞利（Rayleigh）模型［J］. 中国海上油气（地质），10（2）：101-105.

曾烨，周光辉. 1994. 水平井蒸汽辅助重力驱双模研究初探［J］. 石油勘探与开发，21（5）：70-75.

张福东. 2005. 中国天然气可持续发展战略研究［D］. 北京：中国地质大学（北京）.

张荷霞，刘永学，李满春. 2013. 南海中南部海域油气资源开发战略价值评价［J］. 资源科学，35（11）：2142-2150.

张抗等. 2002. 中国石油天然气发展战略. 北京：地质出版社.

张贤松. 2009. 高含水时期转注聚经济极限井网密度求解新方法［J］. 油气田地面工程，28（11）：13-15.

张云燕，刘灵芝，刘斌，等. 2000. 加密调整井产量变化对油田产量递减率的影响［J］. 大庆石油学院学报，24（2）：88-90+113.

张允真，赵达壮，张兆银，等. 1994. 加密井、调整井地层压力的参数识别与拟合［J］. 石油学报，15（3）：76-83.

郑俊德，赵世远，高洪印，等. 1995. 大庆油田中区西部密井网开发试验［J］. 大庆石油学院学报，19（3）：13-16.

郑伟，陈京元，周静. 2002. 川东北飞仙关组气藏合理采气速度研究［J］. 天然气勘探与开发，（4）：6-12.

《中国油气田开发若干问题的回顾与思考》编写组. 2003. 中国油气田开发若干问题的回顾与思考［M］. 北京：石油工业出版社.

《中国油气田开发志》总编纂委员会. 2011. 中国油气田开发志综合卷［M］. 北京：石油工业出版社.

周金应，万怡妏. 2008. 一种计算高含水后期合理井网密度的新方法［J］. 断块油气田，15（1）：48-51.

祝厚勤等. 2006. 勘探效益法预测油气资源的原理及应用［J］. 地质科技情报，（5）：75-79.

邹存友，韩大匡，盛海波，等 . 2010. 建立采收率与井网密度关系的方法探讨［J］. 油气地质与采收率，17（4）：43-37.

Abdassah D, Ershaghi I. 1986. Triple-porosity systems for representing naturally fractured reservoirs. SPE Formation Evaluation, 1（2）：113-127.

Adam Wilson, JPT. 2017. Tackles Economic and Environmental Sustainability, 09 October.

Agarwal R G, Gardner D C, Kleinsteiber S W, et al. 1999. Analyzing well production data using combined type curve and decline curve analysis concepts. SPE Reservoir Evaluation & Engineering 2（5）：478-486.

AI-Ghamdi A, Ershaghi I. 1996. Pressure-transient Analysis of Dually Fractured Reservoirs. SPE Journal 1（1）：93-100.

Al-Fattah S M, Startzman R A. 1999. Analysis of Worldwide Natural Gas Production［R］. SPE57463, 1-14.

Al-Fattah S M, Startzman R A. 2000. Forecasting World Natural Gas Supply［R］. SPE62580, 1-7.

Al-Jarri A S, Startzman R A. 1997. Worldwide Petroleum-Liquid Supply and Demand［J］. JPT, 49（12）：1329-1338.

Al-Murayri, Mohammed Taha, Kamal, et al. 2017. Improving ASP Performance in Carbonate Reservoir Rocks Using Hybrid-Alkali, 2017 SPE Annual Technical Conference and Exhibition, 9-11 October, San Antonio, Texas, USA, SPE-187213-MS, https：//doi. org/10. 2118/187213-MS.

Anderson, Timothy. 2014. Economic Analysis of Solar-Based Thermal Enhanced Oil Recovery, 2014 SPE Annual Technical Conference and Exhibition, 27-29 October, Amsterdam, The Netherlands, SPE-173466-STU, https：//doi. org/10. 2118/173466-STU.

Arps J J. 1945. Analysis of decline curves. Transaction of the AIME, 160（1）：160-288.

Binder G G, Elzinga E R, Tarmy B L, et al. 1967. Scaled-model tests of in-situ combustion in massive unconsolidated sands. WPC12248, Presented at 7th World Petroleum Congress. Mexico City, Mexico, April 2-9.

Boak J, Palmgren C. 2007. Preliminary numerical analysis for a naphtha co-injection test during SAGD. J. Can. Pet. Technol. 46（1），13-19.

Boardman D W. 1997. Designing the optimal multi-lateral well type for a heavy oil reservoir in Lake Maracaibo, Venezuela. In：SPE 37554, Presented at International Thermal Operations and Heavy Oil Symposium, Bakersfield, California, 10-12 February.

Boeije C S, Bennetzen M V, Rossen W R. 2017. A methodology for screening surfactants for foam enhanced oil recovery in an oil-wet reservoir. SPE Res. Eval. Eng. 20（4），795-808.

Engel, Michael, Wunsch, et al. 2017. Nanoscale Flow Chip Platform for Laboratory Evaluation of Enhanced Oil Recovery Materials, 2017 SPE Annual Technical Conference and Exhibition, 9-11 October, San Antonio, Texas, USA, SPE-187032-MS, https：//doi. org/10. 2118/187032-MS.

Erincik, Mehmet Z, Qi, et al. 2017. New Method to Reduce Residual Oil Saturation by Polymer Flooding, 2017 SPE Annual Technical Conference and Exhibition, 9-11 October, San Antonio, Texas, USA, SPE-187230-MS, https://doi.org/10.2118/187230-MS.

Hubbert M K. 1949. Energy from fossil fuels [J]. Science, 109 (2823): 103-109.

Hubbert M K. 1962. Energy Resources [R]. Publication 1000-D, Natl. Academy of Science/Natl. Research Council.

Hubbert M K. 1967. Degree of advancement of petroleum exploration in the United States [J]. AAPG Bulletin, 52 (11): 2207-2227.

Huseynova, Jamila, Ozkan, et al. 2017. Hindered Transport in Nanoporous Unconventional Reservoirs and Its Implications on IOR and Stimulation, 2017 SPE Annual Technical Conference and Exhibition, 9-11 October, San Antonio, Texas, USA, SPE-187287-MS, https://doi.org/10.2118/187287-MS.

Judzis, Arnis, Felder, et al. 2017. R&D Grand Challenges - JPT Article Series, SPE-163061-MS, https://doi.org/10.2118/163061-MS.

Kishore K. Mohanty, Songyang Tong, et al. 2017. Improved Hydrocarbon Recovery using Mixtures of Energizing Chemicals in Unconventional Reservoirs, 2017 SPE Annual Technical Conference and Exhibition, 9-11 October, San Antonio, Texas, USA, SPE-187240-MS, https://doi.org/10.2118/187240-MS.

Mohamed, Mohamed Ibrahim, Alvarado, et al. 2017. Smart Water Flooding in Berea Sandstone at Low Temperature: Is Wettability Alteration the Sole Mechanism at Play? 2017 SPE Annual Technical Conference and Exhibition, 9-11 October, San Antonio, Texas, USA, SPE-187311-MS, https://doi.org/10.2118/187311-MS.

Mohanty, Kishore K, Tong, et al, 2017. Improved Hydrocarbon Recovery using Mixtures of Energizing Chemicals in Unconventional Reservoirs, 2017 SPE Annual Technical Conference and Exhibition, 9-11 October, San Antonio, Texas, USA, SPE-187240-MS, https://doi.org/10.2118/187240-MS.

Pam Boschee. 2017. Technology R&D Shifts Gears To Achieve Faster Rollouts, Better Data, 10 October.

Rassenfoss, Stephen, Jacobs, et al. 2017. Renewable Opportunities: The Growing Range of Renewable Options for Oil and Gas, SPE 0817-0032, JPT Journal Paper, https://doi.org/10.2118/0817-0032-JPT.

Shan D, Rossen W R. 2004. Optimal injection strategies for foam IOR. SPE J. 9(2): 132-150.

Shi J X, Rossen W R. 1998. Improved surfactant-alternating-gas foam process to control gravity override. SPE39653, Present at SPE/DOE improved oil recovery symposium. Tulsa, Oklahoma, US, April 19-22.

Stephen Rassenfoss. 2017. Shale EOR Works, But Will It Make a Difference? JPT, 01 October, https://doi.org/10.2118/1017-0034-JPT.

Sureshjani M H, Clarkson C R. 2015. Transient linear flow analysis of constant-pressure wells with finite conductivity hydraulic fractures in tight/shale reservoirs. J. Pet. Sci. Eng. 133: 455–466.

Szlendak S M, Nguyen N M, Nguyen Q P. 2013. Laboratory investigation of low-tension-gas flooding for improved oil recovery in tight formations. SPE J. 18(5): 851–866.

Teramoto T, Uematsu H, Takabayashi K, et al. 2006. Air injection EOR in highly water saturated light-oil reservoir. SPE100215, Present at SPE Europec/EAGE annual conference and exhibition. Vienna, Austria, June 12–15.

Trent Jacobs. 2017. Clouds are Forming Around the Upstream Sector, and That's a Good Thing, SPE-0917-0034-JPT, https://doi.org/10.2118/0917-0034-JPT.

Trent Jacobs. 2017. Solar EOR Firm Looks To Heat Up the Competition, JPT, 01 August.

Wilson, Adam. Integrated Work Flow Mitigates Drilling Vibrations, SPE-0917-0086-JPT, https://doi.org/10.2118/0917-0086-JPT.

Xiao Rong, Teletzke, Gary F, et al. 2017. A Novel Mechanism of Alkaline Flooding to Improve Sweep Efficiency for Viscous Oils, 2017 SPE Annual Technical Conference and Exhibition, 9–11 October, San Antonio, Texas, USA, SPE187366-MS, https://doi.org/10.2118/187366-MS.

Zhang, Yuan, Di, et al. 2017. A Comprehensive Model for Investigation of CO_2-EOR with Nanopore Confinement in the Bakken Tight Oil Reservoir, 2017 SPE Annual Technical Conference and Exhibition, 9–11 October, San Antonio, Texas, USA, SPE-1187211-MS, https://doi.org/10.2118/187211-MS.